鲁东大学人才引进基金（WY2014013）、中国博士后科学基金面上资助（2014M550117）

# 社会服务项目制的建构及其影响研究

陈为雷　著

Shehui Fuwu Xiangmuzhi
de Jiangou
Jiqi Yingxiang Yanjiu

中国社会科学出版社

**图书在版编目(CIP)数据**

社会服务项目制的建构及其影响研究 / 陈为雷著 . —北京：中国社会科学出版社，2015. 1

ISBN 978 - 7 - 5161 - 5518 - 9

Ⅰ. ①社… Ⅱ. ①陈… Ⅲ. ①社会服务 - 项目 - 研究 - 中国 Ⅳ. ①D669. 3

中国版本图书馆 CIP 数据核字(2015)第 026903 号

---

出 版 人　赵剑英
责任编辑　宫京蕾
特约编辑　张　昊
责任校对　张依婧
责任印制　何　艳

---

出　　版　中国社会科学出版社
社　　址　北京鼓楼西大街甲 158 号（邮编 100720）
网　　址　http：//www. csspw. cn
　　　　　中文域名：中国社科网　　010 - 64070619
发 行 部　010 - 84083685
门 市 部　010 - 84029450
经　　销　新华书店及其他书店

---

印刷装订　北京市兴怀印刷厂
版　　次　2015 年 1 月第 1 版
印　　次　2015 年 1 月第 1 次印刷

---

开　　本　710 × 1000　1/16
印　　张　16. 5
插　　页　2
字　　数　238 千字
定　　价　50. 00 元

---

凡购买中国社会科学出版社图书，如有质量问题请与本社联系调换
电话：010 - 84083683

# 目　录

# 第一章

# 导　论

## 第一节　研究问题与研究意义

### 一　研究问题

在计划经济时期，我国建立了与计划经济体制相配套的集权性和科层化的社会管理体制：国家—单位体制。在这种体制下，政府通过公社、生产大队等农村基层组织，机关、学校、医院、科研所、工矿企业、媒体等城镇单位组织，几乎包揽了所有城乡居民的社会支持、社会福利、社会控制、政治动员以及或多或少的教育和生产职能。[①]政社不分，政府和社会高度同构，现代意义上的市场、社会以及企业和非营利组织难以发育和成长起来。改革开放以来，随着农村人民公社的解体和城市单位制逐渐被打破，传统的高度单一和封闭的总体性社会结构趋于解体，国家与社会逐渐分离开来。在这个过程中，一方面，政府开始转变职能，突出经济的宏观调控和公共服务职能，直接控制和干预越来越少，这些变化造成了自由空间的出现和不断扩大。另一方面，农村经济体制改革和对国营企业的“分权让利”使社会产生了自由流动资源，多种利益主体和权力主体开始发育[②]，以非营利组织为实体的中国公民社会也处于成长和发展壮大中，为有效承接政

---

① 徐永祥：《社会的再组织化：现阶段社会管理与社会服务的重要课题》，《教学与研究》2008 年第 1 期。

② 孙立平、王汉生、王思斌等：《改革以来中国社会结构的变迁》，《中国社会科学》1994 年第 2 期。

府转移出去的社会管理和服务职能提供了组织基础。

项目现象是我国近十年来社会治理体制机制运行中的一个极为独特的现象：国家财政通过专项转移支付的形式来配置资源；地方政府通过抓项目、跑项目，利用专项资金弥补财政缺口，维持公共事务的正常运行；众多的企业以项目形式申请国家各级政府的专项资金；出版、教学和科研领域中有各种类型、各个层次的课题和科研项目资助。项目制成为一种不同于国家—单位制的体制和机制，更是一种思维模式，决定着国家、社会集团乃至具体的个人如何构建决策和行动的战略和策略。①

项目现象也得到了学者们的关注。2011 年以来，折晓叶、渠敬东、陈家建等学者在《中国社会科学》上发表文章对财政转移支付及其运作方式进行研究。② 在他们那里所谓的“项目”，特指中央对地方或地方对基层的财政转移支付的一种项目化运作和管理方式，实质上是一种财政拨款方式，项目的形式是社会工程，如新农村建设工程等。他们主要基于国家利用市场的竞争机制来看待项目制，把项目制看作一种不同于科层集权模式的新型国家治理体制。在这种治理体制中，中央政府采用项目制的方式对地方政府在某些特定领域和某些公共事项上，进行非科层化的竞争性授权，而不是行政指令性授权。由于项目制为权力的运作附加了竞争性的市场机制，下级政权便有可能对既定的集权框架和科层制逻辑有所修正，从而加入了更多各自的意图和利益，获得更多的自主权力。③ 以上关于项目制的研究其实质是中央政府和地方政府通过财政资金转移支付实施对社会的治理，达到既保持对基层的专业权威，又调动地方和基层的积极性的目的。

---

① 渠敬东：《项目制：一种新的国家治理体制》，《中国社会科学》2012 年第 5 期。

② 折晓叶、陈婴婴：《项目制的分级运作机制和治理逻辑——对“项目进村”案例的社会学分析》，《中国社会科学》2011 年第 4 期；渠敬东：《项目制：一种新的国家治理体制》，《中国社会科学》2012 年第 5 期；陈家建：《项目制与基层政府动员——对社会管理项目化运作的社会学思考》，《中国社会科学》2013 年第 2 期。

③ 折晓叶、陈婴婴：《项目制的分级运作机制和治理逻辑——对“项目进村”案例的社会学分析》，《中国社会科学》2011 年第 4 期；渠敬东：《项目制：一种新的国家治理体制》，《中国社会科学》2012 年第 5 期。

本书所关注的项目现象不同于中央政府在条线体制之外进行财政的转移支付及地方各级政府为此而抓项目、跑项目，也不同于企业、教育文化领域中的项目资助，它主要是对社会服务领域中的项目现象的研究。在这里，各级政府、基金会、企业等资源聚集者以项目的形式对非营利组织进行资金供应，非营利组织以项目的形式申请资金并提供服务，资金分配不仅不依赖条线体制，而且超越了条线体制，涉及当代社会的三大部门：政府、企业与第三部门组织。政府和非营利组织建构社会服务项目制的逻辑也不同于上述的财政专项转移支付中政府的逻辑，在这里，政府尽管有一定的控制成分，但主要是鼓励而非控制。此外，由于社会服务项目类型多样，既有政府委托的项目，也有招投标项目和自主申请的项目，因此，政府、基金会、企业、公益性非营利组织之间存在着各种各样的不同性质的关系。这些关系中既有政府、企业和基金会的授权和委托关系，也有非营利组织为争取项目而开展的市场竞争关系；既有依赖关系，又有独立关系。本书对项目制的研究是在国家—社会或者说政社关系的视角基础上进行的，特别注重政府和非营利组织这两个项目主体在项目制建构中的项目机制、策略和逻辑。本书所关注的项目现象是立足于政社合作基础上的社会服务项目的运作，所要回答的一系列问题：社会服务项目制的动因和条件是什么？项目制中包括哪些类型的项目主体或行动者？它们各自的项目机制、项目逻辑和项目策略是什么？项目制包括哪些类型的规则体系？它们是如何影响项目制的建构的？项目制对项目主体和社会产生什么样的影响？当前所面临的制约因素有哪些？作为技术性的管理和服务手段，项目又将为国家和非营利组织建立新的治理方式和实现服务提供方式多元化提供哪些新的可能，抑或带来怎样的实质性影响？未来的发展优化路径如何？这是本书试图回答的一组相互关联的理论和实践问题。

本书从政府和非营利组织项目运作这一个侧面来论述上述问题，所提供的个案来自笔者对北京、上海、深圳 3 个城市的 10 个社工机构的深度访谈和参与式调查。服务型机构依赖外界资助生存和发展，尽管有些服务机构可以依靠服务收费来获得一定的收入，但这些收入根本不足以支付运行成本。就社工机构的服务而言，不管是常规性服务还是项目意义上的服务都离不开外界的资助，从这个意义上来说，非营利组织其实就是政府、基金会等资助机构的代表，其全部服务或活动都是资助机构开展的一个项目。当然，本书研究的社会服务项目是具体的、特定的，是有时间和资源限制的。本书的资料表明，社会服务项目化是一个普遍现象，只要非营利组织依赖外界的资助，这种现象就会出现并存在下去。而该现象还没有引起国内学术界的重视，学术界没有把这种现象看作政府和非营利组织的关系建构和社会服务体制机制建构问题。目前学界对于基金会开展的项目有大量的研究。如对希望工程的研究，已出版了系列化的研究论著和大量的论文。而对社会服务项目在项目实施之前的项目主体的项目机制、逻辑和策略还很少关注，现有的项目现象的研究主要是在实务层面上对单一项目的实施过程进行总结和梳理，由于每个项目都是独特的，因此这种研究就显得零散，不利于对项目现象整体和运作规律的理解和把握。

本书把社会服务项目制作为核心概念，通过建构“环境—行动者—规则体系—影响”四层分析模型，深入研究我国社会服务项目制的具体机制、策略和逻辑，以及项目制规则类型和功能，并分析项目制对非营利组织及社会的影响，并在此基础上提出完善项目制的建议。通过该项研究能对政府、公益性非营利组织、基金会、企业、服务对象等在项目制建构中的作用和角色及其发挥作用的过程和机制有更深入和全面的把握，对项目运作中可能存在的问题及原因有更清醒的认识，为政府制定相关规范社会服务项目制的法规政策提供学理依据，为非营利组织通过项目模式获得生存和发展并为服务对象提供优质的服务提供有益的参考，最终使得中国本土社会政策实践和理论研究向前推进。

虽然存在地区差异、发展模式差异和个案的局限性等复杂状况，决定本书的个案不能作为推论总体的依据，但个案所提出的问题和它们背后所隐含的机制、策略和逻辑，具有一定的普遍性。它们首先在某一类地区实践，最终会上升到整个国家层面上，并推广到其他地区。2012 年和 2013 年中央财政已连续两年支持社会组织参与社会服务项目就是一个明显的信号。因此，本书的研究和结论不仅可以启发对问题更为深入的思考，而且可以为更广泛的大规模调查建立预设依据。

## 二　研究意义

### （一）理论意义

1. 社会服务项目制及影响研究丰富和发展了社会政策和社会工作理论研究。社会政策研究包括社会政策要素研究、社会政策制定过程研究、社会政策实施研究、社会政策评估研究、社会政策的价值分析、经济分析和政治及社会分析、具体的社会政策领域研究等诸多方面①，其中对社会服务项目制的研究是社会政策主体、要素及运行机制研究领域的重要内容。国内学者虽在各自的学科视野中对政府购买服务和非营利组织进行了大量的研究，但还没有围绕服务和项目对其进行统一的分析；国内学者虽对社会政策的制定过程、价值、经济、社会、政治分析及城乡低保、社会保险、社会福利等具体的社会政策类型进行了大量的研究，但尚未对社会服务项目制进行系统研究，社会服务项目制研究是社会政策研究中的薄弱环节。本书用项目把政府和非营利组织两大项目主体结合起来，它们正是重要的社会政策主体；同时，本书把社会服务项目制作为核心概念，力图研究项目制的动因和条件、项目主体的项目机制、逻辑及策略、项目规则体系及功能、社会服务项目制的多重影响，并对项目运作中的问题进行深入分析，力图把握项目制的发展规律。本书不仅丰富了国内关于社会政策主体及运行机制基本理论及其概念范畴，而且扩展了社会政策的研究领域、丰富和扩展了社会政策理论研究。虽然本项研究是初步的，其中有些问题还有待进一步深入探讨，但对社会服务项目制的建构及影响的关注本身就具有理论意义。

2. 本书提供了政社关系研究的新视角。在计划经济时期，政府和社会通过单位结合在一起，政社关系不分。改革开放以来，随着我国公民社会的成长，政府和社会开始分离。目前学界对政府和社会关系的研究主要是在政治社会学的视野中进行，所采用的理论基础是公民

---

① 参见关信平主编《社会政策概论》（第二版），高等教育出版社 2009 年版。

社会理论和法团主义理论。本书对项目制的研究提供了新的研究政社关系的视角。项目体现了政府的政策意图，它包含资金和服务，为观察政府和社会的关系提供了极好的切入点。在单位制解体、工人下岗失业、社会问题丛生、民众的一些基本福利需求得不到满足的情况下，政府和非营利组织通过项目方式为有需要的人群提供服务，并把他们重新整合到社会当中来，解决了一部分社会问题，促进了社会和谐。通过分别研究政府和非营利组织的项目机制、策略和逻辑能加深对各自在社会管理和服务中的角色和责任的理解，为更深入地研究政社关系奠定基础。

（二）实践意义

社会服务项目制建构及影响分析对政府部门、基金会、企业等资助机构完善项目招标和项目委托工作，对非营利组织向服务对象提供高水平的服务具有一定的启示和参考价值。随着政府职能转型、基金会的发展及企业社会责任的加强，政府、基金会和企业越来越多地通过项目资助非营利组织，非营利组织则通过项目获得资助并提供服务，非营利组织的项目化运作越来越普遍，以至于“谈非营利组织必谈项目”。因此社会服务项目制的建构及影响分析，不仅是一个意义深远的理论问题，也是一个至关重要的实践问题。本书的研究是对政府社会服务项目外包和非营利组织项目运作实践规律的梳理和总结，可以更好地为政府部门、企业、基金会等资助机构做好资助工作，扮演好自己的角色，提供有益的指导，使它们能更好地选择非营利组织并对非营利组织项目实施进行监督和评估，提高资助资金的使用效率，促进项目可持续发展；对非营利组织更好地运作项目，为服务对象提供高质量的服务有一定帮助；对建立合理的政社关系，促进不同组织间的合作具有一定的现实意义。

## 第二节 基本概念和分析框架

本书中的基本概念有如下几个：社会服务项目、社会服务项目制、非营利组织，下面对这些概念进行详细的分析。

## 一 社会服务项目的含义和类型

### （一）什么是社会服务项目

社会服务项目是项目运作和管理的对象，它来源于人类对活动的细分。一般来说，人类有组织的活动通常细分为两类：一类是持续不断、周而复始的活动，称为“运作或作业”（operations）；另一类是临时性的、一次性的、独特的活动，称为“项目”（projects）。美国项目管理协会认为，项目是为提供某项独特的产品、服务或成果所做的临时性努力。① 德国学者图根认为，项目指的是任何组织的一项特定业务。② 美国学者狄海德认为，项目是一种特殊的、非日常事务的计划。③ 邓国胜认为，项目是在一定时间内为了达到特定目标而调集到一起的资源组合，是为了取得特定的成果而开展的一系列相关活动。因此，也可以说项目是特定目标下的一组任务或活动。④

本书中的社会服务项目是政府等资助者外包或资助、公益性非营利组织承接的服务性项目和公益性项目，是政府把应由自己负责或举办的社会福利和服务通过一定的方式外包给非营利组织，非营利组织在一定时间内为了实现组织及政府目标而开展的一系列相关活动。社会服务项目和组织的常规任务之间的区别在于，项目通常只做一次，一般预先规定了开始和结束的时间，并且是在一定的资源条件下开展的。

社会服务项目具有以下特征。第一，项目有一个明确界定的目标，即一个期望的结果或产出。第二，项目的资金来源以外部资助为主。社会服务项目通常由非营利组织向外部组织申请并承接，如政府部门、基金会、国际组织、企业等。因此，做好项目选择、开发及申

① ［美］美国项目管理协会：《项目管理知识体系指南》（第3版），卢有杰、王勇译，电子工业出版社2005年版，第5页。

② ［美］杰弗里·K. 宾图：《项目管理》，鲁耀斌、董圆圆、赵玲等译，机械工业出版社2007年版，第3页。

③ ［德］狄海德：《项目管理》，郑建萍等译，同济大学出版社2006年版，第3页。

④ 邓国胜：《非营利组织评估》，社会科学文献出版社2001年版，第165—166页。

请对非营利组织项目的成功非常关键。第三，项目的执行要通过完成一系列相互关联的任务，也就是许多个不重复的任务以一定的顺序完成，以便达到预期目标。例如，一个扫盲项目需要完成编写教材、确定教室、授课、学习、测验等一系列相互关联的过程。第四，项目是具有确定生命周期的一次性的努力。项目具有非传统性，是由一系列活动组成的，这些活动是为满足某种需求而被发起的，它们必须在一定进度计划内完成，一旦超过了生命周期项目便会终止。项目是一次性处理的操作。第五，项目主要致力于开发最新最先进的产品、服务和组织流程。项目是创新的手段。由于项目改进了传统的以流程为导向的活动，因此很多机构依靠项目来超越常规的活动，项目成为机构前进的阶梯。第六，重视项目的社会效益大于经济效益。无论在项目前期可行性分析阶段还是项目结束期的评估阶段，都重视各种评价社会效益的指标，而较少使用各种经济效益的评价指标。①

### （二）社会服务项目的类型

根据不同的标准可以把社会服务项目分为不同的类型。

1. 根据服务对象和服务内容可以把社会服务项目分为专项项目和综合性项目

（1）专项项目。专项项目也可以称为单项项目，这种项目有明确的服务对象和服务目标。例如深圳阳光家庭综合服务中心的“阳光妈妈”项目就是一个专项项目，它的服务对象是单亲特困妇女。这类项目由于服务对象明确具体，就限定了资源的投入方向和重点。如非营利组织在承接“阳光妈妈”项目时就一定是针对特定的服务群体。此外，基金会、企业的一些项目也是专项项目。随着社会的发展，专项项目会越来越多，不管是政府还是非营利组织在服务的过程中都会发现某个群体的某种需求，它们就会去设计或开发某些专项项目去加以满足。上海的社区公益服务项目和深圳的福彩公益金资助的公益创投

---

① ［美］美国项目管理协会：《项目管理知识体系指南》（第 3 版），卢有杰、王勇译，电子工业出版社 2005 年版，第 5 页；［美］杰弗里 · K. 宾图：《项目管理》，鲁耀斌、董圆圆、赵玲等译，机械工业出版社 2007 年版，第 5 页；邓国胜：《非营利组织评估》，社会科学文献出版社 2001 年版，第 166—167 页。

项目基本上都是专项项目。

（2）综合性项目。综合性项目是一个平台，可以把各类服务对象放到这个平台上来，整合各种资源，并根据服务对象的不同需求提供不同内容的服务。深圳市推行的社区服务中心项目就是一个综合性的项目，它作为一个整体打包并发包给非营利组织。深圳社区服务中心建筑面积为400平方米左右，服务内容包括党、团、工会和妇联活动，老人、妇女、青少年、儿童服务，社区日间照料、再就业培训、家庭问题调解、婚姻问题咨询、亲子活动、四点半学校、学生午托、家庭生活教育、家居照顾示范、图书阅览、文化体育、社区教育和康乐等。①

2. 根据服务项目有无固定的场所可以把社会服务项目分为实体性项目和非实体性项目

（1）实体性项目。实体性项目有进行日常服务的实体或载体，这些实体有服务机构自有的办公和服务场所。例如北京慧灵机构的“三原色”工作室、政府建的社区服务中心、生活服务中心、市民中心以及残联的残疾人社区康复站等都是开展项目的重要载体。正是由于机构有自己的或政府提供的服务场地，不仅可以减少租用场地及与有关各方打交道的成本，而且可以开展个案工作和小组工作等专业化的服务工作。深圳的社区服务中心项目就是实体性项目。

（2）非实体性项目。非实体性项目是没有固定的服务场所的服务项目，类似于传统社工中的外展工作，主要通过走访，利用社区里面的一些场地来开展服务活动。当前许多机构只拥有一个办公室，几乎没有自己的服务场地，项目的后续性服务可能存在一定的问题，并且难以开展个案工作和小组工作等专业服务活动。此外，很多机构需要跨街道或跨区提供服务，需要同服务对象所在社区打交道，而让社区接纳项目活动需要一段时间，这对于时间周期为一年和一年以下的项目来说，显然是不利的。上海的社区公益服务项目大都是非实体性

---

① 《关于印发深圳市社区服务“十二五”规划的通知》，2012年4月，深圳民政（http：//www. sz. gov. cn/szmz/xxgk/zhxx/tzgg/201204/t20120418_ 1843662. htm）。

项目。

3. 根据项目来源可以把社会服务项目分为政府购买社会服务项目、基金会资助社会服务项目和企业赞助社会服务项目

（1）政府购买社会服务项目。政府是所有公共服务的责任主体。随着民众需求的增加、社会问题的复杂化及政府社会管理和服务的创新，政府以招标等方式外包社会服务项目或购买服务成为政府进行社会管理和社会服务的主要理念和具体举措。政府购买社会服务项目的承接主体主要是公益性非营利组织，项目资金来源于财政资金。政府购买社会服务项目既有专项项目也有综合性服务项目，既有实体性项目也有非实体性项目。本书研究的项目主要是政府购买的社会服务项目。

（2）基金会资助社会服务项目。基金会是拥有自己的资产，由受托人或负责人管理，追求某项公共目标的非营利性机构。随着基金会的转型①，资助型基金会越来越多，它们通过提供项目资金资助公益性非营利组织。如本书调查对象之一的C机构曾接受过南都公益基金会、上海慈善基金会、上海安济医疗救助基金会等基金会的项目资助；J机构开展的“NGO支持社工实习和持续就业”项目得到香港某机构的资助，“蜗牛网”项目得到一个德国基金会支持，“育盟”项目得到嘉道理基金会资助。

（3）企业赞助社会服务项目。当代社会中，企业的影响力越来越大，企业在追求盈利的同时也在追求社会公益，企业公民主体正在逐渐确立，社会责任意识逐步增强。在这种情况下，赞助社会服务项目成为企业回馈社会的一种有效方法。在这种合作模式中，企业盈利的优势和非营利组织服务的专长有机地结合起来，从而达到“一加一大于二”的效果。D机构承担的美国辉瑞制药公司上海分公司赞助的“关爱生命——青少年健康教育”项目就是一个企业赞助社会服务项目的例子。②

---

① 徐宇珊：《论基金会：中国基金会转型研究》，中国社会出版社2010年版，第184页。

② 王瑞鸿主编：《社会工作项目精选》，华东理工大学出版社2010年版，第207页。

## 二　非营利组织的定义

美国学者萨拉蒙根据研究的需要对民间非营利组织进行了不同的界定，比较有影响的是“结构—运作”定义，确认了这类组织的五项特征：①组织性，即这些机构都有一定的制度和结构；②私有性，即这些机构都在制度上与国家相分离；③非营利属性，即这些机构都不向它们的经营者或“所有者”提供利润；④自治性，即这些机构都基本上是独立处理各自的事务；⑤自愿性，即这些机构的成员不是法律要求组成的，这些机构接受一定程度的时间和资金的自愿捐献。[①]康晓光认为，既不同于政府，又不同于企业的社会组织，依法注册，从事非营利性活动，满足志愿性和公益性要求，具有不同程度的独立性和自治性，即可称为“中国的非政府组织”。[②] 王名和贾西津认为，定义中国非营利组织需要满足的基本条件是不以营利为目的且具有正式的组织形式、属于非政府体系的社会组织，它们具有一定的自治性、志愿性、公益性或互益性，但并非面面俱到，需要客观而动态地加以观察和理解。[③] 关信平认为，所谓“非营利组织”是指不以营利为目标的民间社会服务组织。这一概念通常只被民间的社会服务组织使用，而不包括各类民间的政治组织和其他非社会服务性组织。[④] 可以看出，在对非营利组织进行界定时，萨拉蒙的界定比较严格，强调非营利组织独立于国家，具有自治性和自愿性，不能向其经营者或“所有者”分配利润。中国学者对非营利组织的界定比较宽泛，其所要满足的基本条件比较宽松，只要从事非营利性活动，不以营利为目标，具有志愿性和公益性的社会组织就可以被看作中国的非营利组织。

为了尽量涵盖政府和市场之外的社会组织，本书也从一种宽泛的

---

① ［美］莱斯特·M. 萨拉蒙：《全球公民社会：非营利部门视界》，贾西津、魏玉等译，社会科学文献出版社2007年版，第3页。

② 康晓光：《NGO扶贫行为研究》，中国经济出版社2001年版，第2页。

③ 王名、贾西津：《中国非营利组织：定义、发展与政策建议》，载范丽珠主编《全球化下的社会变迁与非政府组织（NGO）》，上海人民出版社2003年版，第265页。

④ 关信平主编《社会政策概论》（第二版），高等教育出版社2009年版，第83页。

意义上来界定非营利组织，本书认为非营利组织是在市场和国家之外的依法正式注册的具有组织性、非营利性、自治性和志愿性的社会组织，非利润分配是其本质特征。在我国，非营利组织包括在民政部门登记注册的社会团体、民办非企业单位和基金会，也包括以工商企业身份登记的社会组织。

## 三 社会服务项目制的含义

社会服务项目制是一种社会服务体制和机制，在这种体制下，政府的资源供应和非营利组织的服务提供通过项目联结起来，项目成为联结资源与提供服务之间的桥梁。因此，项目制不仅是一种资金供应与筹集模式，也是一种服务提供模式；同时，它更是一种资助机构与服务机构建立稳定的制度化联系的方式。社会服务项目制是一种系统，从构成要素看，它包括资助机构、服务机构、服务对象等项目主体子系统；从制度规则看，它包括制度背景、正式的制度安排和非正式制度安排；从项目的运作过程看，它包括识别需求、提出解决方案、执行项目、结束项目四个阶段，这四个阶段构成了一个完整的项目生命周期。

## 四 分析框架

本书把社会服务项目制作为核心概念，针对社会服务项目制的要素及其互动关系，建构了一个分析社会服务项目制建构过程的分析框架，具体解释如下。

### （一）项目制的动因和条件

社会服务项目制的建构发生在一定的社会环境中，环境成为项目制建构的压力和动力源并为社会服务项目制的建构提供了条件。完善成熟的环境要素会推动建构成熟的项目制，否则就会存在不成熟的项目制。影响项目制建构的环境要素主要有以下几个方面：

1. 社会服务需求和供给之间的失衡带来了压力和动力。随着经济社会的发展，民众对社会服务的需求不断增长。在这种情况下，政府和社会积极探索社会服务供给的新形式。需求满足的途径与服务提供方式是福利理论建构、政策选择与服务发展的核心议题，实质是通过满足需求的社会安排，解决社会确认的“社会问题”，缓解社会冲突和改善生活质量。[①] 社会服务项目制是在福利服务需求和供给失衡的压力下，政府和社会建构起来的一种满足民众需求的社会服务体制和机制。

2. 政府购买服务为社会服务项目制奠定了制度基础。政府部门加强社会管理和服务创新，探索政府购买服务等多元化社会服务供给方式，这为社会服务项目制的建构奠定了制度基础，并提供了经验和启示。

3. 非营利组织为社会服务项目制的建构提供了组织基础。非营利组织项目运作是满足民众需求的一种途径。在项目制中，正是非营利组织从政府、基金会或企业那里获得项目资金并提供项目服务的。没有非营利组织，就没有项目制，非营利组织为项目制的建构提供了组织载体和服务提供主体。

4. 福利多元主义和新公共管理。福利多元主义强调面对福利国家的危机，通过福利多元组合安排，将国家的全面福利提供转变为社会诸多部门的福利混合式提供[②]，其中非营利组织是福利多元组合中的重要力量，是社会服务的重要提供主体。福利多元主义为政府和社会探索多元化的福利服务供给模式提供了理论指导。

新公共管理既是一种政府改革运动也是一种理论形态，其基本精神是提倡政府政策职能与管理职能的分离，政府着重制定公共政策，在此基础上引入竞争机制，实现公共物品供给的多元化，并借鉴私人企业的一些管理方法，从而提高政府的工作效率和效果。[③] 我国的政府改革和创新是世界新公共管理改革的组成部分。

（二）项目主体及项目机制

1. 项目主体的含义。项目运作的主体简称项目主体，是指发起或参与

---

① John Burton, *Conflict: Human Needs Theory*, London: Palgrave Macmillan, 1990, p. 1. 转引自刘继同《欧美人类需要理论与社会福利制度运行机制研究》，《北京科技大学学报》（社会科学版）2004 年第 3 期。

② 彭华民等：《西方社会福利理论前沿》，中国社会出版社 2009 年版，第 2—5 页。

③ 陈天详：《新公共管理——政府再造的理论与实践》，中国人民大学出版社 2007 年版，第 24 页。

这一行动过程的行动者。项目是联结政府、基金会等资源提供者、非营利组织等服务提供者和服务对象的桥梁和纽带。在这里我们把资源提供者和服务提供者作为项目运作的行动主体。在当代社会中，项目运作一般是由政府组织的公共性的社会行动，政府是项目运作的发起者和施予者，而非营利组织是项目运作的另一行动主体，通过项目运作获得资源，并向服务对象提供服务。在当代各国，政府、非营利组织、基金会、企业、个人等以不同的角色参与项目运作，但他们参与项目运作不是随意性的，而是按照某种制度化的安排而行动。项目运作的主体是一个制度化的行动者体系，其中的每个行动者都按照一定的制度规范，担负一定的责任，扮演一定的角色，并具有与其责任和角色相适应的权力。

2. 政府、基金会、企业——资助机构。资助机构提供资源而不是直接服务。在计划经济时期，政府往往直接举办福利事业单位，并直接提供服务。当前，政府改变了自己角色，更多的是提供资源支持，而非直接提供服务。近年来，我国公募基金会和私募基金会获得了长足发展，基金会的募捐能力不断加强，除了直接从事福利服务外，基金会主要承担着资助者的角色，以中介组织的身份参与社会福利事业。随着企业社会责任意识的提高，越来越多的企业把大量的资源用于社会慈善事业，或者把钱捐给基金会，或者对公益性非营利组织进行资助，企业遂成为资助项目的重要主体。

项目主体的项目行为是具体的、杂多的，难以把握，但项目主体的项目机制是有一定的模式和比较固定的，因此可以从项目机制入手研究。对资助者尤其是对于政府来说，项目机制主要是项目外包机制，包括项目招标发包、项目委托发包和公益创投。政府项目外包遵循着效率和效益逻辑。

3. 公益性非营利组织——资源接受者和服务提供者。公益性非营利组织可分为官办非营利组织和民办非营利组织两大类。官办非营利组织主要承担政府委托项目，资金来源比较固定，一些民办非营利组织往往通过项目投标和项目申请的方式获得政府和基金会的资助，而另一些以工商企业法人形式存在的民办非营利组织一般得不到政府的资助，只能转而向基金会寻求资助。与资助机构的项目机制相对应，公益性非营利组织的项目机制主要是项目承包机制，包括投标承包、委托项目承包和公益创投。公益性非营利组织使用不同的策略以成功承接项目，项目运作体现着多重逻辑。

4. 服务对象——服务的最终接受者。社会服务项目制中的服务对象主要是弱势群体和特殊群体，例如老年人，残疾人，社区失学、失业、失管的“三失青少年”，刑释解教人员，吸毒人员，同性恋人群等，对有些人群的服务属于政府职责，政府通过项目方式委托非营利组织提供服务，而有些人群是政府政策和服务覆盖不到的人群，在这种情况下，非营利组织充分发挥灵活性，为这些人群提供服务。由于服务对象的特殊性决定了他们在项目制的建构中处于较弱势的地位，一方面有些人群不能充分表达自己的需求和愿望，如智障人士；另一方面有些人群的需求往往得不到社会的认可，为这些人群提供服务就显得尤为必要。

### （三）项目制度与规则

除了项目主体之外，还有与项目有关的各种制度和规则，这些制度和规则包括项目运作的制度背景、制度安排和非制度安排。项目运作的制度背景是既定的，为项目运作提供了参考框架。制度安排中的组织系统是项目的实施结构，包括项目小组、项目型结构和矩阵型结构，提供了开展项目活动的组织结构，能保证活动顺利开展。制度安排中的规则系统主要起到激励作用，可以激发项目成员的积极性和主动性。非制度安排以声誉、承诺、社会关系网络、合法性策略意识等形式存在，在项目运作和项目实施中发挥着重要作用。

### （四）项目制的影响

项目制的影响是各种项目主体的项目行为所带来的结果和作用。本书根据影响作用的层面，将项目制的影响划分为在组织层面上产生的影响和在社会范围内产生的影响两大方面。社会服务项目运作与非营利组织之间的关系、非营利组织与环境之间的关系可以通过影响模式来诠释。一方面，社会服务项目需由非营利组织的子系统实施，这些子系统包含在组织已有或新建的组织结构当中；另一方面作为项目承担者的非营利组织也是更大的社会系统的组成部分。因此，项目可以在非营利组织内部并通过这一组织产生影响，从而通过非营利组织对社会系统产生影响，反过来，社会系统也通过对非营利组织产生影响从而对项目产生影响。①

总结以上内容，本书的分析框架见图1－1。

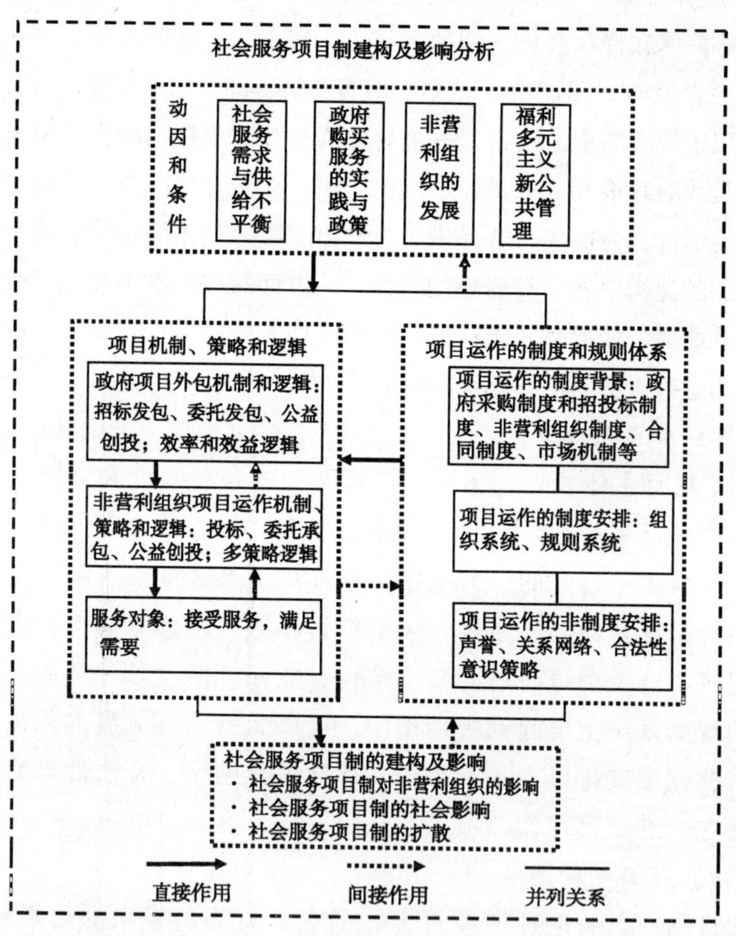


图1－1 项目制建构及影响的框架

① ［德］赖因哈德·施托克曼：《非营利机构的评估与质量改进》，唐以志译，中国社会科学出版社2008年版，第105、155—156页。

# 第三节　研究方法与调查对象

## 一　研究方法

本书是一项质性取向的研究，根据研究问题和研究目的选择了北京、上海、深圳的10个典型的非营利组织进行个案研究，分析这些机构运作的项目的来源、项目的范围、项目与服务的关系、项目的管理和实施、项目的评估等内容，通过案例的挖掘以期更深入地把握社会服务项目制的建构及影响。本书采用以下方法收集资料：

### （一）文献法

社会服务项目制的建构涉及社会政策、社会工作、社会学、政治学、管理学等不同的学科或研究领域，本研究充分检索和收集这些学科或研究领域的各种相关文献和研究资料。利用的文献资料主要是这些学科的专著、译著、公开发表的学术论文以及博士生论文、硕士生论文等，主要来源于南开大学图书馆、天津图书馆、北京图书馆等图书馆馆藏资料。除此之外，本书还充分利用网络资料关注中央和各地社会服务项目制的实践，跟踪项目制发展的状况，以使本书的研究既能反映现实，同时又高于现实，揭示出项目制建构的模式和规律来。通过对文献的研究，了解当前我国非营利组织的发展及研究状况，我国项目管理和运作的特点，与项目制并列的按人头拨款、整笔拨款、补助、服务消费券、合同承包模式，界定社会服务项目制的概念，并剖析了项目制的结构及其存在的环境。在此基础上建构分析项目制的四层分析框架，并对项目运作中的问题进行了多方面的分析并提出了政策建议。

### （二）访谈法

本书利用访谈法对四类对象进行了访谈，这四类对象：一是非营利组织的负责人或项目负责人，通过他们了解机构项目开展情况；二是政府部门参与政府购买服务和项目招投标的官员，以了解项目制中政府的角色和职责及项目制的各项规章制度；三是基金会和企业的负责人，以了解基金会和企业项目资助的条件、要求、各种规定等；四是相关领域的专家，包括社会政策和社会工作专家、社会工作实务方面的专家，以了解他们对项目制建构的看法，并对相关的案例进行评析。

（三）观察法

观察法包括参与式观察法和非参与式观察法。笔者以参与式观察法对有关机构及其开展的活动进行了观察和记录，同其中一些机构的员工和学员一样按时上下班，参加各种接待活动和会议，如行政会议、任务安排会、各种大型活动，参观了机构的办公室和服务场地，观察了服务对象的居所和生活情况。此外笔者还在活动中拍照，保留了活动当时的影像，通过观察获得了一手资料，丰富了收集的资料类型和内容。

## 二　调查对象

本项研究的调查对象是非营利组织、政府相关部门、基金会和服务机构中的各类服务对象。其中非营利组织来自北京、上海和深圳三个城市，共10家机构。在个案选择上主要考虑组织的性质和类型、所在地区和行业的地位、项目运作情况。本书所选择的10家机构既有官办非营利组织，也有民办非营利组织；既有在民政部门登记注册的非营利组织，也有在工商部门登记注册的非营利组织；是全国或本地第一家或最早成立的机构之一，基本上是所在地区和所在行业里的领头羊，社会知名度较高，承接的项目较多，可以说是一些具有典型性和代表性的个案。个案概况见表1－1。

**表1－1　个案概况**

| 机构编码 | 受访者 | 成立时间 | 服务类型 | 机构性质 |
|---|---|---|---|---|
| A | AX（A机构前负责人，D副秘书长） | 2012年 | 残疾人及家庭 | 民办非企业单位 |
| B | BH（副主任） | 2008年 | 老年人、养老机构、社区 | 民办非企业单位 |
| C | CW（常务副主任） | 2003年 | 社会服务机构、个人、家庭 | 民办非企业单位 |

续表

| 机构编码 | 受访者 | 成立时间 | 服务类型 | 机构性质 |
|---|---|---|---|---|
| D | DG（秘书长） | 2000 年 | 制定标准、会员服务、专业培训、项目开发、学术研究、行业交流 | 社会团体 |
| E | EB（总干事） | 2010 年 | 性病和艾滋病防治、咨询、信息交流 | 民办非企业单位 |
| F | FY（主任） | 2011 年 | 社区 | 民办非企业单位 |
| G | GZ（总干事） | 2007 年 | 药物滥用人员、社区青少年 | 民办非企业单位 |
| H | HY（总干事） | 2007 年 | 单位、社区、家庭、个人 | 民办非企业单位 |
| I | IS（总干事） | 2011 年 | 妇女、儿童、家庭、社区 | 民办非企业单位 |
| J | JL（总干事）<br>JZ（服务顾问） | 2000 年 | 智障人士 | 企业法人 |

在这些机构中，所需要访谈的对象包括机构的总干事或主任、项目负责人、一线社工和服务对象。政府相关部门作为主要项目外包者或招标人，访谈对象主要涉及上海市浦东新区民政局、浦东新区相关街道的工作人员、深圳市社工协会的负责人等。此外还访谈基金会和企业的相关负责人，了解对非营利组织的项目资助情况。服务对象作为服务接受者也是本项研究的访谈对象。

## 第四节　研究内容、研究侧重点及存在的不足

### 一　研究内容

本书的研究内容包括以下几部分。

第一部分（第一、二章）：导论和文献综述。介绍本书的研究问题和研究意义，对社会服务项目、非营利组织、社会服务项目制等基本概念作出界定，以社会服务项目制为核心概念建立分析框架，介绍研究方法、调查对象、研究内容、研究的创新点和存在的不足。对相关文献进行了分类和梳理，包括社会服务的多元化供给模式研究、国外非营利组织研究、近年来我国的非营利组织研究、我国非营利组织

的项目运作和项目管理的研究等。

第二部分（第三章）：社会服务项目制建构的动因和条件分析。项目制的建构发生在一定的社会环境中，环境成为项目制建构的压力和动力源，并提供了一定的条件。从环境要素考虑，需要回答项目制的动因和条件有哪些，它们是如何推动项目制的建构等问题。

第三部分（第四、五、六章）：作为一种制度和体系，社会服务项目制是在政府、非营利组织的共同作用下建构起来的。本部分将分析政府社会服务项目外包的角色、机制和逻辑，非营利组织的项目运作机制、策略和逻辑。本部分还将分析项目制度和规则的性质和功能，项目运作的制度背景、制度安排和非制度安排。

第四部分（第七章）：社会服务项目制的影响分析。本部分将分析社会服务项目制对非营利组织和社会的影响。

第五部分（第八章）：结论、讨论和政策建议。本部分将对全文内容进行总结，从政府与非营利组织关系、公共性、社会服务双轨制等视角进行讨论，提出发展社会服务项目制的政策建议。

## 二 研究的侧重点

第一，目前已有学者研究诸如专项转移支付等经济社会领域的项目运作机制和项目主体的行为逻辑，也有一些研究者对非营利组织项目运作过程进行了研究。但是前者所说的项目主要是社会工程项目，而后者没有把社会服务领域中的项目运作上升到体制、机制层面上，仅仅对机构开展的单个项目进行研究。本书则关注到了社会服务领域里的项目制，而且把社会服务项目制看作一种体制、机制和治理模式，建构了一个包括“环境—项目主体—制度规则—项目影响”的四层分析框架，对社会服务项目运作及项目制的建构进行了分析，尤其是对政府和非营利组织两个项目主体围绕着项目展开全面分析，分析了政府和非营利组织的项目机制、项目逻辑和项目策略，展现了项目运作的全景图画。该研究框架可以应用于对其他领域项目现象的研究。

第二，本书把社会服务项目制看作一种横向秩序协调和整合机制，政府通过项目外包使非营利组织成为提供服务的主体，把市场化改革中利益相对受损的群体和福利需求得不到满足的人群重新纳入服务体系中，起到社会整合的良好功能，拓展了项目制的研究视野。

第三，本书提供了研究政府与非营利组织的关系的新视角。政府与非营利组织的关系研究主要是在公民社会和法团主义这两种视角下进行的。本书提供了一种研究政府与非营利组织关系的途径和视角，即从功能论的角度看，政府与非营利组织都是社会服务的重要主体，在服务输送中因分工不同而承担着不同的角色和任务。两者通过项目联结在一起，可以说项目是联结它们的桥梁，项目成为理解政府与非营利组织关系的重要枢纽和关键点，在实践中项目制有望成为政府与公益性非营利组织的主要关系模式。

## 三　本书的不足之处

在社会服务项目制的建构中，企业和基金会也是重要的项目主体，特别是随着企业社会责任意识的提高，企业投向社会服务的资源增多，企业通过项目的方式实现自己的社会责任。目前我国基金会正在经历着转型，由项目运作型向资助型发展，也为社会服务提供了大量的资源。在这种情况下企业和基金会与公益性非营利组织围绕项目开展了大量的互动，但限于时间和研究者的能力，本书对企业和基金会的项目运作没有深入探究，今后需要进一步研究。本书主要对非营利组织的负责人进行访谈，对政府相关部门尚欠缺比较深入的访谈，今后需要加强该方面的研究。本书在研究类型上属于个案研究，所调查的服务机构数量有限，调查的城市属于东部发达地区，其他城市和地区没有涉及。因此，据此得出的结论在普遍性上存在不足，今后要对更多地区、更多机构进行调查，以弥补上述不足。

# 第二章

# 文献综述

## 第一节　社会服务的多元化供给模式研究

社会服务项目制是一种资金供应和服务提供模式，在实践中除了项目制外还存在着其他模式，这些模式包括按人头拨款、整笔拨款、资助、合同承包、服务消费券等。

### 一　按人头拨款

按人头拨款是指按人头计算的补助金。在英国，指由中央政府给某一地方政府当局的年度拨款，通常供作专用。款项根据人头（每人）平均拨给。例如给学校图书馆的补贴是按每个学生的款额计算拨给的。[1] 在中国，按人头拨款是把民政、教育、卫生等社会事业经费按照单位的员工或者服务对象数量拨发，人多款项就多，人少款项就少。例如社会福利事业单位一般按员工数量发放有关经费，而学校则按教师人数和学生人数来发放经费。这种模式是第二次世界大战以后欧洲福利国家社会服务体系和我国计划经济时期社会服务体系中的主导模式。

按人头拨款最大的好处在于能够保障有稳定和充分的服务供给，能够按纯福利的方式提供服务，并且能最大限度地提高社会服务的公共性，避免政府的公共资金流入私人机构。按人头拨款有以下四个方面的缺点。（一）服务机构规模膨胀。服务机构一般由国家财政按人

---

① ［英］J. H. 亚当编：《朗文英汉双解商业英语词典》，过启渊等译，上海译文出版社 1997 年版，第 391 页。

头拨款，机构多、人员多，财政拨款相应也多。服务机构在编制方面不但没有自我约束的机制，反而有一种自我扩充和膨胀的趋势，导致服务机构的规模不断膨胀。（二）导致服务机构开支增加，加大公共开支。一方面，在这种拨款模式中，政府按照一定的计划分配服务对象，机构有稳定的服务对象，加上机构从自身利益出发，不断接纳新的人员，以保证机构的资金有充足的供应，导致政府对服务机构的拨款不断增加；另一方面，随着服务接受者的服务需求的扩大，进而导致政府公共开支的不合理增加，给国家带来严重的财政负担，最终将损害经济发展。（三）可能降低服务质量。在这种模式中，服务经费来源于上级拨款，服务对象不需要付费，服务机构之间不会在争夺服务对象方面进行竞争，因而没有提高服务水平和服务质量的压力，使得服务机构不重视提升服务质量，而服务的接受者也往往会因自己没有付费而在心理上降低对服务质量的要求。（四）服务对象不仅没有选择的自由，还可能会被机构所排斥。这是因为，一方面，社会服务机构垄断了服务的供应，导致服务对象别无选择；另一方面，政府一般是按服务机构的人数或级别等机构自身的因素来给其预算和划拨资金的，而与其提供服务的具体数量无直接关系。因此对于社会服务机构来说，可能出现服务越多、质量要求越高，机构就越亏的现象。①

### 二　整笔拨款

在一些国家，政府从总体预算中自动拨款给非营利组织，就像中央给地方拨款一样。例如在德国，历史上政府对“免费福利机构”的支持大部分都采取这种直接补贴和整笔拨款的形式，以支持基本的组织运作。② 香港于2000—2001年度在社会福利领域推行整笔拨款制度，非营利组织可自行决定是否采纳。截至2008年4月1日，173家非营利组织中的162家已推行整笔拨款制度，它们得到的补助相当于

① 关信平主编：《社会政策概论》（第二版），高等教育出版社2009年版，第105页。

② 王浦劬、［美］莱斯特·M. 萨拉蒙等：《政府向社会组织购买公共服务研究》，北京大学出版社2010年版，第211页。

整体资助额的99%。[①]

整笔拨款制度有利于提高效率和成效，改善素质，鼓励创新，加强问责和提供弹性。非营利组织虽然以政府资助为主，但在整笔拨款制度下，非营利组织可以灵活调配资源以配合服务需求，并发展新服务。因此，该制度可以为非营利组织的服务运作提供一定程度的弹性空间。整笔拨款制度也提高了非营利组织面对挑战、满足政府所提出的提高机构管治和重整服务要求的能力。

整笔拨款制度存在不少缺点，下面以香港整笔拨款制度为例加以说明。香港整笔拨款制度的缺点：（一）一些财务事宜影响了整笔拨款制度的推行。例如，香港在确定整笔拨款的数额时，基本上是以非营利组织2000年的估计人手编制作为计算基础，后来由于实施提高效率的措施而进一步削减，但是随着政府财政状况好转而没有提高标准，导致拨款数额不足以应付福利需求。[②]（二）在整笔拨款制度下，很多非营利组织都实施新的人力资源管理举措，有关安排对员工的职业发展阶梯和薪酬福利条件构成重大影响。主要表现在以下几个方面：把员工薪酬的上限设定为相应公务员薪级表的中点薪金，以及没有把政府的额外拨款全部用于增加员工薪金上。福利界离职率及流失率较高，未获足够支持以推行培训计划和提升能力措施。非营利组织按不同条件聘用员工，导致机构管理层和员工之间的关系紧张。有员工要求“同工同酬”，即受雇于受资助非营利组织的员工与担任相似职级的公务员应获同等的薪酬。[③] 在大部分社会服务机构中，出现了薪酬减少而工作增加的现象，最受影响的是2000年后入职的员工，他们中的不少人的薪酬年年减少。更有甚者，有不少有五年至七年工作经验的社工，现在的薪酬还远低于他们初入职时的薪酬。[④]（三）福利规划未执行。在推行整笔拨款制度时，政府表示会推行一项综合

① 王浦劬、［美］莱斯特·M. 萨拉蒙等：《政府向社会组织购买公共服务研究》，北京大学出版社2010年版，第276页。

② 整笔拨款独立检讨委员会：《整笔拨款津助制度检讨报告》，2008年12月。

③ 同上。

④ 罗致光：《整笔拨款“好心做坏事”》，《香港商报》2007年9月17日。

性和前瞻性的规划大纲，为社会福利服务制定长远的战略方向、中期计划及年度计划，与机构合力建立更灵活主动、更能适当响应社会需求的规划机制。但整笔拨款制度实行后，政府却未执行有关的服务规划机制，非营利组织无法更有效地响应及处理服务需求。①

## 三 补助

补助是一种政府给予生产者的补贴。补助的形式可能是资金、免税优惠、低息贷款、贷款担保等。补助降低了特定物品对符合资格的消费者的价格，他们可以向市场上那些接受补助的生产者购买更多若没有补助他们将无力购买的物品。在补助安排下，生产者是民间组织（营利或者非营利），政府和消费者是共同的安排者，它们都向生产者支付费用。几乎每一行业都有一些接受补助或享受减税优惠的服务项目。②

## 四 项目资助

非营利组织根据需求，主动向政府有关部门提出立项申请，经过评审以后，以项目方式予以资金支持。在美国，项目资助属于一种分类资助的模式，根据某些专门项目的具体申请来分配。政府对项目资助的控制往往比对按公式计算资助的控制要严，但资金也会分配不均，而且很大程度上取决于“筹资本领”。例如机构的资助申请写作技巧。分类资助在美国被广泛用来资助各种各样的非营利活动。例如，政府资助的医学研究项目很大一部分是由私立的非营利性大学承担的，它们通过美国国立卫生研究院得到项目资助。③ 在中国，有的城市街道就对非营利组织实施项目资助。非营利组织在公益建设、便民服务过程中，根据群众需求，向街道提出要求，申请立项，经过街道项目申请管理委员会评审确定以后，以项目方式予以资金支持，并

---

① 方敏生：《整笔拨款制度须改善三大难题》，《星岛日报》2007 年 12 月 29 日。

② ［美］E. S. 萨瓦斯：《民营化与公私部门的伙伴关系》，周志忍等译，中国人民大学出版社 2001 年版，第 82 页。

③ 王浦劬、［美］莱斯特·M. 萨拉蒙等：《政府向社会组织购买公共服务研究》，北京大学出版社 2010 年版，第 211—212 页。

通过招标、过程监督、绩效评估等来规范项目运行过程。①

## 五　合同承包

签订合同是政府想从私人机构购买特定产品或服务时的典型做法。政府与私营企业、非营利组织签订关于物品和服务的合同，私营企业和非营利组织是生产者，政府是安排者，它付费给生产者。② 服务购买合同在公共领域十分普遍，在这些领域政府希望让某个非营利组织长期提供特殊类型或范围的服务。合同通常包含比较正式的招投标程序，对产出的规格有比较具体的规定，对于成果实行问责。合同还必须涵盖直接服务成本和间接服务成本。③ 在美国，合同形式被广泛应用于向非营利组织购买服务，特别是在社会服务领域，例如戒毒戒酒、收养服务、吸毒者和酗酒者治疗项目、家庭心理咨询服务、健康检查、保健服务、家庭照顾服务、无家可归者收容所的运营、医疗服务、少年犯罪防治项目等。④ 合同形式也越来越多地被运用于一些西欧国家，如法国和英国。

## 六　服务消费券

消费券是提供给符合条件的受益人以特定物品或者服务的票券或报销安排。消费者获得一张卡或者票，可以用于购买服务，服务提供方则凭借此票或卡向政府报销。⑤ 在消费券制度安排下，消费者有很强的动力去理智消费并讨价还价，因为同样的资金可能购买更多的东

---

① 王浦劬、[美] 莱斯特·M. 萨拉蒙等：《政府向社会组织购买公共服务研究》，北京大学出版社 2010 年版，第 19 页。

② [美] E. S. 萨瓦斯：《民营化与公私部门的伙伴关系》，周志忍等译，中国人民大学出版社 2001 年版，第 73 页。

③ 王浦劬、[美] 莱斯特·M. 萨拉蒙等：《政府向社会组织购买公共服务研究》，北京大学出版社 2010 年版，第 212 页。

④ [美] E. S. 萨瓦斯：《民营化与公私部门的伙伴关系》，周志忍等译，中国人民大学出版社 2001 年版，第 75 页。

⑤ 王浦劬、[美] 莱斯特·M. 萨拉蒙等：《政府向社会组织购买公共服务研究》，北京大学出版社 2010 年版，第 213 页。

西。它们被用在食品、住房、医疗服务、运输、幼儿保健、教育、老年项目、家庭护理、救护者服务、娱乐和文化服务、药品和酒精管制等方面。消费券也被用于对有经验的失业工人进行培训。[①] 服务消费券广泛用于美国、荷兰、挪威和英国。[②]

这种模式的优点：（一）在这种模式中服务的需求者既能获得福利性补贴，也有选择服务机构的权利，兼顾了福利与自由。（二）这种模式促进了非营利组织之间的竞争，有利于提高服务水平和质量。如果一个机构不重视服务质量，它将很快被“消费者”抛弃，也就难以获得政府公共资金的补偿。从现实的过程来看，这种模式也存在一些薄弱环节，主要表现在以下两方面：（一）在这种模式中，政府虽然不需要直接管理社会服务机构，但要对更多的个体福利申请者进行资格审查和管理，这要消耗很多人力和物力。（二）服务需求者掌握的信息不充分，在选择服务机构时可能存在非理性行为，导致他们很难客观评估服务机构，进而扭曲本来应该有的市场选择机制。[③]

## 七 社会服务项目制与其他社会服务提供模式的联系和区别

本书所研究的社会服务项目制综合了民营化或政府外包工具的几种形式，包括合同（招投标）、项目资助。此外，社会服务项目制是从政府、非营利组织、基金会、企业等项目运作主体的视角出发进行的制度建构，它不仅是一种民营化的形式或政府外包的工具，它还是一种不同类型的非营利组织介入社会服务的模式，以及企业社会责任发挥作用的形式。正因为如此，社会服务项目制包含了政府、基金会、企业和公益性非营利组织针对项目而形成的项目机制、策略和逻辑。当然，若涉及的项目主体太多，内容就会显得非常庞杂，因此本

---

① ［美］E. S. 萨瓦斯：《民营化与公私部门的伙伴关系》，周志忍等译，中国人民大学出版社 2001 年版，第 84 页。

② 王浦劬、［美］莱斯特·M. 萨拉蒙等：《政府向社会组织购买公共服务研究》，北京大学出版社 2010 年版，第 213 页。

③ 关信平主编：《社会政策概论》（第二版），高等教育出版社 2009 年版，第 106—107 页。

书主要研究的是政府和非营利组织的项目机制、策略和逻辑。

社会服务项目制在政府和非营利组织中越来越普遍，当然它不可能完全取代其他模式。由于非营利组织项目运作的实践较多，而相关的总结和研究相对匮乏，因此尤其要搞清楚它与其他模式的联系和区别。可以在政府导向性、政府在其中的作用、市场方法的应用、服务对象的参与等方面进行比较。

（一）按人头拨款与项目制。在中国，按人头拨款模式下的员工一般属于国家事业单位或官办非营利组织的员工，其实质是政府直接举办社会福利事业。按人头拨款模式下机构与员工的关系较固定，对员工的激励性较差。而项目制则是按项目拨款给机构，机构成立项目小组或项目型结构，从事相关服务活动或者机构另行聘用相关的人员从事工作，机构与所雇用的人员签订劳动合同，可以在项目结束解聘员工或者员工进入另外的项目小组。由于项目来源不固定，所以员工与机构的关系也不如事业单位那样固定。

（二）项目制与整笔拨款。项目资金和整笔拨款都需要非营利组织竞争获取，且都强调服务效果。但两者也存在着区别。整笔拨款的资助者是政府，在香港，政府按照薪级表中位数与实施整笔拨款时的在编人数计算受资助机构的年度资助额，并一次性拨付给受资助的非营利组织①，资助比较固定，服务机构接受拨款后自主决定其用途，政府较少干预。而项目制中的招投标机制则涉及不同的资助者和服务提供者，项目规模有大有小，项目的持续性一般不强，项目资金专款专用。

（三）项目制与资助。项目制和资助的共同点是资助机构（政府）都面对许多服务机构，有一个筛选的过程，在这个过程中服务机构之间会存在竞争。此外项目制和资助都有非常明确的政策导向。但项目制与资助也有明显的区别。这里所说的资助模式是一种民营化的形式或一种政府服务外包的工具，政府对非营利组织提供各种资金补贴。在资助模式中政府一般占主导地位，不存在其他资助主体，服务对象

---

① 岳经纶、温卓毅：《新公共管理与社会服务：香港的案例》，《公共行政评论》2012年第3期。

一般都能获得无偿或低偿的服务。补助动用政府税收和公共利益上的开支，是一种受支持的活动，而不是一种由两个各自提供有偿服务的组织之间的合同面谈。[①] 与之相比较，项目制是政府近期及未来正在探讨和实践的资助模式，各地的做法较多，资助主体也多元化了。资助模式较项目制简单，主要涉及选择受资助单位、进行资助、评估效果等，没有招标、评标等阶段，而项目制相对来说要复杂得多，涉及招标、评标、资助、评估等一系列的环节。

（四）项目制与合同承包及项目资助。典型的合同承包模式有几个投标者，投标者之间展开竞争，政府与获胜的机构签订承包合同，机构则按合同的约定提供服务。在这种模式中，政府的导向程度不如直接举办服务机构高，但高于整笔拨款和资助。合同的期限一般较长，否则变动合同的成本就较高。项目资助是先由机构提出申请，政府酌情考虑给予资助。本书研究的项目制包括合同承包和项目资助，它们可分别对应项目制中的招投标项目制与申请项目制。当然，本书的项目制还与除政府之外的其他资助机构有关系，这超过了合同承包和项目资助的范畴，这是不同之处。

（五）项目制与服务消费券。这是两种不同的资助模式。项目制是对机构的资助，按萨拉蒙的说法是对生产方的资助，而服务消费券是一种补贴服务对象的方式。资助的方向不同，理念不同，服务对象的参与程度也不同。在项目制中，服务对象参与度低，而在服务消费券模式中，服务对象参与程度高，他可以自主选择服务机构，可以“用脚投票”，从而使得服务机构之间存在竞争，最终提高服务质量。

## 第二节　国外非营利组织研究

非营利组织是公民社会的重要主体。面对 20 世纪 70 年代福利国家危机和困境，学者们非常重视非营利组织在社会服务提供中的角色

---

① ［美］菲利普·库珀：《合同制治理——公共管理者面临的挑战与机遇》，竺乾威、卢毅、陈卓霞译，复旦大学出版社 2007 年版，第 81 页。

和作用，并对其进行了大量研究，总结起来有以下几种理论。

## 一 非营利组织生成的理论

### （一）市场失灵/政府失灵理论

美国学者维斯布罗德认为，政府和市场都可以提供公共物品。对市场提供公共物品来说，由于没有消费者会自愿为可以免费的产品付费，所以通过市场排他性提供公共物品会导致供给不足。由于市场需求很少，生产者就会生产少于公众真正需要和向往的商品或服务。这就是“市场失灵”。由于政府可以向人们征税来生产“公共物品”，它能够克服“市场失灵”。但是，在民主社会中，政府作为公共物品的生产者只生产能够获得大多数选民支持的公共物品的种类和数量，这就不可避免地留下了一些未得到满足的需求。之所以需要非营利组织，正是为了满足这些对公共物品未得到满足的需求。①

### （二）合约失灵理论

美国学者汉斯曼认为，对某些商品或服务来说，消费者和生产者在信息上存在不对称，要么是因为服务的购买者并不是最终的消费者，要么是由于服务本身的性质太复杂，消费者对它难以评估，或者因为其他原因。在这种情况下，购买者开始寻求对最终服务质量可以信任的替换办法。非营利组织受到“非分配约束”，值得信任。②

### （三）志愿失灵理论和第三方治理理论

萨拉蒙认为，非营利组织存在四个缺陷：慈善不足、慈善的特殊主义、慈善的家长式作风和慈善的业余主义。这就是“志愿失灵”。志愿部门的弱点正好是政府的长处，反之亦然。无论是志愿部门替代政府，还是政府替代志愿部门，都没有二者之间的合作有意义。第三方治理的概念强调了公共和私人机构之间大量的责任共享，以及公共

---

① ［美］莱斯特·M. 萨拉蒙：《公共服务中的伙伴——现代福利国家中政府与非营利组织的关系》，田凯译，商务印书馆2008年版，第40—41页。

② 温艳萍：《民间非营利组织的社会与经济效应研究》，上海人民出版社2008年版，第35—37页。

部门和私人作用的大量混合，这是美国福利国家的特点。①

## 二 关于政府—非营利组织关系的类型学

### （一）四模式理论

这是美国学者纪德伦、克莱默和萨拉蒙等人提出的理论。他们以服务的资金筹集和授权以及服务的实际提供两种要素为维度，提出了政府与非营利组织关系的四种基本模式②：

1. 政府支配模式。政府在人类服务的资金筹集和服务提供中占据着支配性地位。政府既是主要的资金提供者，又是福利服务的主要提供者。政府通过税收制度来筹集资金，由政府雇员来提供需要的服务。

2. 第三部门支配模式。在这个模式中，非营利组织在资金筹措和服务提供中起着支配性的作用。

3. 双重模式。这是处于政府支配模式和第三部门支配模式之间的一种模式。在这种模式中，政府和非营利组织在属于自己的领域内既筹措资金又提供服务。存在以下两种形式：其一，非营利组织给国家力量没有达到的顾客提供同样类型的服务，以补充国家提供的服务；其二，非营利组织提供政府没有提供的服务，以补足政府的服务职能。双重模式最显著的特征是存在两个相当大的但相对自治的服务的资金筹措和提供体系。

4. 合作模式。在这种模式中，典型情形是由政府提供资金，由非营利组织提供服务。合作模式包括两种方式：一是“合作的卖者”模式，非营利组织仅仅作为政府项目的代理人出现，拥有较少的处理权或讨价还价的权力；二是“合作的伙伴关系”模式，非营利组织拥有大量的自治和决策的权利，在项目管理上也更有发言权。合作的伙伴关系模式在福利国家中更加普遍。美国是典型的合作模式。

---

① ［美］莱斯特·M. 萨拉蒙：《公共服务中的伙伴——现代福利国家中政府与非营利组织的关系》，田凯译，商务印书馆2008年版，第46—51页。

② 田凯：《非协调约束与组织运作——中国慈善组织与政府关系的个案研究》，商务印书馆2004年版，第21—23页。

纪德伦等人提出的政府与非营利组织关系的四种基本模式见表2－1。

**表2－1 政府与非营利组织关系模式**

| 功能 | 模式 | | | |
|---|---|---|---|---|
| | 政府支配模式 | 双重模式 | 合作模式 | 第三部门支配模式 |
| 资金筹措 | 政府 | 政府/第三部门 | 政府 | 第三部门 |
| 服务提供 | 政府 | 政府/第三部门 | 第三部门 | 第三部门 |

资料来源：Benjamin Gidron，Ralph Kramer，L. M. Salamon，*Government and the Third Sector*，San Francisco：Jossey—Bass Publishers，1992，p. 18。

### （二）政府、市场、志愿部门相互依赖理论

美国学者罗伯特·伍夫努提出了国家、市场和志愿部门相互依赖的三部门模式理论。在他看来，政府、市场和志愿部门之间存在着频繁的互动和交换关系，这包括竞争与合作、各种资源的交换、各种符号的交易等。当不止一个部门的组织提供相似的服务的时候，就存在着竞争关系。当集中不同的资源来共同解决社会问题的时候，彼此之间就是合作关系。①

## 三 评价

维斯布罗德提出的市场失灵/政府失灵理论为我们理解非营利组织的出现提供了理论视角，但他所说的政府失灵主要是中位选民偏好的投票决策方式导致的失灵，这和中国非营利组织产生的制度环境是完全不一样的。

第三方治理理论指出，政府给非营利组织提供资金，非营利组织提供服务。当前中国中央财政和各级地方政府通过购买服务委托非营利组织提供服务与第三方治理模式越来越相似，因此第三方治理理论对理解中国政府与非营利组织之间的关系具有重要的借鉴意义。但是由于中国在政府购买服务方面还没有层次较高的、比较规范的制度化

① 田凯：《非协调约束与组织运作——中国慈善组织与政府关系的个案研究》，商务印书馆2004年版，第24—25页。

的法规和政策，政府还远远没有担当起资金提供者的角色。此外由于非营利组织发展的历史较短，能力较弱，难以真正承担起服务提供者的重任。

汉斯曼关注非营利组织与市场组织之间的区别，提出非营利组织的“非分配约束”的特征对我们理解非营利组织的本质颇有帮助，但他没有对政府与非营利组织之间的关系做出专门的论述。

纪德伦等人提出的政府—非营利组织关系的类型学，伍夫努提出的政府、市场、志愿部门相互依赖理论为我们观察二者的关系提供了参考框架，但由于中国的非营利组织类型和性质多样，水平参差不齐，很难划归到其中的某一种类型或模式当中。这就需要根据具体情况具体分析，通过大规模的调查研究和个案访谈，对中国非营利组织和政府的关系进行总结和概括，以便加深对二者关系的认识。

## 第三节　近年来中国的非营利组织研究

近年来，我国学者对中国非营利组织的研究在从引介西方的理论范式和研究成果，对中国非营利组织的概念界定、分类、兴起原因及动力机制、结构和功能的研究以及众多的实证研究的基础上往前推进了一大步，对非营利组织的研究不断深入，研究的重点集中在非营利组织与政府的关系和非营利组织的行动策略上，而且可以明显地发现一条非营利组织研究规律，即从关系研究向行动策略研究的转向。这里就以这一视角对近年来我国的非营利组织研究作一梳理，以期发现其内在的逻辑关系和相互联系。

### 一　中国非营利组织与政府的关系研究

对于中国非营利组织与政府的关系研究大体可以归结为以下四类：一是对中国非营利组织与政府的关系进行概括和升华，提出具有本土特点的关系模式；二是已有既定的非营利组织与政府关系的理想类型，以此为出发点探讨中国非营利组织与理想关系类型的契合度；

三是从组织现象入手通过构建理论来解释这种现象，在这个过程中探讨所研究的非营利组织与政府的关系；四是对非营利组织与政府关系的主导理论范式及解释中国现实的适用性进行探讨，主导范式是公民社会理论和法团主义理论。

对于第一类中国非营利组织与政府的关系研究，学者们提出了非常有影响的概念，如官民二重性、双重性格、分类控制、行政吸纳社会、嵌入性控制。

戈登·怀特在对中国浙江萧山社团的研究中提出了社团二重性问题①，我国许多学者也在他们的研究中发现和证实了中国非营利组织与政府之间的关系具有官民二重性特征。迄今为止，官民二重性仍是对中国非营利组织实际状况的经验概括。王颖等人认为，现阶段中国的社团具有半官半民的特征，它是由社团成员自助、互益和自我管理以及政府进行间接管理两方面的需要而产生的。② 孙炳耀认为，当代中国社团是在民间与政府双重动力推动下产生的，在组织层面上通过业务主管部门和社团领导层实现官民联结，并发挥着服务和管理的双重功能。社团的“半官半民”性是当前经济、政治和社会条件决定的，并随着这些条件的变化而变化。③ 于晓虹和李姿姿用制度经济学中的“交易成本”概念来分析中国社团的官民二重性。她们认为，社团的出现和生存是社团加入者与社团资格认可者之间在抱持自身利益最大化的考量之下的理性选择，是相互交易的结果。④ 俞可平强调官民二重性中的政府主导。他认为，政府对公民社会的主导性体现在以下四个方面：一是挂靠某一党政权力机关作为主管部门，二是政府自己创办非营利组织，三是由退休官员或机构改革分流出的官员担任社

① Gordon White, “Prospects for Civil Society in China: A Case Study of Xiao shan City”, *The Australian Journal of Chinese Affairs*, No. 29, January 1993.

② 王颖、折晓叶、孙炳耀：《社会中间层——改革与中国社团组织》，中国发展出版社 1993 年版，第 8 页。

③ 孙炳耀：《中国社会团体官民二重性问题》，《中国社会科学季刊》1994 年第 6 期。

④ 于晓虹、李姿姿：《当代中国社团官民二重性的制度分析——以北京市海淀区个私协会为个案》，《开放时代》2001 年第 9 期。

团主要领导职位，四是活动经费由政府财政拨款。[①] 不同于官民二重性，王名认为，非营利组织的资源来源包括体制资源和经营资源，对前一种资源的利用带来非营利组织的“政府性”，对后一种资源的利用带来非营利组织的营利性。[②] 康晓光和韩恒提出了“分类控制”的概念来概括当前中国大陆的国家与社会关系的基本特征。他们认为，在这种控制体系中，政府的利益需求和被控制对象的挑战能力及社会功能决定了政府的控制策略和控制强度。[③] 康晓光等人在分类控制的基础上又提出了“行政吸纳社会”的理论，其核心机制主要包括两个方面，即控制和功能替代。控制是为了防止非营利组织挑战政府权威，是为了继续垄断政治权力；而功能替代是通过培育可控的非营利组织体系，并利用它们满足社会的需求，消除自治的非营利组织存在的必要性，从功能上替代那些自治的非营利组织，进而避免社会领域中出现独立于政府的非营利组织。[④] 刘鹏提出嵌入性控制的概念，他认为作为政治环境因素的国家，利用其特定的机制和策略，营造符合国家政治偏好的组织运营环境，从而达到对非营利组织的运行过程和逻辑进行植入性干预和调控的目的；这种干预和调控作用也使得非营利组织乐意借助于其所提供的政治机会而对国家职能进行反作用，从而促使国家—社会之间外化为某种伙伴关系模式。[⑤]

第二类中国非营利组织与政府的关系研究在主导的理论范式——公民社会理论和法团主义理论的框架中进行，或者进行理论分析，或

① 俞可平：《中国公民社会的兴起及其治理的意义》，载俞可平等《中国公民社会的兴起于治理的变迁》，社会科学文献出版社 2002 年版，第 216—218 页。

② 王名：《总序》，载贾西津《第三次改革——中国非营利部门战略研究》，清华大学出版社 2005 年版。

③ 康晓光、韩恒：《分类控制：当前中国大陆国家与社会关系研究》，《社会学研究》2005 年第 6 期。

④ 康晓光、卢宪英、韩恒：《改革时代的国家与社会关系——行政吸纳社会》，载王名主编《中国民间组织 30 年——走向公民社会》，中国社会科学出版社 2008 年版，第 333 页。

⑤ 刘鹏：《嵌入性控制：当代中国国家—社会关系的新观察》，载康晓光等《依附式发展的第三部门》，社会科学文献出版社 2011 年版，第 100—143 页。

者进行经验检验，加深了对中国非营利组织与政府的关系的认识，丰富和发展了理论。

顾昕认为中国的社团监管体系具有强烈的国家法团主义特征，高度强调国家的控制，同时在社团的唯一性、代表性、垄断性等方面施加严格限制。中国国家与社会关系的变革始终在法团主义的框架内展开，而且由于国家对社会保持强大的控制能力，这一框架始终呈现国家法团主义的特征。[①] 顾昕和王旭以专业性社团的垄断地位进一步论证了中国社团与国家关系的法团主义特征，国家在专业性社团空间的发展中不仅维持了控制，而且还提供了一定的支持。[②] 张钟汝等人运用国家法团主义的理论视角研究了上海的非营利组织，提出“庇护性国家法团主义”和“层级性国家法团主义”两个概念。他们发现，国家与社会之间的关系正处在由“直柱型”形态向“漏斗型”形态转变的过程之中，这种转变多少显现了国家与社会关系已经出现模糊的分界。[③] 范明林以法团主义和公民社会为理论视角对非营利组织与政府的互动关系进行了比较研究。他发现了强控性、依附性、梯次性和策略性四种不同的国家法团主义关系。[④] 曹飞廉和陈健民以公民社会为视角研究了爱德基金会和上海基督教青年会。他们认为，上述组织通过长久以来持之以恒的社会服务，产生了积极的社会影响与社会资本，满足了巨大的社会需求，推动了公民社会的发育，与国家形成了非抗争的合作关系模式。[⑤]

第三类中国非营利组织与政府的关系研究是从现实的非营利组织

---

① 顾昕：《公民社会发展的法团主义之道——能促型国家与国家和社会的相互增权》，《浙江学刊》2004 年第 6 期。

② 顾昕、王旭：《从国家主义到法团主义——中国市场转型过程中国家与专业团体关系的演变》，《社会学研究》2005 年第 2 期。

③ 张钟汝、范明林、王拓涵：《国家法团主义视域下政府与非政府组织的互动关系研究》，《社会》2009 年第 4 期。

④ 范明林：《非政府组织与政府的互动关系——基于法团主义和市民社会视角的比较个案研究》，《社会学研究》2010 年第 3 期。

⑤ 曹飞廉、陈健民：《当代中国的基督教社会服务组织与公民社会——以爱德基金会和上海基督教青年会为个案》，《开放时代》2010 年第 9 期。

现象入手，选择或者建构合适的理论框架对所关心的组织现象做出解释，提出了具有解释力的概念，如非协调约束和组织外形化、非对称性依赖、利益契合等。

田凯用“组织外形化”的概念来描述组织的实际运作方式与组织的形式严重不一致的现象，并阐明了这种现象的逻辑。他认为，组织的形式与运作的偏离是组织面对制度环境的压力时采用的生存策略，是组织在制度环境的非协调约束中寻求平衡的产物。慈善组织的产生是以政府形式利用慈善资源受到制度环境的合法性约束的结果。① 徐宇珊根据以往调研发现，中国的基金会与政府在资源方面互有需求、相互依赖，政府资源和社会慈善资源可以相互转化。政府的各类资源可以较多地转化为基金会慈善资源，而基金会慈善资源转化为政府资源则较少，政府资源和基金会慈善资源之间存在不均衡的转化，导致政府和基金会之间的非对称性依赖关系。② 江华等基于理性选择视角提出“利益契合”的概念框架分析了行业组织政策参与，他们认为国家与社会的利益契合程度决定了国家对非营利组织选择支持还是限制。③

第四类文献是对公民社会理论与法团主义理论在研究中国非营利组织和政府关系的适用性问题的探讨。在对中国非营利组织与政府的关系进行理论描述和实证研究的同时，有学者对非营利组织与政府关系的主导理论范式进行了深入的探讨和梳理，主要集中在公民社会理论范式、法团主义理论范式对中国公民社会及其非营利组织研究的适用性上，这些可以称为理论反思，不仅推进了相关理论研究，而且为用西方理论研究中国现实提出了警醒，值得研究时思考。

郁建兴从两个方面对当前中国非营利组织与国家的关系进行反

① 田凯：《非协调约束与组织运作——一个研究中国慈善组织与政府关系的理论框架》，《中国行政管理》2004 年第 5 期。

② 徐宇珊：《非对称性依赖：中国基金会与政府关系研究》，《公共管理学报》2008 年第 1 期。

③ 江华、张建民、周莹：《利益契合：转型期中国国家与社会关系的一个分析框架——以行业组织政策参与为案例》，《社会学研究》2011 年第 3 期。

思，一是立足于“国家在社会中”的立场，用“法团主义”的研究框架解释当前中国非营利组织现象①；二是主张重视社会主义公民社会范式的研究。② 郁建兴和吴宇站在“国家在社会中”的立场上认为，国家和非营利组织的互动没有使国家和社会发生分离，这种互动反而使国家和社会的界限变得越来越模糊。③ 郁建兴和周俊认为，从世纪之交开始，中国公民社会研究进入了一个新阶段，“社会主义公民社会”概念引入中国，研究范式由公民社会向社会主义公民社会转型。④ 刘安认为，改革开放以来，利益多元分化重塑了当代中国国家与社会的关系。公民社会理论和法团主义不完全符合中国的文化传统和社会结构，因为它们延续了极权主义和利益集团理论的连续统思维模式。对改革后中国国家与社会关系的解释必须来源于其自身的经验。⑤ 吴建平对法团主义进行一种总体性考察，依次考察其问题指向、观念基础、制度特征和社会基础。他指出，由于中国的国家与社会关系缺乏法团主义相应的社会组织基础，所以法团主义并不适合用来对中国的国家与社会关系进行理解、解释或预测。⑥

## 二　中国非营利组织面临的困境与行动策略研究

中国非营利组织面临的困境和行动策略研究是紧密相连的，众多的学者所研究的非营利组织的行动是非营利组织在面对制度和资源等困境时采取的权宜行动，因此可以把这两部分研究放在一起加以分

---

① 郁建兴、吴宇：《中国民间组织的兴起与国家—社会关系理论的转型》，《人文杂志》2003 年第 4 期。

② 郁建兴、周俊：《中国公民社会研究的新进展》，《马克思主义与现实》2006 年第 3 期。

③ 郁建兴、吴宇：《中国民间组织的兴起与国家—社会关系理论的转型》，《人文杂志》2003 年第 4 期。

④ 郁建兴、周俊：《中国公民社会研究的新进展》，《马克思主义与现实》2006 年第 3 期。

⑤ 刘安：《市民社会？法团主义？——海外中国学关于改革后中国国家与社会关系研究述评》，《文史哲》2009 年第 5 期。

⑥ 吴建平：《理解法团主义——兼论其在中国国家与社会关系研究中的适用性》，《社会学研究》2012 年第 1 期。

析。可以把相关研究概括为三种类型。

第一类文献是中国非营利组织面临的困境的研究，这一类研究关注中国非营利组织所面临的各种困境，主要为制度困境和资源困境。

苏力等在《规制与发展——第三部门的法律环境》中指出，现行法律对非营利组织的基本政策就是严厉限制，主要体现在双重管理，限制竞争，对社会团体成立条件要求较多，民办非企业单位不能设立分支机构，社会团体不可以设立地域性分支机构，对非营利组织是否"适应社会需要"进行严格审查。[①] 王名认为，中国非营利组织就其单体来说，不仅普遍存在资源缺乏、规模有限、能力不足、专业化程度低下等问题，而且社会公益性不强，合法性和公信度不高，法律环境和社会经济环境都不利于其健康发展，彼此之间也缺乏交流、学习和互动的机制，因此它们作为一个独立的非营利组织体系尚未形成。[②] 谢海定认为，中国非营利组织存在严重的合法律性问题，归根结底由立法不当产生。解决非营利组织的现实问题，需要尽快制定非营利组织法，推进管理制度变革，从控制型管理转向培育型管理。[③] 邓莉雅和王金红认为非营利组织的发展依赖制度和社会资源，中国非营利组织必须面对缺少资源和能力的问题，非营利组织应该通过自己的作为，发挥对社会的积极作用，消除政府与社会的疑虑，争取政府与社会更多的信任和支持，为自己的生存及发展赢得更为有利的条件。[④] 俞可平着重分析了中国公民社会现存制度环境的主要特征。较之西方国家，中国的公民社会具有以下特征：中国的公民社会是一种典型的政府主导型的公民社会，具有明显的官民双重性；中国的非营利组织正在形成之中，具有某种过渡性；中国的非营利组织还极不规范；中

① 苏力、葛云松、张守文等：《规制与发展——第三部门的法律环境》，浙江人民出版社 1999 年版，第 177—185 页。

② 王名：《总序》，载贾西津《第三次改革——中国非营利部门战略研究》，清华大学出版社 2005 年版。

③ 谢海定：《中国民间组织的合法性困境》，《法学研究》2004 年第 2 期。

④ 邓莉雅、王金红：《中国 NGO 生存与发展的制约因素——以广东番禺打工族文书处理服务部为例》，《社会学研究》2004 年第 2 期。

国目前的非营利组织的发展很不平衡，不同的非营利组织之间在社会政治、经济影响和地位方面差距很大。[①]

第二类文献探讨了中国草根 NGO 的生存策略，在非营利组织行动策略研究中这一类研究具有代表性，相关研究也最多。

朱健刚认为中国的公民社会正处于前公民社会状态，草根 NGO 面临着法律、人力、资金、信任、知识五个方面的困境。面对这些困境，草根 NGO 的行动者却能够在底层的碰撞中，逐步地发展出前公民社会状态下的工作模式，并推动着公共领域的发展。草根 NGO 特别强调信念伦理的重要性，以信念来带动早期的核心志愿者；以很少的职员处理行政事务，更多地吸收来自各行业的志愿者。[②] 赵秀梅认为非营利组织对待政府的策略有自身合法化、利用国家权威或者政府行政网络来实现自己的组织目标、影响政府、监督批评政府。非营利组织利用种种手段来尝试改变它们与国家的关系，使之朝着有利于自己发展的方向发展。[③] 张紧跟和庄文嘉提出了“非正式政治”这一概念来描述草根 NGO 没有依托正式的规章制度和程序而是寻求非正式的渠道进行日常运作的状况。他们归纳出业联会的行动策略有掺沙子、拜老师、接订单、创制选票市场、寻求媒体支持、结盟友。[④] 何艳玲等建立了“依赖—信任—决策者”的理论框架来解释草根 NGO 行动策略。草根 NGO 会因为对其他组织的依赖、信任程度不同以及自身决策者因素而选择不同的策略，比如拒绝、避免、默许和欢迎等。[⑤] 和经纬等人研究发现，面对制度和资源的双重制约，草根 NGO 的生存状况与所持的政治意识形态和维权理念密切相关；为了补充合法性资源，草根 NGO 不得不着眼于制度外的道义正当性，以期获得社会的支持及政府的默认；草根 NGO 试图通过建立顾问委员会、理事会等方式获得

① 俞可平：《中国公民社会：概念、分类与制度环境》，《中国社会科学》2006 年第 1 期。

② 朱健刚：《草根 NGO 与中国公民社会的成长》，《开放时代》2004 年第 6 期。

③ 赵秀梅：《中国 NGO 对政府的策略：一个初步考察》，《开放时代》2004 年第 6 期。

④ 张紧跟、庄文嘉：《非正式政治：一个草根 NGO 的行动策略——以广州业主委员会联谊会筹备委员会为例》，《社会学研究》2008 年第 2 期。

⑤ 何艳玲、周晓锋、张鹏举：《边缘草根组织的行动策略及其解释》，《公共管理学报》2009 年第 1 期。

知识精英的背书，有的还诉诸政府官员的个人联系。[①]

第三类文献研究了中国官办非营利组织的行动和适应环境的策略，并以中国青基会和行业协会等案例剖析为经验支撑。

沈原和孙五三用组织分析的新制度主义框架分析了中国青基会的体制依赖性，并深入揭示了在体制和市场的“二重制度空间”中，中国青基会试图通过国际交往活动吸纳外商捐赠和诸如社团知识、运作规则、资源动员策略及海外环境约束等异质性制度因素而使自己朝着实现“社会化”的目标前进。[②] 孙立平对中国青基会发起和实施的“希望工程”进行了研究，分析了它的行动方式及资源动员的途径。根据孙立平的研究，中国青基会通过商标注册和授权使用的方式，并以非行政的方式，在中国青基会与地方青基会或“希望工程”基金之间建立网络关系。通过“商标”的授权使用和合同形式，实现了中国青基会对地方性青基会或“希望工程”管理机构的控制。强调“希望工程”的辅助作用，即配合政府的社会经济计划，以民间的方式动员社会力量捐资助学。在报纸上刊登广告，以社会的方式动员组织资源。进行准组织化的动员，不完全依赖原有的共青团组织体系，直接面对群众，广泛进行动员，充分利用体制资源。孙立平认为，在中国目前的情况下，中国青基会代表了自上而下的发展模式。[③] 任颖慧分析了中国青基会的社会行动。她认为，在青基会同政府、社会公众、企业的互动中形成了权威关系、信任关系和市场关系，正是在建构这三种关系的过程中，中国的第三领域得以建构，并呈现出自身的特征。[④] 邓宁华以资源依赖理论和新制度主义为基础，建立了体制内非营利组织对国家—社会的合法性与经济资源的双重依赖的分析框架，

① 和经纬、黄培茹、黄慧：《在资源与制度之间：农民工草根 NGO 的生存策略——以珠三角农民工维权 NGO 为例》，《社会》2009 年第 6 期。

② 沈原：《市场、阶级与社会：转型社会学的关键议题》，社会科学文献出版社 2007 年版，第 301—324 页。

③ 孙立平：《民间公益组织与治理：“希望工程”个案》，载俞可平等《中国公民社会的兴起于治理的变迁》，社会科学文献出版社 2002 年版，第 67—90 页。

④ 任颖慧：《非营利组织的社会行动与第三域的建构》，上海大学出版社 2010 年版，第 166—184 页。

揭示了体制内非营利组织对国家与社会的双重依赖格局，描述了适应环境的相关策略。他发现，缺乏社会基础的体制内非营利组织凭借和利用国家的特殊合法性支持而进入社会领域中以汲取资源的相关策略，他将其称为“寄居蟹的艺术”。①

第四类文献是对多种非营利组织进行研究，不同的非营利组织的生存基础和策略不同，从中可以看出它们的差别和生存智慧。

高丙中以河北龙牌会等民间会社、校友会等社团为例详细描述了非营利组织的生存智慧和艺术。他认为龙牌会等民间会社的合法性源于它符合传统、符合地方利益、符合传统美德，而民间会社之间的交往则赋予相互的社会合法性。而对校友会来说，即使没有注册，也能够合法地开展活动，其中的一个主要原因就是一些有行政身份的校友的参与使它们的活动在某种意义上被合法化了。此外，非营利组织可能通过宣示自己的宗旨来阐明政治倾向，在开展活动的过程中阐发活动的社会政治意义。② 高丙中认为，法律合法性是整合前述三种民间会社合法性的核心。目前的社团管理将造成一个社团要么同时具备四种合法性，要么便不存在的境况。③ 李国武和李璐从社会需求、供给和制度主义这三种视角解释非营利组织发展的差异。研究表明，不同类型的非营利组织的发展有着相对不同的动力机制，非营利组织的发展不仅受制于国家层面的制度环境，更嵌入具体的地方社会之中。④

## 三 评价

综上所述，近年来国内学者对中国非营利组织的研究既有理论研究也有经验研究，涉及的组织类型多样，有社会团体、民办非企业单

---

① 邓宁华：《“寄居蟹的艺术”：体制内社会组织的环境适应策略——对天津市两个省级组织的个案研究》，《公共管理学报》2011 年第 7 期。

② 苏力、葛云松、张守文等：《规制与发展——第三部门的法律环境》，浙江人民出版社 1999 年版，第 305—378 页。

③ 高丙中：《社会团体的合法性问题》，《中国社会科学》2000 年第 2 期。

④ 李国武、李璐：《社会需求、资源供给、制度变迁与民间组织发展：基于中国省级经验的实证研究》，《社会》2011 年第 6 期。

位、基金会、没有在民政部门登记注册的草根 NGO 等，可以说对几乎所有类型的非营利组织都有所研究。主要关注的焦点是政府与非营利组织的关系，近来逐渐关注草根 NGO 的行动方式及其策略。在草根 NGO 的行动策略研究中，关注制度和资源的限制，从存在的问题入手，通过描述非营利组织的行动来看它的发展。

### （一）从中国非营利组织与政府的关系研究看理论预设与经验研究的结合与创新

中国非营利组织与政府的关系研究有两个背景或出发点，其一是中国非营利组织的出现和成长导致一个不同于政府与企业的社会领域的显现；其二是在社会分化的基础上进行社会整合的需要。中国在改革开放以前是一个总体性社会，社会与国家高度同构，社会是一个同质体，国家通过单位制把人联系在一起，几乎不存在单位以外的组织类型。中国的市场经济体制改革使企业成为自主经营、自负盈亏的市场主体，各类企业获得了独立的地位，而在市场经济体制建立、政府职能转变和社会转型的过程中，非营利组织作为一种不同于政府和企业的组织类型随之出现。理顺非营利组织与政府的关系成为该类组织成长的前提和关键，在这种背景下，大量的非营利组织与政府的关系研究在公民社会理论的视野下进行。非营利组织与政府的关系研究还有一个出发点，这个出发点与社会的团结和整合有关。中国当前的社会是一个结构和功能分化的社会，社会团结问题提上了议事日程。由于法团主义理论视角关注在不同的领域中一些大的功能社团的整合作用，得到了众多学者的青睐，他们发现中国存在着众多主导性社团，中国非营利组织与政府的关系显现出法团主义的特征。正是在以上背景下，尽管公民社会理论和法团主义理论是相互竞争的两种理论范式，但是在中国的非营利组织研究中都得到应用和体现。

学者们还特别关注不同的理论视角在中国的适用性问题，焦点是上述的公民社会理论视角和法团主义理论视角，并在这两种视角下进行了大量的研究。有学者对这两种理论视角进行了全面分析，对法团主义的研究有国家法团主义和社会法团主义之分，还有学者对公民社会理论进行了阐释，主张重视社会主义公民社会范式的研究。理论研究越深入，对其局限性也就有更深入的把握。如刘安认为公民社会理论与法团主义框架均延续了极权主义理论和利益集团理论所开创的连续统思维模式，并不完全符合中国的文化传统与社会结构；吴建平则认为法团主义作为一种模式并不适合用来对中国的国家与社会关系进行理论概括或预测，尽管二者在观念及制度上具有高度相似性，但后者缺乏前者所必需的社会组织基础。

一些学者还运用一种或综合运用几种其他理论视角来研究他们关注的组织和问题，这些视角有交易成本理论、新制度主义、种群生态学、资源依赖理论、理性选择视角等，能较好地对所研究的中国非营利组织与政府的关系做出解答。

此外，还有学者提出了具有中国特色的本土概念和理论来描述中国非营利组织与政府的关系，如官民二重性、双重性格论、分类控制、行政吸纳社会、嵌入性控制等，丰富和发展了原有理论，加深了对中国非营利组织与政府的关系的理解和把握。这也说明，可以把源于西方的社会理论看作理解中国社会现象的工具和方法，我们应该根据自己的社会现实来加以选择，或者再造“语词”[①] 以理解中国现实，或者基于中国的经验来提升理论。

### （二）中国非营利组织从策略性行动到可持续性发展

对中国非营利组织自身行动的研究与非营利组织面临的困境有密切的关系。对非营利组织基本状况的研究是学者们在进行各项研究时普遍关注的一个基本方面，特别是关注非营利组织面临的制度和资源困境。非营利组织自身行动策略与其困境有关，这里的逻辑是，正因为非营利组织面临着各项制度和资源的约束，对一些非营利组织来说，为了获得生存和发展必须发展出自己的一套行动策略，这套行动策略包括对政府的策略、对社会的策略、对服务对象的策略等。不管是官办非营利组织还是草根 NGO 都要在既定的环境约束下生存，为此这些组织需要因地制宜、因时制宜、因人而异地采取不同的行动以获取资源和合法性，实现组织的目标。对官办非营利组织来说，官办

① 曹锦清：《再造“语词”》，《文化纵横》2012 年第 2 期。

性是其一大优势，但这些组织却努力地使自身“社会化”、“民间化”，力争使自己看起来更具有民间性。例如中国青基会就是通过国际交往及用社会的方式动员资源来达到上述目标的。当然，这些组织也不会完全放弃它们的官办特性，尤其对于缺乏社会基础的官办非营利组织来说它们会积极利用这种特性，如有些非营利组织会利用国家的特殊合法性支持进入社会领域获取资源。可以说这是对制度和资源困境的一种反应，学者们尤其关注到了草根 NGO 的行动策略，对诸多类型的草根 NGO 行动进行了深入分析，揭示了它们的生存状态和生存智慧，对我们深入把握这些非营利组织的状态起到了重要作用。一些研究者提出了许多有启发性的概念，如“非正式政治”、“寄居蟹的艺术”，更多的研究者则揭示了这些非营利组织的行动策略，这些行动策略既有共同点也有其组织的独特之处。例如，有些非营利组织强调信念的作用、善于利用志愿者；有的非营利组织积极寻求自身的合法性，影响政府决策，监督批评政府，利用政府的行政网络来实现自己的目标；有的非营利组织可以对不同的外部组织采取不同的策略，比如拒绝、避免、默许、欢迎等；有的非营利组织寻求社会合法性或行政合法性；有的草根 NGO 试图通过建立顾问委员会、理事会等方式获得知识精英的背书；有的还诉诸政府官员的个人联系；还有的非营利组织则采取掺沙子、拜老师、接订单、创制选票市场、寻求媒体支持、结盟友等策略。总之，不管什么策略，只要符合中国的法律和文化环境，都会对组织的生存和发展起到一定的作用。

我们应该看到，这些行动是非营利组织面对制度和资源制约而不得不采取的一些权宜之计，在一定的条件下可能适用，若条件改变了可能就不适应了，就不具有推广价值。这也表明，中国非营利组织要获得大发展，重要的是改变制度环境，给予不同类型的非营利组织以财政、政策和人力上的支持，促进它们的健康可持续发展。

### （三）需要进一步研究的问题

当前对中国非营利组织的研究既有理论研究也有实证研究。理论层面的研究主要是梳理相关的概念和理论，如对非营利组织的界定、分类的研究，对公民社会理论和法团主义理论的介绍与梳理等；实证研究涉及对各种不同类型的非营利组织的个案研究和调查研究，其中以个案研究为主，涉及一个以上的非营利组织的调查研究较少。今后在进一步加强对非营利组织的个案研究的基础上，以定量研究与定性研究相结合进行非营利组织的模型建构研究，可能是一个努力的方向。

对非营利组织与政府的关系和非营利组织的行动策略方面进行研究是近来中国非营利组织的重点研究领域。由于中国的非营利组织类型多样、性质复杂，既有自下而上成立的非营利组织，也有自上而下成立的非营利组织；既有在民政部门登记注册的非营利组织，也有草根 NGO；既有公益性非营利组织，也有互益性非营利组织；既有会员制非营利组织，也有非会员制非营利组织等，这是一个极其复杂多变的领域，今后需要进行更加全面而深入的研究。在前期研究的非营利组织与政府的关系的基础上，可选择非营利组织的某个领域进行深入研究。例如从非营利组织的公益项目入手研究社会成员与公共制度的联结及非营利组织在其中发挥的作用，研究非营利组织领导人的来源、特质、角色及其对组织发展的影响，研究非营利组织的资金来源及其筹资策略等。此外，国内学者偏重于对中国非营利组织自身行动策略进行研究，而忽略了与非营利组织行动有关的其他组织对非营利组织的行动策略的研究。这可能与研究者观察的立场和视角有关，研究者自觉不自觉地站在了非营利组织的立场上而没有把其他行为主体考虑进来。因此，在继续进行中国非营利组织行动策略研究的同时，需要把其他组织对非营利组织的行动策略纳入两方或多方的互动体系中共同考察。

作为公民社会的实体和现代社会的重要部门，对非营利组织的研究需要纳入新的学科视野，如人类学的研究、博弈论视野的研究、社会政策和社会工作视野的研究等。此外，还需要加强学科合作，进行跨学科研究、比较视野的研究等，以期促进中国非营利组织研究向纵深发展。

# 第四节　中国非营利组织的项目运作和项目管理的研究

## 一　非营利组织的项目运作和项目管理的研究概况

目前还没有发现把社会服务项目制作为一种社会服务体制和机制并对这种体制和机制进行研究的文献，只有少量对非营利组织项目运作和项目管理的研究。这些研究主要是在行政学、社会工作学和社会政策学科视野下进行的，其中一些研究者对项目管理及运作的一般知识和理论进行了介绍。金罗兰介绍了项目管理对非营利组织的重要意义，并提出了实施项目管理要做好的工作。[①] 沈海梅介绍了自20世纪80年代以来一些国外非营利组织在云南少数民族地区实施的一些以妇女为目标人群的发展项目。[②] 冯冬梅认为在非营利组织中实施项目管理，要做好利益相关者的管理、确定综合性的项目评估标准、灵活地进行项目管理及注意项目风险管理。[③] 邓国胜对项目评估进行了研究，他认为项目评估是指评估者根据预定的项目目标，对项目的适当性、效益、效果、社会影响和持续性进行的判定与评价。[④] 顾东辉对社会工作项目的结果评估进行了研究，介绍了结果评估的主体、类型和步骤。[⑤] 王瑞鸿总结了社会工作项目化管理的四大策略，即“四化”建设：一是理念活动化，二是活动项目化，三是项目品牌化，四是品牌社会化。[⑥]

另外，一些研究者对项目运作和项目管理进行了实证研究。范

① 金罗兰：《我国非营利组织与项目管理》，《北京工商大学学报》（社会科学版）2005年第6期。

② 沈海梅：《国际NGO项目与云南妇女发展》，《思想战线》2007年第2期。

③ 冯冬梅：《我国非营利组织的项目管理问题探讨》，《中山大学学报论丛》2007年第4期。

④ 邓国胜：《非营利组织评估》，社会科学文献出版社2001年版，第167页。

⑤ 顾东辉：《社会工作项目的结果评估》，《中国社会导刊》2008年第24期。

⑥ 王瑞鸿主编：《社会工作项目精选》，华东理工大学出版社2010年版，第11—15页。

斌较早关注了社会服务机构开展的慈善项目。她认为，慈善项目的运作不仅存在于传统意义上的慈善组织中，也存在于其他从事社会管理和社会服务的机构中。[①] 季蕾运用“过程—事件分析”的研究策略描述了C基金会运作的“GS计划”的过程，并把它概括为“有底限的模糊运作”。[②] 陈健对一个国际非营利组织的项目运作过程进行了研究。[③] 陈美冰介绍了国际小母牛灾后重建项目的管理流程与运作机制。[④] 王令玉分析了上海市Z协会的“老年乐园”和“情暖空巢”项目。[⑤] 罗峰分析了上海市Z机构的“心桥工程”。[⑥] 李莉研究了“爱达迅—农家女农村妇女扫盲”项目评估。[⑦] 段慧霞和姬中宪梳理了上海浦东社会工作项目化的发展历程。[⑧] 王瑞鸿主编的《社会工作项目精选》一书根据资金来源把社会工作项目分为五种类型：政府购买社会工作项目、基金会资助社会工作项目、企业赞助社会工作项目、社会捐助社会工作项目和自主开发的社会工作项目，该书汇集了上海浦东新区具有代表性的社会工作项目。蔡屹以上海市×区为例探讨了社会公益组织与政府的关系。她认为，社会公益组织和政府在项目化运作中存在着两种互动关系，即线性互动关系和并行

---

① 范斌：《论当代中国民间慈善活动的三种实现方式——以上海市民间慈善组织、慈善项目和自发活动为例》，《华东理工大学学报》（社会科学版）2005年第4期。

② 季蕾：《有底限的模糊运作：公益项目的一种运作模式——C基金会推行“GS计划”的个案分析》，载王思斌主编《中国社会工作研究》（第四辑），社会科学文献出版社2006年版，第46—67页。

③ 陈健：《国际非营利组织项目运作的资源分析——以SC为个案的研究》，硕士学位论文，中央民族大学，2007年。

④ 陈美冰：《中国非营利组织的保障型公益项目运作与管理机制研究——以国际小母牛组织中国项目为例》，硕士学位论文，武汉科技大学，2011年。

⑤ 王令玉：《项目管理模式下社会组织发展探析——以上海Z协会为例》，硕士学位论文，华东理工大学，2010年。

⑥ 罗峰：《社会工作项目化管理过程研究——以上海市Z机构“心桥工程”为例》，硕士学位论文，华东师范大学，2011年。

⑦ 李莉：《我国非营利组织项目运作与实效的实证研究——以爱达迅——农家女农村妇女扫盲项目为例》，《中共青岛市委党校青岛行政学院学报》2011年第3期。

⑧ 王瑞鸿主编：《社会工作项目精选》，华东理工大学出版社2010年版，第2—11页。

互动关系。[①] 徐家良以北京密云国际小母牛项目为个案，发现组织战略的落实对资源有较强的依赖性。除人员、财力、物资、信息等资源外，非营利组织根据地理环境和政策环境的变化，通过共生战略及时调整组织行为，确保组织发展的可持续性，使该非营利组织在农村扶贫中发挥积极作用。[②] 姚华从自主性的角度研究了上海基督教青年会通过在服务项目上“做加法”的策略实现与政府的合作，既避免了冲突，又实现了自身的理念与目标。[③] 朱健刚和陈安娜以一个政府购买服务项目的实践为个案，研究了专业社工运作的社区综合服务中心的过程。研究发现，专业社工被吸纳到街道的权力网络过程中产生了外部服务行政化、内部治理官僚化和专业建制化的过程。专业社工既未必能保证自身的专业性，也未必能有助于街区善治。[④]

## 二　评价

非营利组织项目运作和管理研究中存在的问题有以下几方面：

（一）对项目管理的研究主要是针对国际非营利组织在中国开展的项目，以及政府以购买服务和招投标方式立项的项目，涉及的非营利组织项目管理的主体是国际非营利组织、官办非营利组织或登记注册的非营利组织，很少涉及草根非营利组织。草根非营利组织的项目运作与官办非营利组织为承接政府职能所从事的项目运作是不同的，目前还没有草根非营利组织项目运作的相关研究。

（二）以往的研究往往是单一机构的单一的项目运作研究，而在这单一的项目运作研究中，对具体的项目运作和管理的内容介绍不详细、不深入、不具体，只是泛泛介绍，缺少相关的活动、参与者及改

① 蔡屹：《项目化运作中社会公益组织和政府之间互动关系研究——以上海市×区为例》，《华东理工大学学报》（社会科学版）2011年第6期。

② 徐家良：《组织战略与资源依赖的双重演进——以北京密云小母牛项目为例》，载徐家良主编《中国第三部门研究》（第一卷），上海交通大学出版社2008年版，第55—69页。

③ 姚华：《NGO与政府合作中的自主性何以可能?》，《社会学研究》2013年第1期。

④ 朱健刚、陈安娜：《嵌入中的专业社会工作与街区权力关系——对一个政府购买服务项目的个案分析》，《社会学研究》2013年第1期。

变等的情况。实际上很多非营利组织靠项目生存，非营利组织运作的项目类型多样，要把项目运作作为非营利组织生存和发展的一个重大的战略抉择，对不同类型的非营利组织所从事的多个项目进行研究。

（三）尽管目前非营利组织已经实施众多的项目，但是项目运作中存在着大量需要加以研究和解决的问题，对非营利组织的项目运作的条件和原因、项目机制、项目运作策略和逻辑、项目运作的社会效果的分析还很匮乏。

# 第三章

# 社会服务项目制的动因和条件分析

作为一种新型的社会服务体制和机制，社会服务项目制的产生有其深刻的原因并具备一定的主客观条件，本章从社会服务项目制的动力和压力、主导和推动者、组织载体和理论基础等方面进行深入探究。

## 第一节　社会服务需求与供给不平衡

改革开放以来，随着我国经济社会发展和人民生活水平的提高，人们的需求日益增加，但是目前服务供给还存在很多问题，还不能有效满足各种需求。政府和非营利组织建构社会服务项目制的最根本的目的是要满足民众不断增长的社会服务需求。本节通过分析我国民众的需求及服务供给的状况，表明需求和供给不平衡的矛盾使得社会项目制成为一种必要的社会服务供给方式。

### 一　现阶段我国民众存在大量的个人需求

制度建构最初来源于需求，需求是社会福利和服务制度的中心，它界定了服务的目标和主体，是社会服务、社会计划与资源分配的基础。① 需求是制定社会政策和进行社会服务制度建设的基础。

改革开放以来，随着我国人口老龄化加速，经济发展，城市化发展，家庭小型化发展，人们的需求日益增加。第六次全国人口普查显示，我国 60 岁及以上老年人口已达 1.78 亿，占总人口的 13.26%。

① 张曙：《需求、供给与我国社会工作制度建构》，《学海》2011 年第 6 期。

2012年底我国60岁以上老年人口已达1.94亿，2020年将达到2.43亿，2025年将突破3亿。① 与人口老龄化相伴随的是人口的高龄化、空巢化和失能化。据统计，2010年底我国有2000万80岁以上的高龄老年人，3000多万失能、半失能老年人，约4000万农村留守老人，城乡空巢家庭约占50%，部分大中城市达70%。② 而随着计划生育政策的实施及经济社会的转型，我国的家庭规模日趋小型化，“4—2—1”家庭结构日益普遍。随着我国家庭规模和结构的变化，我国家庭养老功能不断弱化，对社会化养老服务的需求与日俱增。《2010年中国城乡老年人口状况跟踪调查主要数据报告》显示，我国城镇老年人愿意入住养老机构的比例为11.3%，农村老年人为12.5%③，数量庞大。

根据中残联的推算，2010年末我国有残疾人8502万，其中，视力残疾1263万人，听力残疾2054万人，言语残疾130万人，肢体残疾2472万人，智力残疾568万人，精神残疾629万人，多重残疾1386万人。各残疾等级人数分别为重度残疾2518万人，中度和轻度残疾5984万人。④ 这些残疾人需要得到各种专业社会服务。

根据民政部统计，截至2011年底，全国共有城市低保对象1145.7万户2276.8万人，农村低保对象2672.8万户5305.7万人，农村五保供养对象530.2万户551万人，孤儿50.9万人。⑤ 贫困群体不仅需要现金救助，而且需要心理疏导、就业培训等专业社会服务。

根据抽样调查结果推算，2011年全国农民工总量达到25278万，

---

① 《国务院关于加快发展养老服务业的若干意见》，2013年9月13日，中央人民政府网站（http://www.gov.cn/zwgk/2013-09/13/content_2487704.htm）。

② 民政部：《社会养老服务体系建设规划（2011—2015）问答解读》，2011年12月27日，民政部网站（http://www.mca.gov.cn/article/zwgk/jd/201112/20111200247872.shtml）。

③ 蒋彦鑫、徐晗：《数据解读：中国城乡老年人口状况追踪调查》，《新京报》2012年7月11日。

④ 中国残疾人联合会：《2010年末全国残疾人总数及各类、不同残疾等级人数》，2012年6月26日，中国残疾人联合会网站（http://www.cdpf.org.cn/sytj/content/2012-06/26/content_30399867.htm）。

⑤ 民政部：《2011年社会服务发展统计公报》，2012年6月21日，民政部网站（http://www.mca.gov.cn/article/zwgk/mzyw/201206/20120600324725.shtml）。

比上年增长4.4%。其中，外出农民工15863万人，增长3.4%。[①] 目前农民工在城市面临着新的困难和问题，突出表现在文化技术及人力资本、婚恋与家庭生活、健康与精神生活、子女教育的质量等方面。这表明农民工在经济与社会生活中享有制度上的平等的同时，还需要得到更多的社会服务。[②]

此外，流浪儿童、留守儿童及其他各种特殊群体也面临着大量的需求，这些需求亟待通过社会政策和制度建设加以满足。

## 二　社会服务的供给仍然不能满足社会发展的需求

社会成员的基本需求是社会政策发展的基本动力，正是基于人们的需求才推动政府通过各种政策议程和行动去不断满足这些需求。当然，社会成员的需求是由多元政策主体提供满足物的。目前社会服务的供给还存在很多问题，还不能有效满足各种需求。具体表现在以下几个方面。

### （一）社会福利机构的数量有限，难以满足人们的实际需求

我国社会福利机构的供应数量距离人们的服务需求还有一定的差距。在养老机构方面，一般发展中国家的床位比能达到5%，发达国家能达到6%—7%，目前我国城市中所能达到的最高床位比是3.2%。[③] 根据民政部的统计，截至2011年底，全国各类养老服务机构40868个，拥有床位353.2万张，每千名老年人拥有养老床位19.1张，年末收养老年人260.3万人[④]，不仅低于主要发达国家每千名老年人拥有50—70张的水平，甚至低于部分发展中国家每千名老年人

---

① 刘铮：《2011年全国农民工总量达到25278万人同比增长4.4%》，2012年4月27日，中央人民政府网站（http://www.gov.cn/jrzg/2012-04/27/content_2124980.htm）。

② 关信平：《社会工作介入农民工服务：需要、内容及主要领域》，《学习与实践》2010年第4期。

③ 关信平、赵婷婷：《当前城市民办养老服务机构发展中的问题及相关政策分析》，《西北大学学报》2012年第5期。

④ 民政部：《2011年社会服务发展统计公报》，2012年6月21日，民政部网站（http://www.mca.gov.cn/article/zwgk/mzyw/201206/20120600324725.shtml）。

20—30 张的平均水平。[①] 就其他福利机构来说，全国民政部门管理的智障与精神疾病服务机构共有 251 个，其中社会福利医院 155 个，床位 4 万张，复退军人精神病院 96 个，床位 2.5 万张。全国共有儿童福利机构 397 个，床位 6.0 万张。全国有流浪儿童救助保护中心 241 个，床位 0.8 万张。全国共有生活无着人员救助管理单位 1788 个，床位 7.9 万张，其中救助管理站 1547 个，床位 7.1 万张。[②] 尽管各类收养机构的床位数及收养人口在增加，但服务供应数量不足的问题在当前和今后一段时期还将长期存在。

### （二）国办社会福利机构在管理和服务上存在诸多问题

国办社会福利机构是社会服务输送体系的重要组成部分，目前我国的国办福利机构还存在许多问题，主要表现在以下三方面：一是国办福利机构属于事业单位，政府既制定规划、政策，又提供具体服务，不能灵活地应对社会的服务需求。二是社会福利服务没有建立起按比例发展的经费资助制度。财政固定的列支项目"社会救济抚恤支出"没有和经济社会发展及人民生活支出指数挂钩，也没有在总体财政支出中占有相应的比例关系。三是"院舍"服务观念，手段陈旧。传统福利服务以"院舍"、"供养"服务为主，就近居民家庭和所在社区的上门服务、临时服务等还很少，现代社会急需的心理咨询和个案诊断等精神服务也很少。[③]

### （三）社区服务及其存在的问题

社区服务是整个社会福利和服务制度的一个重要组成部分，其本质属性是福利性和公益性。经过近二十年的努力，我国社区服务获得了长足发展。但同样不可否认，我国社区服务的政策和体制仍然处于

---

① 民政部：《社会养老服务体系建设规划（2011—2015）问答解读》，2011 年 12 月 27 日，民政部网站（http：//www. mca. gov. cn/article/zwgk/jd/201112/20111200247872. shtml）。

② 民政部：《2011 年社会服务发展统计公报》，2012 年 6 月 21 日，民政部网站（http：//www. mca. gov. cn/article/zwgk/mzyw/201206/20120600324725. shtml）。

③ 陈为雷：《问题与出路：转型社会中的社会福利工作研究》，载民政部办公厅、民政部政策研究中心编《民政政策理论研究优秀论文集（2004）》，中国社会出版社 2005 年版，第 527—539 页。

不成熟的阶段。

第一，社区服务的福利性不突出。当前，社区服务的发展强调社区公共服务，一定程度上忽略了社区服务的福利性。例如社区服务中针对贫困群体和弱势群体的福利性服务项目较少且不突出，而贫困群体和弱势群体迫切需要这方面的服务。

第二，社区组织尤其是专业性服务机构数量少。社区社会组织发育不足，数量少，尤其是慈善会、基金会、专业性服务机构数量少，没有实现通过各种方式向社会筹集资金的作用，未能有效服务于社区内的贫困群体。此外，由于社区组织数量少，缺少参与的场所和途径，社区丰富的人力资源没有得到有效利用和开发。

第三，社区服务设施、内容与服务方式方面的问题。许多社区没有综合性、多功能的社区服务站或社区服务中心，许多社区服务设施资源利用不充分，社区内已经具有的硬件设施处于闲置状态。社区服务的专业化不足，服务的内容大多停留在表面层次，简单的服务活动多，技术含量不高。例如，心理疏导和压力缓解服务并没有明显进入城市社区服务体系建设的任务之中。一项针对1553位不同年龄群体的调查显示，对于提供心理疏导和压力缓解服务，超过76.8%的受访者认为有必要，其中约24.1%认为非常有必要。[①]

综上所述，随着我国经济社会的发展，人们的需求日益丰富和多元化，不仅体现在经济和物质上，而且体现在精神和社会关系上，比如心理疏导、社会资源联结等方面。但由于个人的能力有限，这就需要政府和社会来满足人们的各种需求，特别是中下阶层和社会弱势群体的需求更应由政府和社会及时加以满足。同时我们也看到我国传统的救济型福利已经远远不能满足人们的需求，因此，我国社会政策和社会服务体制和机制需要进行及时转型，发展专业化的社会服务，只有这样，才能满足人们日益增长的物质精神需求。[②] 本书研究的社会服

① 侯岩主编：《中国城市社区服务体系建设研究报告》，中国经济出版社2009年版，第84页。

② 参见罗观翠、王军芳《政府购买服务的香港经验和内地发展探讨》，《学习与实践》2008年第9期。

务项目制就是一种新型的社会服务体制和机制，政府外包社会服务项目，非营利组织负责服务的供给，强调服务的效率和专业化，可以说社会服务项目制是一种满足服务对象福利需求的制度建构，而人们的需求成为建构项目制的动力、基础和出发点。

## 第二节 政府购买服务与社会服务项目制

我国的社会服务项目制随着政府购买服务而发展起来，政府购买服务的实践和政策为社会服务项目制的建构提供了重要基础。

### 一 我国政府购买服务的实践创新和政策举要

上海市在政府购买服务方面走在了全国的前列。1995 年，上海浦东新区社会发展局委托上海基督教青年会管理浦东新区罗山市民会馆，是政府向非营利组织购买服务的最早探索。① 2003 年，上海市委政法委全面推进预防犯罪工作体系建设，在全市层面上组建了三家民办非企业单位——上海市阳光青少年事务中心、上海市新航社区服务总站和上海市自强社会服务总社，分别与上海市社区青少年事务办、市社区矫正办、市禁毒办签订《政府服务采购合同》，为“失学、失业、失管”的社区青少年、社区矫正人员和药物滥用人员提供服务。

2005 年 12 月，国务院扶贫办、亚洲开发银行、江西省扶贫办和中国扶贫基金会启动“非政府组织与政府合作实施村级扶贫规划试点项目”，是第一个通过规范程序招标的政府购买服务案例。②

2007 年 10 月，深圳市出台了社会工作人才队伍建设的“1 +7”文件，即一个总文件《关于加强社会工作人才队伍建设推进社会工作发展的意见》及七个分文件，确定了以“政府主导推动、民间组织运作”为主要特征的社会工作发展格局。截至 2012 年 12 月，在深圳市、区两级登记的民办社工机构共 94 家，社工 2700 多人，全市共有

① 贾西津、苏明等：《中国政府购买公共服务研究终期报告》，亚洲开发银行，2009 年，第 9 页。

② 同上。

社工服务点 700 多个，项目近 40 个，已运营社区服务中心 160 多家。[①] 目前，深圳社会工作服务已覆盖到青少年、残疾人、妇女儿童家庭、民政、社区、学校、企业和工会、人口卫生、司法、禁毒、综治维稳和信访 11 个领域。[②]

2011 年，北京市政府购买了 300 个公共服务项目，涵盖基本公共服务、公益服务、社区便民服务、社会管理服务以及社会建设决策研究信息咨询服务五个方面。其中很多服务都是以项目化的运作方式进行“外包”。[③]

随着各地的实践和探索，政府购买服务逐渐提上政策议程。在国家层面上，2001 年，《中国农村扶贫开发纲要（2001—2010）》提出鼓励和支持中介组织、民间组织参与扶贫项目的实施。2006 年，《国务院关于加强和改进社区服务工作的意见》提出通过政府购买服务、项目管理等多种形式，促进公共服务社会化。2009 年，《民政部关于促进民办社会工作机构发展的通知》提出委托民办社工机构承担社会工作服务项目。2012 年，《国家基本公共服务体系“十二五”规划》提出积极推行政府购买、合同委托、服务外包、特许经营等提供基本公共服务的方式。2012 年，民政部公布了《中央财政支持社会组织参与社会服务项目实施方案》，中央财政安排两亿元左右专项资金，支持社会团体、基金会和民办非企业单位参与社会服务，这是在国家层面上首次以项目的方式直接资助社会组织。2012 年 11 月，民政部、财政部发布了《关于政府购买社会工作服务的指导意见》，该意见提出了政府购买社会工作服务的指导思想、工作原则和主要目标，明确了政府购买社会工作服务的主体、对象、范围、程序与监督管理。2013 年 9 月，国务院办公厅发布了《关于政府向社会力量购买服务的指导意见》，该意见提出，政府向社会力量购买服务，就是通过发

① 深圳市社会工作者协会编：《深圳市社会工作简报》2012 年第 12 期（总第 54 期）。

② 赵环：《深化第三方评估 提升专业服务质量》，载深圳市社会工作者协会编《深圳社会工作发展报告（2012）》，2012 年，第 49 页。

③ 刘蔚玮、唐钧：《政府购买服务：打通福利服务资金瓶颈的突破口》，《中国党政干部论坛》2012 年第 1 期。

挥市场机制作用，把政府直接向社会公众提供的一部分公共服务事项，按照一定的方式和程序，交由具备条件的社会力量承担，并由政府根据服务数量和质量向其支付费用。该意见提出了政府向社会力量购买服务的指导思想、基本原则、目标任务，提出要规范有序开展并扎实推进政府向社会力量购买服务工作。以上分析表明，我国政府购买服务是由设想或概念走向具体政策，政策层次由低到高，政策范围由少数部门向多个部门扩展，相信在不久的将来它会上升到国家法律层面，将会推动社会服务项目制向纵深方向发展。

在地方层面上，2003 年，《中共上海市委政法委员会关于全面推进预防犯罪工作体系建设的实施意见》指出，社团承担政府指定的服务项目，可获得政府购买服务的费用，用于与项目相关的开支。2007 年，上海浦东新区政府出台了《浦东新区关于政府购买公共服务的实施意见（试行）》和《关于促进浦东新区民间组织发展的若干意见》。2009 年，上海市民政局发布了《上海市民政局关于福利彩票公益金资助项目实施公益招投标的意见》，对公益金实施公益招投标。2007 年，深圳出台了社会工作“1 +7”文件，提出建立政府向民间组织购买服务制度。2011 年，深圳市民政局制定了《深圳市社区服务中心设置运营标准（试行）》。2012 年，深圳市发布了《关于印发深圳市社区服务“十二五”规划的通知》，大力推进社区服务中心建设。

## 二 政府购买服务为社会服务项目制奠定了制度基础

政府向非营利组织购买服务是社会服务项目制形成的一个重要基础。现以上海司法社工服务和深圳社会工作建设为例加以说明。上海司法社工服务为政府购买服务及后来的社会服务项目制提供了很多值得借鉴和参考的经验和启示。一是购买主体多元化。上海司法社工服务购买主体是上海市社区青少年事务办、上海市社区矫正办和上海市禁毒办，这说明只要是属于财政预算管理范畴，并承担具体的社会管理与服务工作的部门皆可购买服务。这样来看，各级政府的各个职能部门，党委下属的政法、统战部门，工会、共青团、妇联等群团组织，以及一些承担行政管理职能的事业单位，都可以向非营利组织购买服务。[1] 二是服务对象多元化。上海司法社工服务的对象是特殊群体，不再局限于传统的老年人、残疾人、孤残儿童等民政对象，扩大了服务对象范围。从这里可以看出，凡是政府想做而没有能力做或做不好的社会事务或社会服务事项都可以交给社会或非营利组织去做。三是采用合同方式来规范双方的权利与义务关系，这使得购买者和服务提供者成为合同中的当事人，两者围绕着购买服务合同互动。社会服务项目制借鉴了以上经验，有需要的政府部门都可以购买服务。例如《民政部关于促进民办社会工作机构发展的通知》就规定切实将现有的行政机关、事业单位不能做不便做或做不好而老百姓又迫切需要、必须完成的社会服务交给民办机构承担。此外，通过合同方式建立与服务提供者的关系也借鉴了现有的做法。

当然上海司法社工服务也存在着不足之处，是政府之后采用整体打包或专项购买、项目拨款以及竞争性购买的诱因。上海司法社工购买服务中的拨款方式是按人头拨款，类似于给传统的事业单位的拨款，抑制了机构的活力和积极性，“动也动不了，改也改不了”。购买模式是非竞争性购买，提供服务的主体是唯一的，没有外在的竞争压力，机构的服务容易变得官僚化，不利于提高工作效率。针对以上两个缺点，2007 年，上海浦东新区在原来的司法社工三个工作站的基础上组建了上海中致社区服务社，浦东新区政法委把浦东新区的司法社工服务打包并委托给“中致社”，它的拨款方式是项目拨款。2011 年，上海中致社区服务社的项目二部独立出去并成立了上海中和社区矫正事务所，这样在浦东从事司法社工的机构就变成两家——“中致社”和“中和”。若“中致社”的服务达不到优秀，就要同“中和”及社会上从事相同服务的其他机构进行竞争，这就是采用了竞争性购买方式了。

深圳市的政府购买社工岗位的做法也为社会服务项目制积累了经验并带来了启示。深圳市社会工作建设起初采用购买岗位的方式，使社会工作获得较快的发展，短时间内凝聚了一批专业社会工作者，获

① 马俊达、冯君懿：《政府购买服务问题研究（上）》，《中国政府采购》2011 年第 6 期。

得了服务对象、用人单位和社会的广泛认可。但同时也应该看到，岗位社工存在一定的弊端，就是嵌入用人单位里面，容易变得行政化。据2011年的评估，其中43个岗位的工作大多是与社会工作无关的事务性工作，而且这一部分工作量超过总工作量的70%。[①] 在这种情况下，深圳市就在走另一条发展社会工作的道路，就是购买社会工作服务项目，特别是把重点放在社区服务中心项目建设上，既能吸纳社会工作者，又能为社区居民提供专业化的服务。

综上所述，从形式上看，项目是政府购买服务的一种承载方式，它是随着政府购买服务而发展起来的，上海从2009年才开始进行社区公益项目招投标，深圳则在2011年开始建设社区服务中心项目，也就是说，作为一种与传统的社会服务体制和机制不同的新体制、机制，社会服务项目制是近几年才出现的新事物，所以政府购买服务可以构成社会服务项目制的基础。

## 第三节　非营利组织的发展为项目制的建构提供了组织载体

改革开放以来，随着自由空间和自由流动资源的出现，以及国外非营利组织的兴起和示范作用，我国非营利组织获得了发展并在社会福利事务中发挥了积极的作用，为项目制的建构提供了组织载体。

### 一　国外非营利组织的兴起和示范作用

长期以来，“市场”与“国家”、公共部门与私人部门的两部门模式是人们对现代社会的主要认识，而在以上两部门之外的大量的社会组织遭到了忽视。近年来，一场全球性的“社团革命”正在开展[②]，

---

① 赵环：《深化第三方评估 提升专业服务质量》，载深圳市社会工作者协会编《深圳社会工作发展报告（2012）》，2012年，第49页。

② ［美］莱斯特·M. 萨拉蒙：《非营利部门的兴起》，载何增科主编《公民社会与第三部门》，社会科学文献出版社2000年版，第243页。

其中市场和国家以外大范围的非营利组织发挥着重要的作用。萨拉蒙认为，如果说代议制政府是18世纪的伟大社会发明，官僚政治是19世纪的伟大发明，那么可以说公民社会组织是20世纪最伟大的社会创新。[①]

就全球范围来看，非营利部门在就业和国家支出中占有非常重要的比例，是区域中的一种重要的经济力量。排除宗教团体，美国、德国、波兰、巴西等22个国家的非营利部门是一个1.1万亿美元的产业，它雇用了相当于近1900万个全职工作人员。这些国家的非营利支出平均达到其国内生产总值的4.6%，非营利就业占所有非农就业的近5%，占所有服务行业就业的10%，占所有公共部门就业的27%。非营利部门还吸引了相当数量的志愿力量。平均占总人口的28%的人向非营利组织贡献了他们的时间，相当于1060万个全日制职员。如果包括志愿者，那么这些国家的非营利部门的就业平均占全部非农就业总数的7%，占服务业就业总数的14%，甚至占公共部门就业总数的41%。[②] 萨拉蒙还指出，在所调查的22个国家中，全部非营利就业的2/3集中在三个传统福利服务领域：教育占30%；卫生保健占20%；社会服务占18%。[③]

### 二　我国非营利组织的发展

随着我国经济、政治和社会的发展变化，以及政府社会福利理念的转变，政府和社会对非营利组织逐渐持允许和鼓励的态度。进入21世纪以来，政府真正意识到非营利组织的作用，开始有意支持和培育非营利组织参与社会事业，积极推动非营利组织的发展。据统计，截至2011年底，全国共有非营利组织46.2万个，比上年增长3.7%。全国共有社会团体25.5万个，比上年增长4.0%。全国共有民办非企

---

① ［美］莱斯特·M. 萨拉蒙：《非营利部门的兴起》，载何增科主编《公民社会与第三部门》，社会科学文献出版社2000年版，第257页。

② ［美］莱斯特·M. 萨拉蒙：《全球公民社会：非营利视界》，贾西津、魏玉等译，社会科学文献出版社2007年版，第8—10页。

③ 同上书，第14页。

业单位20.4万个，比上年增长3.1%。全国共有基金会2614个，比上年增加414个，增长18.8%。[1] 此外我国还存在着数以百万计的未在民政部门登记注册的草根非营利组织。

在我国，以上几种类型的非营利组织介入社会服务领域的方式不尽相同。资助型基金会主要是筹集和分配资源，以中介组织的方式介入社会服务。运作型基金会则通过筹集资源来直接运作项目。例如中国青少年发展基金会实施了“希望工程”，南都公益基金会开展了一些支持民间公益的项目。各种类型的社会团体和民办非企业单位，尤其是社会服务类社会团体和民办非企业单位以及大量草根非营利组织以项目的方式直接提供社会服务。例如各种老年人服务机构、智障人士服务机构、司法社工领域的服务机构或者通过政府购买服务项目，或者通过基金会和企业的项目资助，或者通过其他资金来源渠道，为各类社会成员提供社会服务。本书研究的非营利组织主要是社会服务类的社会团体、民办非企业单位和从事社会服务的草根非营利组织，它们是承接和实施项目的主要载体。

许多研究还发现，中国的非营利组织是在政府有限让渡的空间内艰难地生存着，缺乏稳定的资源是其面临的最大问题。由于缺乏政府资助，同时私人捐助也不稳定，许多非营利组织在从事营利性活动，以服务收费维持生存，而大量草根非营利组织则严重依赖国外基金会的资助。[2]近年来，随着我国经济实力的增强以及世界金融危机的影响，国外基金会及其他捐助者减少了对国内组织的资助，接受国外资助的非营利组织的生存环境一度恶化。

以上分析表明，中国非营利组织是社会服务项目运作的重要主体之一，是社会服务项目运作的载体和组织基础，在社会服务中发挥着重要的作用，同时非营利组织在发展中也面临着很多困难。非营利组织只有获得政府和社会的资助才能生存和发展，才能实现为社会服务

① 民政部：《2011年社会服务发展统计公报》，2012年6月21日，民政部网站（http://www.mca.gov.cn/article/zwgk/mzyw/201206/20120600324725.shtml）。

② 胡薇：《政府购买社会组织服务的理论逻辑与制度现实》，《经济社会体制比较》2012年第6期。

的目的。因此，非营利组织通过承接政府及社会的项目，以此获得所需资源就成为非营利组织重要的战略抉择。

## 第四节 项目制的理论基础——福利多元主义和新公共管理

### 一 福利多元主义

福利多元主义的概念首先源于1978年英国的《沃尔芬德的志愿组织的未来报告》。1986年，英国学者罗斯明确论述了福利多元主义概念，他认为，社会总福利是由家庭、市场和国家三个部门在社会中提供的福利总和[①]，由此开启了福利多元主义的研究路线。此后，许多学者在这个领域中展开了对社会福利的分析，提出了福利多元主义的三分法和四分法，它们的共同特点是超越传统国家与市场的二分法，强调其他社会部门在社会福利提供方面的作用。[②]

在西方的社会政策中，福利多元主义要求社会福利和服务的提供由多个部门承担，政府的支配作用降低并且不再是唯一的提供者。[③]在英国等国家，这种转变就是从国家部门的提供转向支持更加多元化的提供方式，这涉及其他三个“部门”：非正式部门、非营利组织和私人/商业部门。[④]其中，非营利组织对福利的贡献引起了学者们的关注。王卓祺指出，就儿童照顾来说，福利产品是由政府部门、私人部门、非营利组织和非正式部门组成的福利多元组合提供的。格罗斯认为，非营利组织对老人的照顾是解决老人照顾问题的重要方式。[⑤] 在实践中，自20世纪80年代以来，英国政策制定者就开始倡导更多地

① 彭华民等：《西方社会福利理论前沿》，中国社会出版社2009年版，第17—18页。

② 王家峰：《福利国家改革：福利多元主义及其反思》，《经济社会体制比较》2009年第5期。

③ Norman Johnson, *The Welfare State in Transition: The Theory and Practice of Welfare Pluralism*, University of Massachusetts Press, 1987, p. 55.

④ ［英］哈特利·迪安：《社会政策学十讲》，岳经纶、温卓毅、庄文嘉译，格致出版社、上海人民出版社2009年版，第135—136页。

⑤ 彭华民等：《西方社会福利理论前沿》，中国社会出版社2009年版，第2页。

利用非营利组织来提供服务。①

## 二 新公共管理

新公共管理出现于20世纪80年代和20世纪90年代，它主张向社会提供公共产品和服务所需要完成的各种不同的任务，并不一定要由政府来承担。有以下不同的处理方式：①经费筹措，或称作服务费用支付，既可由政府承担，也可由服务使用者来承担；②生产，或称作服务的供应，既可在系统内完成，也可在系统外完成。③安排，或者称作从经营者获取服务的方法，既可向公共供应商获取，也可向私人供应商获取。两者关键的区别在于是否存在竞争。竞争的方法包括招投标，竞赛和拍卖。④管制，或者说政府建立一套管制制度以规范产品和服务的提供。②

21世纪以来，新公共管理在发展中融入了治理的内涵。基于此，公共服务的管理与供给也被视为政府、非营利组织、社区及私人部门多元主体协商的结果。在这种跨部门合作关系中，政府应当扮演促进者和伙伴的角色。英国、美国、加拿大、澳大利亚及欧盟成员国发展出的公私部门间伙伴关系正是这种跨界合作的体现。可以认为，新公共管理主张改革那些仍掌握在国家部门手中的服务的运作方式，这种改革不仅是一种管理模式的改革，也是一种政府社会角色以及政府和公民关系的转变。③

## 三 福利多元主义和新公共管理对社会服务项目制建构的借鉴作用

在福利多元主义和新公共管理的影响下，社会服务供给过程是一个将社会服务的资金供应和服务递送分离的过程，即从政府包揽向民办公助、政府社会服务项目外包的过程。

福利多元主义认为社会福利的提供者包括政府、非营利组织、家

---

① ［英］哈特利·迪安：《社会政策学十讲》，岳经纶、温卓毅、庄文嘉译，格致出版社、上海人民出版社2009年版，第135—136页。

② ［英］简·莱恩：《新公共管理》，赵成根等译，中国青年出版社2004年版，第5页。

③ 田蓉：《新管理主义时代香港社会福利领域NGO之发展》，《社会》2013年第1期。

庭、私人部门，并强调各个提供者的不同职责和角色。其中，政府主要扮演政策制定者、购买者、监督管理者的角色，非营利组织则是服务的提供者。在政府社会服务项目外包和非营利组织承包项目的过程中，政府和非营利组织在各自的领域内充分发挥相应功能，以自身的优势去弥补对方的不足，从而实现了功能互补，对提高社会福利服务的效益具有十分重要的作用。①

新公共管理在我国地方政府创新中得到了应用。对近五年来中国地方政府创新奖的研究发现，政府与非营利组织及私人部门合作以降低政府成本，占研究样本的14.3%；政府与非营利组织合作共同推进公共管理创新，占比为28.6%；40.9%的创新案例有公众顾客化意识。② 这表明中国的行政改革成为世界性“新公共管理运动”的重要组成部分。③ 新公共管理强调社会服务的生产和供给分离，强调招投标等市场竞争机制的作用，强调政府、非营利组织等多元主体协商治理，这些都为地方政府探索多元化社会服务供给方式，推行社会服务项目外包提供了理论指导。

## 本章小结

社会服务需求与供给不平衡是政府探索多元化公共服务供给方式的动力和压力，也为非营利组织通过项目运作介入社会服务提供了机会。政府购买服务为社会服务项目制奠定了制度基础。伴随着西方非营利组织的兴起和示范作用，我国非营利组织也得到了发展并在社会福利事务中发挥了重要的作用，为项目化运作提供了组织载体。福利多元主义和新公共管理为项目制建构提供了理论基础。

---

① 许芸：《从政府包办到政府购买——中国社会福利服务供给的新路径》，《南京社会科学》2009年第7期。

② 陈雪莲：《从地方政府创新发展趋势看中国政府改革议程》，载杨雪冬、陈雪莲主编《政府创新与政治发展》，社会科学文献出版社2011年版，第362—363页。

③ 杨雪冬：《简论中国地方政府创新研究的十个问题》，载杨雪冬、陈雪莲主编《政府创新与政治发展》，社会科学文献出版社2011年版，第333页。

# 第四章

# 政府社会服务项目外包：角色、机制和逻辑

项目承载着政策意向，勾连着政府与非营利组织之间的利益、权利和义务关系，政府和非营利组织各自围绕项目展开互动，遵循不同的项目机制和逻辑，一方面相互博弈，另一方面相互融合，共同构成了服务提供的新模式——项目制。政府在项目运作中处于主导地位，它的项目行为及其逻辑直接影响着随后的非营利组织的项目运作，本章集中研究政府在项目运作中的角色、项目外包的机制及逻辑。

## 第一节　政府在社会服务项目外包中的角色

政府社会服务项目外包是政府以招标、委托、公益创投等方式向非营利组织购买项目、非营利组织以项目为载体向服务对象提供服务的体制和机制，它是社会服务多元化供给的一种方式。政府是社会服务项目运作中的重要主体，其角色和任务可以概括为以下几个方面。

### 一　服务项目外包的规划及政策制定者

作为规划者，政府应通过各种方式了解辖区居民的社会服务需求，并根据政府社会服务资金安排，确定社会服务项目和社会服务供给方式。作为政策制定者，政府要制定社会服务项目外包的政策法规，确保项目外包高效、有序进行。[①]一是要制定促进社会服务项目外包的基本政策，为项目外包提供法规和政策支持，例如制定政府社会

① 赵全军：《公共服务外包中的政府角色定位研究》，《学习与探索》2011年第4期。

服务项目外包的范围和目录；二是要制定社会服务项目外包的实施制度，例如操作流程，为项目外包提供操作依据。

## 二　资源提供者

政府在项目制中的一个重要角色是资源提供者。项目制是社会政策的重要组成部分，是一个复杂的社会服务体系，需要大量公共资源的支持。在项目制中，政府提供的公共资源是项目经费最重要的来源。政府提供资源的基本方式是按照法律的规定，依托公共行政体系，通过税收和公共财政等方式筹集资金，并通过制定各种政策向项目运作中的服务提供者提供必要的财政支持。

从美国的情况看，20 世纪 80 年代以来尽管联邦政府对社会服务的拨款减少了，但社会保障法第二十条款中的社会服务专项拨款保证了政府对社会服务的投入。此外，预防性健康和健康服务拨款、母亲和儿童拨款、社区精神健康服务拨款以及其他各种联邦的、州的和地方的立法也为社会服务提供资金。政府承担了主要的供款之责，各种类型的组织则负责具体的社会服务项目的输送。①

从我国的现实情况看，政府对非营利组织的支持和资助，主要有以下几种方式。一是补贴。政府通过向非营利组织提供补助的方式以使其降低服务收费，保障公民获得一些最基本的民生需求服务。二是实行税收优惠，即向为社会服务机构捐赠的个人和企业提供免税待遇，并给予社会服务机构的收入免税待遇。三是购买服务，即将社会服务通过订立合同的方式发包给非营利机构，由它们来提供社会服务。四是政府的政策性拨款，即政府为实现特定的公共政策目标，每年根据不同的政策重点向相应的非营利组织拨款。五是政府“官办基金”。有些非营利组织的经费主要来源于政府部门的“官办基金”，这种资助相对稳定，金额也比较固定和有保障。六是奖励。政府也会对

---

① 杨伟民：《美国的社会福利体系对中国的启示》，载［美］戴安娜·M. 迪尼托《社会福利：政治与公共政策》，何敬、葛其伟译，中国人民大学出版社 2007 年第 5 版，译者序第 10—11 页。

某些非营利组织的活动和服务进行奖励，以推进非营利组织的社会服务。①

同时，政府还要督促各类组织依法承担起在项目运作中应负的资源投入和资源动员的责任，以及通过各种政策优惠和宣传鼓动等方式鼓励各类组织向项目运作投入一定资源。

## 三　组织管理者

### （一）组织协调

社会服务项目制的推行需要许多部门、组织参与和合作，在这个过程中政府社会服务外包主管部门要组织其下属单位和部门及非营利组织参与社会服务项目的外包和承包过程。例如参与招标和投标，参与研讨和培训，参与项目实施和评估等。此外，社会服务项目外包涉及人力、物力、财力的筹措和分配，涉及项目主体及其他相关部门在项目外包中的权力和责任，政府主管部门要想通过自己的组织体系有效地推行项目外包，就必须协调各个项目主体及相关部门和机构。尤其值得注意的是中国的行政管理的基本特点是条块管理，在每个“条”上都从上到下设置层次不同的职能部门。例如民政系统的条线系列是“民政部—省（直辖市）民政厅（局）—市民政局—区（县）民政局—街道（乡镇）民政科”。而在“块”上会有许多平行的部门，每个部门的职责不同，对社会服务的投入和关心程度不同，经费预算不同，甚至可能形成壁垒，这些都需要设置统一的机构协调推动项目制的发展或者在不同的领域设置机构负责各自领域的项目制。政府协调机构要利用自身优势，促进发包单位、政府相关部门、非营利组织、社会民众合作互动，构建和谐的社会服务供给秩序，提高社会服务供给效率。

### （二）秩序监管

在社会服务项目外包中，政府部门要加强监管，对参加投标的非营利组织的资质要加以认定，把好入口关。政府部门应制定合理的评

① 参见陈为雷《社会工作行政》，中国社会出版社 2010 年版，第 163—164 页；陈华：《吸纳与合作——非政府组织与中国社会管理》，社会科学文献出版社 2010 年版，第 125—126 页。

价标准，防止非营利组织竞相压价。政府部门要加强对社会服务机构和社会服务项目的评估，尤其要加强第三方评估，以了解和掌握项目运作情况，及时发现存在的问题并责令非营利组织限期整改，以维护社会服务市场有序运行，保护服务对象的合法权益。

## 第二节　政府社会服务项目招标发包

项目是联结政府与社会大众的桥梁，而项目是由非营利组织承担的，因此政府部门需要选择有资格和有能力的非营利组织实施项目，这个过程通常称为外包。目前，政府社会服务项目外包是在各部门的制度创新及有关政府购买服务的政策指引之下进行的，各地在实践中根据自己的实际情况做了很多探索，总体上来看主要通过三种方式实现外包，其一是项目招标发包，其二是项目委托发包，其三是公益创投。本节主要分析项目招标发包的特点及上海和深圳项目外包的具体做法。

### 一　社会服务项目招标发包的特点

社会服务项目招标发包是一种政府社会服务项目外包方式，是政府根据有关法规政策利用财政资金向非营利组织公开进行项目招标并从中选择中标组织承担项目的活动。在社会服务项目招标发包中政府一般发布招标公告，招标公告包括项目的类型和内容、标书、投标人的资格、答疑事项、开标时间和地点等，非营利组织按程序和要求进行投标，最后由项目发包方组织的项目评估小组进行评定，选择中标组织承担项目。我国的社会服务项目招标发包有以下几个特点：

第一，社会服务项目招标发包是一个多方参与的系统，占主导地位的是政府等项目主导者，项目发布权决定了政府的指导作用。作为项目过程的“推手”，政府为各个行动主体提供一个参与和博弈的平台，这个平台向各个项目主体提供不同的制度性或结构性机会。上级政府为调动下级政府和基层的积极性往往对资金作配比。例如上海社区公益服务项目招标的资金配比是市和区各占50%；深圳市根据政府购买服务支出标准及各区安排资金情况，2011—2013 年按 50% 的比例予以奖励，2014—2015 年按 33% 的比例予以奖励，这就对下级政府参与项目招标起到一定的激励作用。

第二，招标的发包项目并不存在普惠的特征，必须以竞争的方式获得。竞争发生在不同类型的非营利组织之间，虽然竞争在理论上是平等和自由的，但是由于社会服务市场不完备和信息不充分，因此与企业招标发包相比，社会服务项目招标发包具有一定的局限性。即使政府愿意用招标方式进行社会服务的购买，这种购买大多数情况下也是缺乏竞争的。尤其是非营利组织数量不足，专业性不够，且提供社会服务的非营利组织较少对招标发包产生一定的影响。

第三，社会服务项目招标的方式不统一。由于我国缺乏统一的社会服务的政府采购标准和管理规范，因此目前许多地方与地方之间、不同部门之间在服务项目外包时各行其是。比如有实行集中采购的，也有各家自行采购的，采购价格、对服务的要求也彼此不同。①

第四，社会服务项目招标体现了服务的公益性和非营利性。项目是一个联结服务对象与服务提供者、服务资助者的桥梁，政府招标发包和非营利组织接受资助都应按照公益服务宗旨实施项目，为社区居民提供低偿或无偿服务，不能用项目资金从事营利性活动。②

第五，社会服务项目招标发包具有公开透明性，体现在招标目录和评估条件向社会公开，评标过程接受社会监督，评审结果向社会公示，项目完成向社会公告等方面。③

## 二　上海社区公益服务项目招标发包

上海市民政局推出的社区公益服务项目招标是对公益金资助项目评审方法的改革探索，是指市民政局将公益金资助项目的评审工作委托第三方公益性组织，由其面向社会公开招标、投标，并将评审结果

① 邱益中：《政府购买公共服务要有制度规范》，《文汇报》2012 年 1 月 18 日。

② 《上海社区公益服务项目招投标工作介绍》，2009 年 5 月 26 日，上海社区公益招投标网（http：//www. gysq. org/sqgy/zj/zixun_ detail. dhtml? id =53&Exp_ Type_ Id =1909）。

③ 同上。

报市民政局，由市民政局实施审批的活动总称。[①] 下面对上海社区公益服务项目的类型、项目招投标的当事人、招标中各级政府的职责、招标流程和中标项目情况做详细论述。

（一）上海社区公益服务项目类型

在上海社区公益服务项目招标试点和探索期，尽管项目招标的范围限定于安老、扶幼、助困、助残、赈灾等方面，但具体的项目需求还不确定，需要基层政府去发掘并提出，政府部门加以确认，并进行项目立项，得到资金支付。随着该项工作的开展，上海市民政局确定了社区公益服务项目类型，具体包括以下几方面：

1. 市级统筹项目。该类项目由市民政局确定项目需求，经费由市级彩票公益金承担，包括上一年度公益创投持续的项目。

2. 区县项目。该类项目由区县民政局确定项目需求，经费由市和区县二级配套承担。

3. 定向项目。该类项目是指定用于市有关基金会等社会组织提出的公益服务项目。[②]

此外，上海市民政局还公布了社区公益服务项目的目录及基本指标，进一步明确了社区公益服务项目的范围、受益人群、项目目标、项目服务主要内容和项目单价。

（二）上海社区公益服务项目招投标的当事人

上海社区公益招投标主要涉及以下当事人：

1. 招标人。区县民政局是招标人，它们要开展社区需求调查，广泛征求民意，在此基础上提出项目招标需求，经市民政局批准后，委托市社区服务中心开展招投标。

2. 招标代理机构。上海市社区服务中心是招标代理机构，受市民政局的委托负责开展福利彩票公益金资助社区公益服务项目的招投标

---

① 《上海市民政局关于福利彩票公益金资助项目实施公益招投标的意见》，2009 年 5 月 28 日，上海民政（http：//hp. shmzj. gov. cn/gb/mzhpq/xxgk/zcwj/userobject1 ai227. html）。

② 《上海市民政局关于实施 2011 年度社区公益服务项目招投标方案的通知》，2011 年 3 月 22 日，上海民政（http：//www. shmzj. gov. cn/gb/shmzj/node8/node883/node884/userobject1 ai27941. html）。

工作。

3. 投标人。凡依法登记的社会团体、民办非企业单位或公益性非营利的事业单位，拥有一定比例的社会工作师或助理社工师，并具备实施招标项目的基本条件的，均可参与社区公益服务项目的投标。

（三）上海社区公益服务项目招投标中各级政府的职责

在社会服务项目的招标发包中，不同层级的政府需要进行分工合作，共同完成一个完整的项目发包周期。在上海市的社区公益服务项目的招投标中，除了市民政局作为发起者进行宏观指导和管理之外，区县民政局和街道在项目运作中也发挥了重要的作用，前者起着承上启下的作用，后者则决定项目能否真正落地。下面结合上海市民政局出台的政策文件和访谈资料来探讨在上海社区公益服务项目招投标中各级政府的职责情况。

上海市民政局负责建立公益招投标平台，其具体职责：①制定公益招投标的政策和规定；②建立以上海市社区服务中心为管理方的社区公益服务项目招投标平台；③公益招投标服务项目立项和获选项目审批；④组建和管理评审委员会专家库；⑤对参与公益招投标工作的非营利组织的资质进行认定；⑥负责公益金的管理和使用审核。作为公益招投标平台管理方的上海市社区服务中心接受上海市民政局的委托负责招投标工作，具体职责：①起草招投标工作方案并具体实施；②公益招投标的信息公开和招投标网站的日常维护；③公益招投标工作的现场接待、咨询、受理等；④组建评标委员会；⑤对中标的公益组织的培训指导；⑥公益招投标预算表的编报和服务项目资金的拨付申请；⑦对未履行服务合同的中标组织的处理；⑧协调做好服务项目的抽查、评估、汇总工作。①

区县民政局在招投标工作中确定项目需求，提出、推荐服务项目，落实区县项目的配套资金，委派代表参加评标并与中标组织签订服务项目合同，负责区县项目的日常监督和绩效评估。

---

① 《上海市民政局关于进一步规范上海社区公益服务项目招投标工作的通知》，2010年11月25日，上海民政（http：//www.shmzj.gov.cn/gb/shmzj/node8/node15/node55/node244/node292/userobject1ai27144.html）。

我们作为区级其实也承担了很多工作，一个是每年9月、10月的时候市里面有一个经费预算，了解区里面的项目需求，所以我们所做的一项前端工作是到社区里面和一些相关业务主管部门去了解它们对项目的需求。还好，现在市里面形成了一个菜单，它有23类项目，你就在这23类项目中选，但是你不能跨越这个菜单太多，当然我们现在也建议它这个菜单要更加开放些。我们要做大量的项目收集、筛选，另外还要修改，然后就报到市里面。这个是预算的部分，市财政局要批；批，同意了，接下来新一年要按这个预算执行。在执行过程当中我们也配合市里承担很多工作，比如说每批项目要报到市里面的平台（上海市社区服务中心）上去，它们要立项、审核。另外要配合社区和社会组织，我们一手牵着社区，一手牵着社会组织，刚开始的时候这项工作社会组织是非常热的，一头热，因为它们觉得，"啊，有这个资源过来"；但是，社区这一块还没有热起来，因为这项工作相对专业嘛，要有一个了解的过程，这是有一定相对专业性的，提一个需求，把它转化为一个项目，其实对社区是有压力的，所以我们在这个过程当中承担了很多的角色。每批发布以后，我们这边要做一些动员，做一系列的工作，包括组织它们参与招投标，然后呢，参与评审，中标以后呢，因为手续性的东西很多，包括签协议和各类申请表，然后我们还有一些承诺等，一系列的事项都在我这里。

当然我们在日常工作之外也拓展很多的，对社会组织也开展一系列的培训，因为我们在做这个工作过程当中也发觉，很多社会组织，包括社区，对如何做项目、如何做项目书、怎么样发掘需求、怎么样去沟通，这个方面还是有欠缺的，所以我们组织专门的一系列的培训，给社会组织，包括社区。我们后来就把这个项目的评估包括有一些后续监管的培训也购买一个第三方的机构，由它们具体承接。每个项目在一年的执行过程当中，这个评估我们提出有季度监测，然后中期评估，项目执行到第3个月、第9个月是两个季度监测，然后是半年的中期评估，还有末期评估。（访谈记录：上海市PD区社区建设指导中心副主任，2012年12月19日）

以上访谈明确了区县政府部门的角色，可以看出区县政府部门的项目行为主要体现在整个项目生命周期当中，当然它们也面临着人少而活多的情况，也进行相关工作的外包，如第三方评估外包。

街镇也是重要的项目参与者，那么街镇在项目运作中处于什么地位呢？从调研来看，街镇在项目招投标及实施过程中的角色和作用主要体现在以下方面：

第一，根据《上海市社区公益服务项目目录》提出项目需求。街镇根据区县民政局的工作要求提出自己的项目需求，在《上海市社区公益服务项目目录》确定后，主要参考这个目录确定项目需求。确定项目需求后报到区民政局。正如上文上海市 PD 区社区建设指导中心副主任所说，发掘社区的需求并把它转化为一个项目是一个非常专业的工作，给社区带来了压力。因此，有时街镇会跟社工机构商量，有时则会请社工机构帮它们写项目申请书。

第二，参与竞标与评标过程。评审委员会组成人员通常有项目所在区和街道的代表，其介绍项目以及审议投标书的言行对其他评委具有直接的导向性。

第三，支持项目落地。街镇社区与群众联系密切，有较高的公信力，此外街镇社区也掌握着丰富的社区资源，它们的参与和支持是至关重要的。目前街镇社区对社会工作的理解、对新的合作方式的接受度不一样，有先后之别。

这里面基层政府就很有疑虑，第一，我为什么拿出来让别人做，是不是人家做得就一定比我做得好呢，这还存在着对以往工作的否定。第二，对社会组织存在着很强的疑虑，会觉得社会组织的财务是什么样子的，你的人员是什么样子的，你的人员凭什么比我的贵，你怎么说你做得比我做得好。……尤其是进入一个陌生的社区，需要社区工作者承担中介介绍的功能，而且还需要运用社区里面的活动平台，还借用一点原有的公信力。他们就感觉很奇怪，就会说："为什么这个女的来了以后我的工作越做越多了，你不但没有给我减轻负担，反而越做越多。"（访谈记录：

CW，2012 年 7 月 26 日）

可以说，社区公益项目在没有街镇的积极配合或默许下，基本没有可能“落地”。①

（四）上海社区公益服务项目招投标流程

上海市民政局几经摸索，于 2012 年 7 月制定了上海社区公益服务项目招投标工作流程，具体步骤见表 4－1。

表 4－1　公益招投标项目流程

| |
|---|
| 1. 项目确定：根据项目的类型，由市民政局、区县民政局或市有关基金会确定项目 |
| 2. 项目立项：受理申请，审批立项，编制目录 |
| 3. 项目招标：编制招标书，发布招标公告 |
| 4. 项目投标：接受投标申请，初选审查 |
| 5. 项目评审：组成评标委员会，组织开标，组织评标，确定中标组织 |
| 6. 项目审批：报送审批材料，获选项目的通知 |
| 7. 项目实施：组织签订合同，申请资金拨付，督促项目实施，公开项目信息 |
| 8. 过程监督 |
| 9. 评估验收 |

注：此表系笔者根据《上海社区公益服务项目招投标实用资料汇编》制作而成。

（五）上海社区公益服务项目投招标基本情况

2009—2011 年上海社区公益服务中标项目情况见表 4－2。

表 4－2　2009—2011 年上海社区公益招投标中标项目情况

| 基本情况 / 年份 | 数量（个） | 金额（万元） | 受益人次（万人次） |
|---|---|---|---|
| 2009 | 127 | 3983.57 | 63.04 |
| 2011 | 226（含延续项目 29 个） | 7924.96 | 115.36 |
| 合计 | 353 | 11908.53 | 178.40 |

注：此表系笔者根据相关资料制作而成。

从表 4－2 中的中标项目情况看，2009—2011 年公益招投标共计中标项目 353 个，其中 2009 年中标项目 127 个，2011 年中标项目 226 个（含延续项目 29 个）；两年中标项目金额合计 11908.53 万元，

① 敬乂嘉：《社会服务中的公共非营利合作关系研究——一个基于地方改革实践的分析》，《公共行政评论》2011 年第 5 期。

其中2009年中标项目金额为3983.57万元，2011年中标项目金额为7924.96万元；两年合计受益人群178.4万人次，其中2009年受益人群63.04万人次，2011年受益人群115.36万人次。

2009—2011年上海社区公益服务中标项目按领域分布情况见表4-3。

**表4-3　2009—2011年上海社区公益招投标项目分布情况**

| 基本情况 / 项目类型 | 数量（个） | 金额（万元） | 受益人次（万人次） |
|---|---|---|---|
| 安老项目 | 171 | 7026 | 159 |
| 扶幼项目 | 50 | 1454 | 2.5 |
| 助残项目 | 52 | 1340 | 2.8 |
| 济困项目 | 30 | 773 | 3.2 |
| 其他项目 | 50 | 1313 | 10.5 |
| 合计 | 353 | 11906 | 178 |

注：此表系笔者根据相关资料制作而成。

从表4-3公益招投标的项目领域来看，2009年和2011年上海社区公益招投标工作中，安老项目171个，资助资金7026万多元，受益人群159多万人次；扶幼项目50个，资助资金1454万多元，受益人群2.5多万人次；助残项目52个，资助资金1340万多元，受益人群近2.8万人次；济困项目30个，资助资金773万多元，受益人群3.2多万人次；其他项目50个，资助资金1313万多元，受益人群10.5万人次。[①]（表4-3中的资助金额合计同表4-2中的不符，可能是因计算中四舍五入引起的）

## 三　深圳市社区服务中心项目运作

深圳市的社会服务项目外包是政府以社会工作服务为依托，通过招投标的程序，选择合适的非营利组织承担项目的过程，包括福彩公

① 王劲颖：《上海公益招投标和公益创投工作成效及发展趋势》，《社团管理研究》2012年第12期。

益金资助的公益项目和社区服务中心项目的招标发包。其中社区服务中心项目是深圳社会服务项目外包中具有典型性和代表性的项目，下面主要对此进行论述。

### （一）深圳市社区服务中心项目的特点

与传统的社区服务中心相比，深圳新的社区服务中心项目具有如下特点：

1. 运营主体。运营主体是登记的社会组织，它们要参加政府招投标而获得运营资格。事业单位、居委会可成立民办非企业单位，参加政府招投标。

2. 运营经费。运营经费主要来源于政府购买或资助的公共服务项目费用。同时，鼓励各运营机构动员社会资源。

3. 社区服务中心场地。场地是由现有公共服务设施整合构成，包括星光老人之家、党员活动室、社区图书室等。室内总面积为400平方米以上。

4. 服务人员。服务人员以专业社工为骨干，可招募兼职人员和义工。

5. 服务内容。服务内容以综合性公益服务为主，包括社区助老服务、社区助残服务、妇女儿童及家庭服务、社区青少年服务、优抚对象服务、特定人群的服务、居民自助互助服务七大项。[①]

### （二）深圳社区服务中心项目采购当事人

深圳市社区服务中心项目外包是根据《中华人民共和国政府采购法》、《深圳经济特区政府采购条例》、《深圳网上政府采购管理暂行办法》的有关规定进行政府采购，涉及如下采购当事人：

1. 采购人。市、区民政局是社区服务中心项目的采购人。

2. 采购代理机构。深圳市政府采购服务中心和各区政府采购服务中心或其他招标代理机构接受深圳市、区民政局的委托进行项目招标。

① 深圳市民政局：《深圳市社区服务中心设置运营标准（试行）》，2011年10月18日，深圳市民政在线（http：//www. sz. gov. cn/szmz/xxgk/ywxx/shxx/zcfg/201110/t20111018_1744115. htm）。

3. 供应商。非营利组织作为供应商向采购人提供服务，必须具有独立法人资格、在深圳市级或区级民政部门登记注册。

（三）深圳市社区服务中心项目实施步骤

结合深圳社区服务中心项目运作实践，把实施步骤总结如下：

1. 需求调查。市、区民政部门，街道办事处组织社区工作站（居委会）或委托社区社工开展社区服务项目的需求调查，提出服务大项的初步内容。在有关研究者的访谈中，被访者描述了需求调查的情况：

> 民政部门首先做计划。在写需求计划之前会征询我们的意见，我们会反馈给民政部门。有些建议得到认可之后，他就会去做一个规划。比如说前段时间他就发文件给我们让我们做一个计划，比如某个项目群体的一些基本情况，我们报上去之后他还要做征询，最后确定一些项目和岗位，下发出来。
>
> 我们在服务的过程中就会看到一些需求。报上去之后会在社会工作领导小组等待批复，批复完成后就准备预算，准备好预算之后等到来年民政局到招标中心发布公告，准备招标。①

2. 项目申报。街道办事处统筹规划辖区内社区服务设施资源，对于场地条件符合要求，已具备进驻条件的社区提出建设意向并进行项目申报。市、区民政局根据社区需求状况及资源条件确定社区服务中心建设项目。

3. 组织招标。招标程序包括：（1）发布招标公告。市、区政府采购服务中心或其他招标代理机构受市、区民政局的委托发布招标公告，进行公开招标。（2）满足条件的供应商根据投标文件要求报名投标。（3）开标。（4）评标。（5）中标。

4. 合同签订。确定中标机构后，在规定时间内市或区民政局、中

---

① 贺静：《政府购买社会工作服务运营模式的研究——以深圳市为例》，硕士学位论文，中国青年政治学院，2012 年。

标机构、相关街道办事处三方签订服务合同，并按规定到市或区采购与招标中心办理合同备案手续。

5. 项目运营。中标机构按照投标文件中的项目计划进行前期筹备和运行。社区服务中心项目合同最长期限是三年，首期合同期限为一年，期满由市级主管部门组织评估，合格的自动延续两年，合同仍是一年一签。如年度评估结果为不合格，将自动终止合同，原项目运营者不能参加下一年度该项目的竞标。①

下面简要介绍深圳市 BA 区社区服务中心的建设状况。从 2011 年 3 月起，BA 区积极推动社区服务中心建设，社区服务中心数量平稳增加。截至 2012 年 12 月 15 日，已投入运营 18 家社区服务中心，还有 12 家社区服务中心正在办理运营主体政府招投标，较好地推动了覆盖社区一级社会工作服务体系。

1. 市区财政逐年加大投入。2011 年 3 月，BA 区开始试点社区服务中心项目，其中海裕社区和大浪社区服务中心作为深圳市首批试点社区服务中心，由市福彩公益金出资 298.3208 万元。其他 11 家社区服务中心则由市区财政每年各出资 25 万元，即每家社区服务中心运营经费标准为 50 万元。区财政 2011 年度共支出 271.4719 万元。截至 2012 年 12 月 15 日当年区财政对已签订服务合同的 8 家社区服务中心支付运营经费 193.9551 万元。

2. 社区服务逐步展开。BA 区 2011 年启动运营的社区服务中心的各项服务工作有步骤、有计划地开展。

一是服务对象及覆盖人群基本达到相关规定。各区社区服务中心采用个案工作、小组服务、社区活动及设立常规服务等方式开展各项服务，服务人群覆盖社区青少年、妇女儿童、老年人、残疾人、来深建设者、弱势群体及其他社区居民，基本符合《深圳市社区服务中心设置运营标准（试行）》要求。

二是服务内容不断丰富和深化。各社区服务中心已开设常态化的

① 深圳市民政局：《深圳市社区服务中心设置运营标准（试行）》，2011 年 10 月 18 日，深圳市民政在线（http://www.sz.gov.cn/szmz/xxgk/ywxx/shxx/zcfg/201110/t20111018_1744115.htm）。

服务项目，包括老年人健康讲座及文艺培训、小学生四点半课堂、来深建设者运动会、亲子活动、妇女健康知识讲座、社会组织培训、义工培训等方面，在一定程度上满足了居民的情绪支持、文化康乐、知识教育等多元化的需求。

三是服务满意度情况不一致。BA区社区服务中心从2011年才开始实施，有的2012年才进驻社区，开展社工服务时间较短。调查结果显示，80%以上的服务对象对社区服务中心服务场地安排、社工人员的服务态度及所提供服务等表示满意。70%的社区干部对社区服务中心推动社区整体发展的成效表示不十分满意，认为成效不明显。

3. 中心基础建设初步完成。各社区服务中心初步建立起行政管理组织架构，明确了中心主任、一线社工、行政辅助人员的工作职责，制定了年度工作计划，加强日常运营管理。通过共同开展社区活动的形式与社区辖区内各组织进行合作，合作方为社区服务中心提供场地、物资、服务经费等支持。并推进建立“社工+义工”的双工联动服务模式，壮大社工服务队伍力量。各社区服务中心还通过设置宣传栏、建立宣传博客、整合报刊电视等媒体资源，向社区居民宣传和开展社工服务。

## 四 上海和深圳社会服务项目招标发包比较

### （一）项目招标发包政策、规则

上海社区公益招投标由市民政局主导，它制定招投标的办法，并进行项目的审批，委托下属的市社区服务中心组建和管理公益招投标平台，进行社区公益项目和创投项目的招投标，它是一个免费的平台。上海公益招投标主要是对福彩公益金使用的一种创新，借鉴了企业招投标的做法①，上海为此制定了《上海市民政局关于福利彩票公益金资助项目实施公益招投标的意见办法》、《上海市民政局关于进一

① 罗争光：《上海投1亿元福彩公益金用于社区公益项目招投标》，2012年2月1日，中央人民政府网站（http://www.gov.cn/jrzg/2012-02/01/content_2056193.htm）。

步规范上海社区公益服务项目招投标工作的通知》、《上海市民政局关于规范上海社区公益招投标（创投）项目财务核算管理的通知》、《上海市民政局关于社区公益服务项目目录及基本指标等有关事项（试行）的通知》、《上海市民政局关于合并建立上海社区公益服务项目招投标平台的通知》等文件加以规范，在这些文件和政策的规范下进行操作。深圳则根据《中华人民共和国政府采购法》、《深圳经济特区政府采购条例》、《深圳网上政府采购管理暂行办法》进行社区服务中心项目招标，财政局有专门的采购规则，采购的流程要按照财政局的招投标规则去做。

（二）资金来源

上海社区公益项目招标的经费来源于福彩公益金和各区县的配套资金，各占50%。深圳社区服务中心项目资金按照1：1的比例来配套，区财政出50%，市福彩公益金占50%。尽管都是按照50%的比例配套，但在上海区县配套的50%的来源又是多元化的，可能来源于各个购买单位的预算和经费，也可能有其他来源。但在深圳，完全由区财政出资。

（三）立项和招标

在上海，项目的前端需求调研、立项申请由区县民政局、市有关基金会、市民政局有关业务处室等需求方提出、推荐，由市社区服务中心汇总并初审后提出立项意见，最后由市民政局审批。深圳市的项目立项申报由各个区完成、市民政局宏观指导，各个区根据自身的情况在所在区完成政府购买服务，然后由市民政局配套。

（四）统一招投标平台

上海有统一的社区公益服务项目招投标平台，由上海市社区服务中心组建和管理，该平台信息非常丰富，有政策法规、招投标和创投申请书、项目批复、社区公益服务项目批复明细表、标书、专家讲堂、专家库、中标公告、招标公告、流标公告等各种信息。深圳社区服务中心项目外包由各个区在区财政局政府采购的网站上操作，可以看到公告，但看不到里面实质性的内容，实质性内容必须为供应商方才能看到，因而相关的信息比较少，不够全面。

（五）关于项目的规模、金额、持续性

上海的社区公益服务项目一般是专项的项目和非实体性的服务，金额相对少，一般在50万元以下，十余万元、几十万元不等，时间为一年，持续性不强，成果不易积累。深圳的社区服务中心是综合性项目，有社区服务中心这个实体，它是由“星光老人之家”、党员活动室、社区图书室等构成，金额标准是50万元，一年一签，三年一次招投标，成果易于积累，可持续性比较强。

（六）评标标准

上海在2012年发布了《社区公益服务项目绩效评估导则》，可用于事先、事中和事后的绩效评估。

深圳社区服务中心项目的评标一般是不公开的，每一次招标文件上会有，但要花钱买，或者交了保证金买回来，用完了传上去。评标每个区和每个区都有一些差异，评标标准只是这一两年才公开，原来都是不公开的。（访谈记录：IS2012年12月24日）

（七）双方关系与三方关系

在上海，除福彩公益金通过公益招投标和公益创投支持的项目外，市、区各个职能部门和街镇都可以通过招投标的方式购买社工服务项目，2009年之前没有社区公益服务项目招投标和公益创投，社工机构的项目主要来源于政府的各个职能部门、街镇的项目外包或委托项目，如C机构的“社区共融项目”就是由浦东新区统战部来购买的，G机构的服务是由浦东新区综治委来购买的，购买单位与服务提供单位签订合同，不涉及第三方。

在深圳，凡是涉及购买社会工作服务，统一由民政部门来统筹、统一购买，由民政局、社工机构与用人单位签订三方协议，各个委、办、局不再以财政拨款购买社工服务。

当然各个区是这样的，部门如果有需求，它会向民政局去申请，申请岗位啊，或者申请项目啊，区里面民政局再去跟用人单位比如说是统战部，也许统战部会去跟财委、财政局协调，如果财政局这笔钱决定了支持统战部这个项目它也一定把这个钱给到民政局，由民政局来帮它筹办这个事，也就是说民政局是购买单位，区的某个部门是服务使用单位，这个就比较明确了，不是说你自己是花钱的自己也是购买的，这个避免了一个什么问题呢，比如说我是某个部门，你是一个社会组织，那咱俩关系不错，行啊，我买你一百万的服务，我自己就说了算，这个有一个其他的部门来总体评估这个盘子，是不是要花这个钱，而且这个钱是不是能够花到刀刃上，是真正能够解决服务群体的需求的，然后它评估。我买了以后，把它交给你，你来监督它的服务过程，所以在深圳是三方的，甲方是民政局，向乙方购买，乙方是我们这些社会组织，然后给丙方来使用，也就是甲乙丙，就是服务的购买方、服务的提供方和服务的使用方，是这样的一个关系。（访谈记录：IS2012 年 12 月 24 日）

## 第三节　社会服务项目委托发包和公益创投

社会服务项目招标发包是服务项目外包的理想形式，它为政府提供了选择合适的非营利组织的机制，为非营利组织参与政府服务项目提供了机会，在实践中得到了越来越多的应用。除此之外，社会服务项目委托发包也是项目外包的常见形式，而公益创投则是近年来地方政府服务外包的创新探索，本节对这两种机制进行详细研究。

### 一　社会服务项目委托发包

社会服务项目委托发包是指政府通过合同或协议等一定的形式委托非营利组织行使某些社会管理和服务职能，提供一定的公共产品和服务，目的在于减少政府压力，实现“适度政府”的目标。从本质上来讲，委托发包在一定意义上可以理解为政府将社会服务与管理的权限通过参与或民主的方式下放给非营利组织，让它们自我服务、自我管理，激发它们的创新精神。[①]

社会服务项目委托发包大体上可看作一种政府职能委托，随着政府职能转移产生。2003 年以来上海在司法社工领域稳步推进以授权为特征的职业化进程，其中一项举措就是将社会服务通过订立合同的方式委托民间非营利机构，由它们来提供社会福利服务。作为合同的签约方，政府和非营利组织各司其职，各负其责，共同推动社会良性运行和协调发展。[②] 2009 年，深圳推行大部制改革，有 31 个政府部门共取消、调整、转移 284 项职责及行政审批事项，其中一些政府部门继续履行的职责和工作事项，由政府购买服务和政府资助的方式委托社会组织办理。目前，第一批核定的从 17 个局委办削减出的政府工作事项共有 87 项，其中，60 项进行了转移委托，占 69%。[③]

根据委托发包是否有合同这一规范形式，可以将社会服务委托发包分为授权合作式委托发包和合同承包式委托发包两种方式。授权合作式委托发包是政府将某些社会管理和服务职能授予并委托非营利组织执行，非营利组织可以在其权力范围内行使职权并提供服务，同时在这个范围内承担责任。合同承包式委托发包是指政府通过与非营利组织签订合同的方式实现职能的委托[④]，非营利组织根据合同提供服务。当前我国政府社会服务项目委托发包主要是合同承包式委托发包。

社会服务项目委托发包的实施主体是属于财政预算管理并承担具体的社会管理与服务工作的部门，如党的部门、政府部门、群团组织和一些事业单位，上述实施主体可以作为购买方或资助方，以其名义向非营利组织或服务机构购买特定的服务项目。在委托的情况下，政

① 王川兰：《委托与替代：第三部门履行公共职能的模式研究》，《上海行政学院学报》2003 年第 1 期。

② 陈为雷：《上海社工职业化模式问题与展望》，《华东理工大学学报》（社会科学版）2006 年第 2 期。

③ 马宏：《政府向社会组织购买服务问题及对策研究》，2010 年 11 月 19 日，民政论坛（http：//mzzt. mca. gov. cn/article/ylnmzlt/ltbg/201011/20101100115114. shtml）。

④ 王川兰：《委托与替代：第三部门履行公共职能的模式研究》，《上海行政学院学报》2003 年第 1 期。

府通过授权或合同承包的方式把有关服务项目交给非营利组织，这里的非营利组织要么是政府直接推动成立的，要么与政府有密切的关系，基本上属于定向购买，服务提供者的数量具有唯一性，没有竞争，无法培育社会服务市场，服务提供者没有强烈的市场竞争意识，不利于提高服务效率和服务质量。例如，上海司法社工领域的购买服务就是通过政府直接委托进行的，G机构的身份获得及其行为依据首先来自国家相关法律法规和政府专门出台的“红头文件”的规定，以及购买服务合同的授权与委托。这使机构无论在法律上还是行政上都获得了机构生存和运作所必需的合法性，也给其带来了垄断地位。

目前，政府在社会服务项目委托发包中还不太习惯于同非营利组织合作，存在着强大的行政面孔。

> 因为现在我们所做的事情，面临的是一个政府的强大的行政的面孔、习惯，社会组织去找它，去跟它谈个事情，你就要使劲跟它解释，我们跟你们不一样，不能你指挥我做什么事我就要做的，我是跟你签了合同的。但是政府呢，它就是跟你说，“我叫你做，你先做，怕少你钱啊。”很强的这个行政的惯性、习惯的思维。反过来说，你有兴趣、你有意图做这个事情，我非常希望你能够跟我讲一下，你叫我做，大概什么意图。我拿出来一个方案来给你的时候你能跟我来沟通，我明确你这个项目叫我做了，而且今后经费支持我，我再去做都可以。连这个也做不到，那我哪敢动啊。我动了以后，一旦发生了费用谁来保证我啊。
>
> 你不干，他就说“叫你做事情怎么这么费劲！”而且口气都很大的，“这个事情我跟你讲了，你怎么还不做？”实际上我就想了这个项目实际上是不是你的项目，如果不是你的项目，你又不管，做完了我去找谁去？这是一个很大的问题，讨厌死了。他们会觉得你很烦的，叫你做事情不爽气，你老是要钱，而钱又少不了你的。他们没想到，最后我去找谁要钱？因为街道有好多部门，我做了不是你部门的事情，到时候我去找谁啊。（访

谈记录：FY2012 年 7 月 23 日）

## 二　公益创投——政府的视角

### （一）公益创投的界定

公益创投 20 世纪 90 年代兴起于西方国家，1997 年，美国学者在《哈佛商业评论》上发表了《道德资本》一文，开了公益创投理论探讨之先河。① 弗兰坎（Peter Frumkin）对公益创投和传统公益补助进行了对比，他认为运营资本、参与和绩效测量是公益创投的“三条腿”，它们是公益创投改变以往公益补助模式诸多弊端的关键。②

本书采纳蔡琦海对公益创投的界定：公益创投是将风险投资的理念和技术应用到公益组织中的一种新的公益补助模式。资助方在对受资助组织的能力进行评估后，向其提供长期性（三年以上）的包括资金、管理、技术等多方面的支持，参与到组织的运行中，并制定退出战略。其目标在于通过多方位协助、风险管理和绩效评估，加强非营利组织的能力建设，提高公益事业和社会服务的效率。③

### （二）上海社区公益创投实践及特征

在我国，较早进行公益创投的是联想集团和 NPI 公益创投基金会等组织，随着社会管理创新的推动，地方政府开始介入公益创投，其中上海市民政局 2009 年进行尝试，产生了较大影响。上海的示范效应逐渐带动了深圳、成都、苏州、东莞、无锡等其他更多的地方政府踊跃跟进，政府成为新一轮的公益创投主体。④

自 2009 年至今上海市民政局已连续四年主办社区公益创投活动，

---

① Christine W Letts, William Dyer, Allen Grossman, “Virtuous Capital: What Foundations Can Learn From Venture Capitalists”, *Harvard Business*, March/April, 1997. pp. 36— 44; Michael Moody, “Building a Culture: The Construction and Evolution of Venture Philanthropy as a New Organizational Field”, *Nonprofit and Voluntary Sector Quarterly*, Vol. 37, No. 2, June 2008.

② Peter Frumkin, “Inside Venture Philanthropy”, *Society*, May/June, 2003, pp. 7 – 15.

③ 蔡琦海：《公益创投：培育非营利组织的新模式——以“上海社区公益创投大赛”为例》，《中国非营利评论》2011 年第 1 期。

④ 王瑞鸿：《项目管理：社会工作的治理创新与实务建构》，《中国社会工作》2012 年第 12 期（上）。

从福利彩票基金中安排部分资金用于支持符合“扶老、助残、救孤、济困”宗旨的公益服务项目和公益服务组织，同时带动企业、基金会等社会各界的力量广泛参与，促进社区慈善公益事业的专业化发展和社会创新。上海社区公益创投项目流程由以下七个阶段构成，见表4－4。

**表4－4　公益创投项目流程**

| 流程 |
| --- |
| 1. 项目征集：发布公告，汇总申报材料，项目初审 |
| 2. 项目评审：组成评审委员会，组织评审，社会公示 |
| 3. 报请审批：报送审批材料，获选项目的通知 |
| 4. 签订合同：市社区服务中心与获选项目的公益服务组织签订项目合同书 |
| 5. 项目实施：申请资金拨付，督促项目实施，实施工作检查，公开项目信息 |
| 6. 能力建设 |
| 7. 项目总结 |

注：此表系笔者根据《上海社区公益服务项目招投标实用资料汇编》制作而成。

2009—2011年上海社区公益创投获选项目个数、资金及受益人次情况见表4－5。

**表4－5　2009—2011年公益创投获选项目**

| 基本情况<br>年份 | 数量（个） | 金额（万元） | 受益人次（万人次） |
| --- | --- | --- | --- |
| 2009 | 59 | 995.42 | 6.0 |
| 2010 | 65 | 1112.75 | 7.9 |
| 2011 | 30 | 496.63 | 3.5 |
| 合计 | 154 | 2604.80 | 17.4 |

注：此表系笔者根据相关资料制作而成。

从表4－5来看，2009年公益创投获选公益项目59个，资助金额为995.42万元，受益人群为6万人次；2010年获选公益项目65个，资助资金为1112.75万元，受益人群为7.9万人次；2011年获选公益项目30个，资助资金为496.63万元，受益人群为3.5万人次。总体来看，2009年到2011年公益创投获选的公益项目共154个，资助金额为2604.8万元，受益人群为17.4万人次。

2010—2011年上海社区公益创投项目按领域分布情况见表4-6。

**表4-6　2010—2011年公益创投项目领域**

| 项目类型＼基本情况 | 数量（个） | 金额（万元） | 受益人次（万人次） |
|---|---|---|---|
| 安老项目 | 29 | 493 | 6.8 |
| 扶幼项目 | 24 | 434 | 0.7 |
| 助残项目 | 24 | 378 | 2.0 |
| 济困项目 | 17 | 289 | 0.5 |
| 其他项目 | 1 | 14 | 1.5 |
| 合计 | 95 | 1608 | 11.5 |

注：此表系笔者根据相关资料制作而成。

从表4-6来看，2010—2011年的公益创投中，安老项目29个，资助资金493万多元，受益人群6.8万人次；扶幼项目24个，资助资金434万多元，受益人群7000人次；助残项目24个，资助资金378万多元，受益人群2万人次；济困项目17个，资助资金289万多元，受益人群5000人次；其他项目1个，资助资金14万多元，受益人群1.5万人次。总体来看，2010—2011年共计95个项目获选，资助金额1608万元，受益人群11.5万人次。

本节最后把上海社区公益创投和国外公益创投做一下比较，见表4-7。

**表4-7　上海社区公益创投与国外公益创投比较**

| 比较项目＼创投 | 上海社区公益创投 | 国外公益创投 |
|---|---|---|
| 资助依据 | 项目创新性、公益性、可持续性 | 创意、责任 |
| 资助期 | 短期资助，一年 | 长期资助，三年到六年 |
| 资金来源 | 上海市政府，福利彩票公益金 | 私募基金会、个人 |

续表

| 比较项目＼创投 | 上海社区公益创投 | 国外公益创投 |
|---|---|---|
| 资助类型 | 以资金为主，NPI 和上海公益事业发展基金会先后负责部分组织能力建设，并协助组织参赛 | 资金作为工具之一，其他还包括知识、技术等智力资本的资助 |
| 运行机制 | 公益创投由上海市政府出资，运行工作先后委托 NPI 和上海公益事业发展基金会 | 资助方出资并参与到组织的日常运行中来，与组织进行互动 |
| 资助方参与度 | 低，政府不参与项目运行，先后委托 NPI 和上海公益事业发展基金会进行前期培训和尽职调查 | 高，资助方高度参与到组织事务中，制定发展战略 |
| 实现主体 | 资助以项目为主体 | 资助以组织为主体 |
| 成果测量 | 项目的成果报告，是否完成原定的服务量和服务标准 | 对项目和组织的绩效评估，测量社会投资回报及组织成长 |
| 退出战略 | 项目资助期为一年，期满后退出 | 以完成组织的财政自我造血功能为退出战略 |
| 关注点 | 资助带来的结果，包括社会影响和组织成长 | 资助带来的结果，包括社会影响和组织成长 |

资料来源：蔡琦海：《公益创投：培育非营利组织的新模式——以“上海社区公益创投大赛”为例》，《中国非营利评论》2011 年第 1 期。笔者根据新情况做了改动。

可以发现，上海社区公益创投与国外的公益创投相比，兼有本土和西方特色，体现为一种混合模式的特征。上海社区公益创投以项目的创新性、公益性、可持续性为资助依据，制定相应退出战略，注重进行组织能力建设，注重社会影响和组织成长，这些都是公益创投理念的体现。但具体到执行层面时，上海社区公益创投活动资助的是单个项目，期限为一年，资金来源于福利彩票公益金，政府不参与项目运行，对成果的测量集中于项目产出，这些都体现出传统补助模式的一些特征。

## 第四节 政府社会服务项目外包的逻辑

政府的各种项目外包机制遵循着怎样的治理逻辑呢？所谓项目外包逻辑，就是项目外包的目标、意图、想法等的综合体现。有了目标与意图，可以选择实现目标的手段和工具，所以逻辑是一个前提，但由于它是隐而不见的，属于隐含的像个人的思想一样的东西，不易于观察和分析，所以先研究发包机制的过程或行为，然后再来探寻意图、意向与逻辑是合情合理的。对于社会服务项目的发包来说，它的逻辑主要是效率和效益的逻辑。

## 一 提高资金的使用效率和效益

从经济学角度看，决定消费者行为和组织行为的一个基本因果机制是效率机制。新古典经济学关注的是生产成本最小化，基本假设是，无论消费者还是组织，他们的行为都受追逐私利的动力驱使，而达到这一目的的最佳途径就是提高效率，即用最少的投入获得最大的产出（或在投入不变的情况下得到最大的产出或者在产出一定的情况下使用最少的投入），效率实际上是测量分配资源有效性的一个标准。①

在社会服务的政府提供模式中，效率较低，这是因为：一方面，在这种模式中政府按照计划安排服务机构和服务对象，服务机构和服务对象都没有选择的自由，服务机构能够获得来自政府的比较稳定的资金，而且不存在类似机构的竞争，因而缺乏提高服务水平和改善服务质量以争取更多的服务对象，进而获得更多的资金的动力；另一方面，在这种模式中，服务机构无偿提供服务，服务对象不需要付费，因此不仅服务机构不重视提升服务质量，而且服务对象也会因没有付费而降低对服务质量的要求。②

为了改变传统的资金使用和服务效率低的问题，许多地方政府实施社会服务项目外包，把拨款方式“改拨为招”，向社会公开，吸引社会组织竞争，以此提高资金的使用效率和效益。

> 有一条是提高公益金的使用效益，以前拨款拨下去，还是体制内的一些事业单位在用，使用的方向是一致的，福利金的使用方向是五个方

① 周雪光：《组织社会学十讲》，社会科学文献出版社 2003 年版，第 31—32 页。
② 关信平主编：《社会政策概论》，高等教育出版社 2009 年第二版，第 105 页。

面，安老、扶幼、助困，还有助残、赈灾，五个方向是没变的，但是以前是在体制内循环。现在呢，这些资金向社会公开了，让很多的社会组织参与进来，通过项目的招投标，让他们来争取资金，在社区里面使用这笔钱。……同样的钱以前2000多万元在社区里面和体制里面做跟给社会组织做，我觉得影响是完全不一样的。以前，钱扔下去了，做得怎么样，没有什么评估。现在，我们评估我们购买的，市里面也要来评估，所以是双重的，这钱的使用是公开的，大家盯得非常牢靠，你是不是用在这个方面了，这是首先的效益。另外老百姓的反响也绝对是不一样的，少量的钱让社会组织来做和政府做的效果是不一样的。（访谈记录：上海市PD区社区建设指导中心副主任，2012年12月19日）

## 二　培育非营利组织，回应社会需求

如前所述，目前我国人民群众面临着多样化、个性化的服务需求，政府办的福利机构提供的服务内容单一，带有管理性色彩，无法满足这些需求。而一些公益性非营利组织虽具有提供专业服务的能力，但无法得到公共资金的资助。近年来，党和政府高度重视社会管理创新，提出了发挥非营利组织作用、进行非营利组织建设，增强社会服务能力，推动非营利组织健康有序发展等战略部署。如何贯彻落实中央的决策，改变政府包办的做法，学习与非营利组织合作，更好地回应社会需求，就成为摆在各级政府面前的新课题。在这种情况下，一些地方政府就走一条创新的道路，采用社会服务项目外包的方式，让非营利组织根据政府的服务重点和方向，针对社区居民需求设计项目，去竞争获取项目资金，以此来培育社会组织，打造社区服务品牌，满足社区居民的需求。

上海市民政局局长马伊里在接受访谈时曾谈到社会服务项目外包的目的和意图："政府很难去发现众多有针对性的社区需求，老百姓也说服务的针对性不强、效率不高。我知道社会组织能干，但我不是简单地把钱给它，而是哪一个社会组织能发现新的需求就自己去设计模式，设计之后让专家评审，通过评审和竞争的政府才支持。这是非常公开、非常好的方式，能让社会组织有动力、知道自己怎么成长。

政府支持社会组织，但政府的本来目标不能放弃，你的方案一定要达成政府服务老百姓的目标。”①

> 公益招投标和创投一个很明确的目的是培育我们的社会组织，因为社会组织整体上成长的（历史）比较短，就这么一个10年以内的时间，另外一个它们得到的资源还是有限的，所以上海呢通过了这样一个模式，通过公益项目招投标的方式，一个呢来扶持我们一些优秀的品牌的社会组织，另外呢就是在社区打造一些品牌的社区服务项目。（访谈记录：上海市PD区社区建设指导中心副主任，2012年12月19日）

## 三　政府社会服务项目外包中的问题

政府部门的社会服务项目外包及逻辑在实践中会遇到哪些问题和挑战？

首先，社会服务项目外包能否节约项目资金？社会服务项目外包虽然能节约项目资金，但是可能增加项目运作的交易成本。交易成本学派认为，市场和组织之间的选择随交易成本而变化。交易成本包括激励成本和协调成本。在市场交易中由于交易双方都有投机的倾向，这就要给予对方一定的利益，使他们愿意按照我们的意图去行为，这就出现了激励成本。任何经济交往活动都需要协调，不同的经济活动、不同的协调方式有着不同的协调成本。②

市场竞争是最好的激励手段。实行项目外包（实质上就是转化为市场提供）理论上可以减少激励成本，但实际上社会服务市场不是一个充分竞争的市场，还存在着一定的激励成本，就是如何让更多的非营利组织参与竞争，如何提高它们自身的能力问题。这就要进行宣传和动员，要对非营利组织进行各方面的培训，如在制定投标书、制定工作方案、财务管理等方面进行培训，对非营利组织自我评估的能力进行培训等，以上这些都是激励成本，主要目的就是提高它们的竞争

① 《社会管理创新的上海实践：马伊里访谈录》，《中国非营利评论》2012年第1期。

② 周雪光：《组织社会学十讲》，社会科学文献出版社2003年版，第38—53页。

力，实现通过市场竞争提高效率的目的。

任何一种经济活动，不管是组织内或组织间的交易都有一个协调成本的问题。在上海的社区公益招投标中，除了市场是不完全竞争的市场外，还有一个特点是涉及不同的政府部门，包括市民政局、财政局、审计局等；单就民政局来说，针对公益招投标就专门设立领导小组，它的成员单位有领导小组办公室、市民政局办公室、市民政局基层政权和社区建设处、市社团局社会组织服务处、市社团局基金会管理处、市民政局业务处室和局属单位、市社区服务中心等，光民政局就涉及这么多的单位或部门，可以想象市民政局协调、沟通的工作量是很大的，是需要花时间、精力、人力的，这些都是协调成本。此外，协调成本还存在于上级政府协调下级政府上，这是因为项目化管理使得基层政府需要发掘社会服务需求，形成项目，进行项目申报，以力求上级政府立项，这些工作专业性较强，给基层带来了压力。这使得上级政府需要对下级政府进行大量的协调工作，从而产生了协调成本。

从长远来看，一方面，随着中国非营利组织数量的增加和提供服务的能力、管理能力的增强，非营利组织主要根据市场调整自己的行为，提高效率和质量，所以激励成本是随着机构数量增多、能力提升而递减的；另一方面，随着各级政府及相关部门职责的理顺及工作熟练、各方面能力的提升，协调成本会相应地递减。

其次，政府社会服务项目外包能否实现服务有需求人群的社会目标？项目制是社会服务多元化提供方式之一，在这种服务提供方式中，谁是最需要服务和照顾的人？政府如何知道他们的需求？政府为什么把服务对象定位在某一类群体上？政府确定的那一部分人群是否就是最需要的人群？这里可能存在的问题：一是由于社会弱势群体本身没有地位和影响力，不能发出自己的声音，因而他们的需求得不到回应，可能遗漏了这一部分人群，可能会出现类似北欧国家推行购买服务“给富人增加了选择的机会，而穷人失去了权利”的情况；[①] 二

① 潘屹：《国家福利功能的演变及启示》，《东岳论丛》2012 年第 10 期。

是政府往往不了解基层群众的需求，因为政府的架构是科层制，在科层制里，权力的流动是自上而下的，政府官员的眼睛盯着上面而不是下面，官员没有动力去了解基层需求。此外，由于不是政府提供服务而是由非营利组织去做，非营利组织所了解的群众需求可能与政府了解的不一致。这些都表明项目运作可能与政府的意图存在差距。

最后，政府社会服务项目外包有没有起到支持非营利组织的作用？是否有助于非营利组织提升能力、实现可持续发展？按照对项目的一般理解，项目往往是临时性、一次性的，它不稳定，不持久，而且国家部门的政策多变，容易对项目造成冲击。例如有受访者就表示，政府一年一个变，今年做老年项目，明年可能又做残疾人项目了，这对非营利组织的发展是不利的，没有实现支持非营利组织可持续发展的目的。这需要制度的保证，需要制定相关的法规政策，把项目外包制度化。

## 本章小结

按照新公共管理理论，政府社会服务的提供与生产可以分离开来，政府通过项目外包把提供服务的工作安排给非营利组织，在这个过程中，政府的角色和任务是制定规则和政策，提供资源，进行组织管理，以保证政府外包项目的顺利实施。

政府社会服务项目外包机制可以分为项目招标发包、项目委托发包和公益创投。社会服务项目招标发包一般委托给第三方负责整个招标工作，面向符合条件的所有非营利组织，是自上而下和自下而上两个过程的统一。首先是政府部门有项目招标的意向和规划，推动该项工作，然后非营利组织从自身实际出发参与投标，最后政府对有关招投标的结果予以审批。社会服务项目招标发包具有公开透明性，招标目录和评估条件向社会公开，评标过程接受社会监督，评审结果向社会公示，项目完成向社会公告，是一种理想类型的政府服务外包模式。本章详细介绍了上海社区公益服务项目和深圳社区服务中心项目招标发包，并对两者进行了比较。

社会服务项目委托发包包括授权式委托发包和合同式委托发包两种类型，所面对的非营利组织往往是特定的、具有唯一性的，委托的项目和服务领域是特殊的，如社区矫正事务、社区禁毒、社区青少年事务等；在委托中还存在政府强大的行政和习惯的“面孔”，不利于项目的外包和开展。社区公益创投是公益领域的风险投资，政府作为购买方向非营利组织的创投项目提供资金、技术、管理能力等各个方面的支持，以提高非营利组织的项目运作能力，促进其发展。上海社区公益创投相比于西方国家的公益创投，体现了混合模式的特征。

政府社会服务项目外包的逻辑主要是效率和效益的逻辑，在于通过社会服务项目外包提高资金的使用效率和效益，培育非营利组织，回应社会需求。同时也应该看到政府社会服务项目外包可能增加协调成本和激励成本，在项目的持续性、服务于有需求的人群等方面还存在着一定的问题。

# 第五章

# 非营利组织项目运作：机制、策略和逻辑

项目是资金和服务的统一体，是整合和联结服务对象与政府等资助主体的纽带和桥梁。社会服务项目的承接和实施主体主要是非营利组织，而非营利组织能否承接项目，不仅决定着非营利组织能否达成使命和宗旨，而且决定着能否实现国家部门和其他资助主体的宗旨和意图以及是否把弱势人群整合到社会服务体系中。因此，对于非营利组织项目运作机制、项目运作策略以及逻辑的理解和把握就显得尤为重要。政府及其他资助者通过定向委托、项目招标和公益创投等机制来外包项目，社会服务项目最终进入非营利组织。那么项目是如何进入非营利组织的？非营利组织项目运作的机制是什么？项目运作的策略和逻辑是什么？这是本章要进行详细考察和分析的问题。

## 第一节　非营利组织的项目运作机制

坚持项目发展是非营利组织发展战略的有力抓手，民办非营利组织对项目有很强的依赖症，即使是官办非营利组织也把争取政府和社会的项目作为组织的一项重要工作，掌握项目来源和承接项目的机制，学会运作项目，成为非营利组织的主要工作之一。非营利组织项目运作机制总结起来有如下几种：社会服务项目投标和竞标、承接政府部门的委托项目、公益创投以及主动向有关部门和机构进行项目申请。

### 一　社会服务项目投标和竞标

目前我国许多省市都推出了支持非营利组织参与社会工作服务的创

新举措，其中一个很重要的创新就是改变原来的资助方式，实行项目招标，不同的地方的做法可能不一致。如上海市在市级层面有市民政局推动的社区公益项目招投标平台，在每个区和街镇里也有类似的招投标平台。此外有些非营利组织也可以承接招投标工作。如上海浦东新区公益组织项目合作促进会就搭建了这样的平台，公益促进会通过代理项目招投标等工作，使项目合作在街、镇层面上深入开展①，这为非营利组织提供了各种各样的便利条件。而在深圳市主要由民政局统筹进行。公益项目投标的主体是非营利组织，一般来说是在民政部门登记注册的社会团体和民办非企业单位，公益性非营利的事业单位也可以参与投标和竞标，除此之外就具体的某次投标来看，还存在是否要求非营利组织与招标项目的服务领域一致，是否允许联合投标等规定。

投标和竞标的过程实质上是不同机构针对各个标的进行公开竞争的过程，这一点不同于下文的委托项目承包及项目申请。在公共部门和服务性项目中引入市场竞争机制改变了传统的服务提供方式，打破了社会服务中的垄断，通过服务机构之间的横向竞争而提高机构和项目的运行效率与服务质量。此外投标和竞标一般由第三方组织针对项目成效进行考核和评估，这在一定程度上保证了项目的效率和质量，而这种评估的结果也作为政府购买服务项目的依据，决定着项目是否继续下去。

> 有一些项目也可能认为是长期性的服务，也可能认为是短期性的服务。长期性的服务也是一年一签的，这个是很正常的，可以接受，因为你的服务也不是不受监督的，也要考量你的服务的成效、服务的品质，需要受到一个监督，需要“达摩克利斯之剑”吊在你的头上，这个是很正常的，这是大家都可以接受的，但是这里面双方的合作意愿啊、诚信啊、服务需求的持续啊这些都很重要。（访谈记录：CW2012 年 12 月 17 日）

---

① 姬中宪：《园区模式：社会组织发展的一种新路径——以浦东公益服务园为例》，《江苏行政学院学报》2012 年第 1 期。

投标和竞标是针对项目标的进行的，而项目标的由需求单位或购买单位确定，招标文件一般包括项目的名称、服务对象、最高限价以及对制作项目标书和方案的要求，可分为技术标和商务标两大类，非营利组织会根据招标文件的要求进行相应的准备。价格的确定是商务标的难点，一般来说投标单位预算的价格要低于招标文件的最高限价，但也不能低得太多，不能竞相压价，否则会导致恶性竞争，扰乱整个招投标的秩序。此外价格只是评标中的一个指标。例如浦东新区“助困综合服务”项目投标报价的权重仅占评分指标的10%。评标还需要综合评估各项指标，在社会服务领域中一般不存在价低就一定会中标的情况。除商务标之外，非营利组织所做的大量工作是技术标，涉及服务的计划、保障、指标。其内容相对而言，更烦琐一些。例如I机构某次投技术标，“A4的纸的话，做成纸质文件的话大概有三四百页吧”。（访谈记录：IS2012年12月24日）技术标需要进行实际勘察和调研掌握基本的数据，以此来编制服务计划和服务方案，“当然在做技术标的时候有些东西可以成为模板，定期修改一下就可以，一般不会花太多的精力”。（访谈记录：IS2012年12月24日）总体来说，投标书的两块重要内容是准备技术标和商务标，在同一个城市基本一致，可能在顺序上权重上会有一些差异，在不同的城市每个部门、每个招标单位的要求可能不太一样。例如在上海公益招投标项目中的招标文件对服务对象、服务人次、各种费用的标准要求都非常明确，而有的地方如深圳则可能没有详细的要求，需要投标单位自己做。

那么是由机构的哪个部门来做这件事？不同机构有不同的做法。机构有不同的项目部门，这些部门可以具体从事此类工作。例如I机构的项目部专门负责写标书，最后由机构负责人把关；H机构有两个部门负责项目招投标，项目管理部负责做公益创投、福彩公益金项目和其他各类政府购买服务项目的策划和申报工作，社会服务部负责机构在外省市各类服务项目的研发、拓展、策划、推介、培育、运营指导、跟踪服务、评估和管理。

哪些因素影响非营利组织的投标和竞标？一般来说下列几个因素对非营利组织投标会产生一定的影响：

第一，项目的领域和服务对象。一般来说，每个非营利组织都有自己擅长的领域和固定的服务对象，同时经过多年的积累也形成了自己的品牌，因此非营利组织一般会选择适合自己的项目投标。

> 机构有很多种类，比如流浪儿童项目出来，做养老的机构是不会去申请这个项目的。因为机构也会有自己的核心竞争力，自己的专业优势，它会去申请老龄这一块的项目。双方都会有一个选择，政府也有一个选择，它不会去邀请这样一个机构，机构本身也不会去投这样的标。在前期发展方向不是很明确的机构，在形成的过程中它会通过它的资源优势，如果拿这个项目的资源通道会比较容易，它可能会重点做这一块。但是到了一定的程度以后，尤其是运作了几年以后，基本上机构都形成了有自己特色的专业领域，它不会去乱投标，但是在这个时期，它也会纠结，比如说我是固守这个领地，那个领地我会不会去开拓呢？会有这种情况。它会去策略性地考虑，比如说我觉得项目跟原来的项目可能会有相连接的地方，它会去拓展一下。也有机构有这样的例子，它去扩展，后来发现跟原来的不太相符，它又收回来了。(访谈记录：DG2012 年 7 月 23 日)
>
> 一般会固守在擅长的领域，而且在擅长的领域做得越久，需求方对你的认可度也会越高，尤其一些公益项目招投标会很关注你的相关经验，你如果在这个领域做过很多项目，你就很容易拿到这个项目，你有说服力，而且你做的策划别人一看就很专业，如果你没有做过，别人就会质疑，“没有做过，你的专业支撑在哪里？”(访谈记录：AX2012 年 7 月 23 日)

第二，招标价格。招标项目有最高限价。例如深圳社区服务中心的最高限价是 50 万元，上海社区公益项目招投标的每个招标文件中也有最高限价。如前所述，价格是一个非常重要的因素，是评标的一个重要指标。那么，投标报价是不是越低越好？这需要辩证地看待。

是不是价格低的更容易中标呢？也有这个可能，但是也不一定，也要看它的标书，因为不然的话，价格越低，越容易中标，就变成恶性竞争了。本来公益招投标给到机构的已经很压缩了，很多费用没办法（再少了），里面行政费用要控制在10%以内，已经是比较少了，毕竟要去做那么多的事情也蛮难的。价格是一个方面，要整体看它机构以前做的同类项目经验的情况，这个机构的声誉，之前在业界的影响，另外要看它整个标书的情况。也要看这个机构跟社区（的合作经历），如果街镇下面自己评标的话它要看机构跟社区以前有没有合作过，它对这个机构了解吗，也可能有综合性方面因素的影响。（访谈记录：上海市PD区社区建设指导中心副主任，2012年12月19日）

一般来说，投标报价会低于最高限价。例如2009年上海社区公益项目招投标相比原有的直接拨款方式在一定程度上节约了公益金的支出。在已完成招标的项目中，中标金额比申报金额节约了256万余元，资金节约率达到6.04%。[①]

第三，从自身的角度考虑，有些机构有基础性项目或支柱性项目，这些项目提供基本服务或常规性服务。如G机构的基本项目是为禁毒人员、“三失”社区青少年服务，C机构的“社区共融”项目占机构总收入的50%左右。在基础服务或常规服务的基础上有些机构为了针对某些需求做深入和专业化的服务，它会去进行投标和竞标。例如G机构的“边缘家庭”关爱计划项目的服务对象是父母一方或双方为药物滥用、社区服刑、刑释解教或服刑的人员，子女为16—25岁青少年的特殊家庭；助困综合服务项目服务社区内的低保家庭，协助低保家庭重新审视自身困境，运用专业化、规范化的个案工作、小组工作和社区工作，提供符合低保家庭需求的项目活动。[②] C机构于2010年设立真新服务部，为在上海嘉定真新街

① 竺亚、章勇：《上海社区公益招投标工作情况调查报告》，载卢汉龙、周海旺主编《上海社会发展报告（2011）：公共政策与社会融合》，社会科学文献出版社2011年版，第287页。

② 《上海中致社区服务社2012年工作要点》，《中致季刊》2012年第13期。

道区域内提供基于社区的社会工作服务，该部门的主要服务对象是独居老人、残疾人、低保家庭儿童、外来人口，该部门成功投标的“阳光课堂——青少年教育”项目为真新街道范围内的贫困青少年提供艺术教育等社区服务；“夕阳互照——社区老年志愿者团队建设”项目通过提供心理咨询、情绪疏导、法律援助、医疗保健、团体活动和兴趣活动等，建立以低龄老人为主的志愿者队伍，服务于高龄老人、独居老人，建立社区互助体系；“半月君美——失能人士服务”项目为失能人士提供心理咨询、就业咨询、法律咨询和康复训练、社区关爱等服务，帮助失能人士改善生活质量，丰富精神文化生活，并且走出家门，融入社会。①

第四，一般不得重复参加投标。招标是有界限的，若是政府已经拨款的项目一般不会得到资助，上海市民政局就规定“投标组织实施的服务项目，已经获得政府部门的资金资助的不得重复参加该服务项目的投标活动”。②

第五，投标组织的专业社工数。上海社区公益项目投标组织的专业社工数不得低于管理人员总数的10%，③ 深圳市则明确社区服务中心应建立以专业社会工作者为骨干的运营团队，原则上应配置全职工作人员6名以上（其中注册社工应占60%及以上）。中心管理者或项目（部门）负责人，必须由专业社会工作者担任。④

第六，对投标组织数量的要求。如上海社区公益项目招投标中每一个服务项目应有三家以上的投标组织，如不足三家，评标时会适当提高评分标准。⑤ 目前，由于公益性非营利组织数量少，存在着竞标不足的现象。

---

① 上海乐群社工服务社：《上海乐群社工服务社2011年年度报告》，2012年。

② 上海市民政局：《上海社区公益服务项目招投标实用资料汇编》，2012年，第75页。

③ 同上。

④ 深圳市民政局：《深圳市社区服务中心设置运营标准（试行）》，2011年10月18日，深圳市民政在线（http：//www. szmz. sz. gov. cn/xxgk/ywxx/shxx/zcfg/201110/t20111018_ 1744115. htm）。

⑤ 上海市民政局：《上海社区公益服务项目招投标实用资料汇编》，2012年，第75页。

现在竞标不足是非常严重的，我们项目推出以后按道理必须至少要有三家组织参加投标，但是有时候独家投标是蛮多的，市里面原先比较苛刻，后来一看这个现状没办法，社会组织成长的一个现状就是这样，所以现在也允许独家投标的出现，但是也可以看到竞标不足呀，很多项目竞争还是不足的，这说明我们的社会组织的数量是有限的。（访谈记录：上海市PD区社区建设指导中心副主任，2012年12月19日）

第七，是否允许联合投标。有些招标项目允许联合投标。如2011年上海社区青少年事务办公室发布服务来沪青少年项目投标指南指出，允许联合投标，但必须确定其中一个联合方为投标的全权代表方，联合体各方必须在投标函上共同签字盖章和共同授权全权委托人。[①] 在深圳，从目前各区发布的社区服务中心项目招标公告看，一般不接受联合体投标。

第八，筹集资金和资源整合的考虑，以提高社工的待遇。例如G机构通过项目筹措资金，2008年底募集专项资金40万元，使各项目有了经费的保障。[②] 2011年共申报项目19项，实施16项，募得资金102.06万元。[③]

第九，政府采购项目实施行贿犯罪档案查询。2012年下半年，深圳市政府采购中心全面实施行贿犯罪档案查询，在政府采购项目招标中要求投标供应商必须提供由检察机关出具的《行贿犯罪档案查询告知函》，凡对查实有行贿犯罪记录的供应商，禁止其参与深圳市政府集中采购具体项目的投标，禁止参与办理供应商的注册入

① 《2011年服务来沪青少年项目投标指南》，上海社区青少年事务办公室网站（http://www.shyouth.net/html/shequqingshaonian/sqqsn_gyztb_zn/2011-06-03/Detail_114284.htm）。

② 上海中致社区服务社：《职业规划保障队伍稳定 以项目运作促进专业发展》，上海综治（http://shwomen.eastday.com/node2/node533/node534/u1a30000.html）。

③ 《上海中致社区服务社2012年工作要点》，《中致季刊》2012年第12期。

库，对已注册入库的供应商清理出库。[①] 目前深圳各区社区服务中心招标公告已经添加这项要求，这对投标组织提出了更高的要求。

## 二 委托项目承包

委托项目承包是政府、基金会、企业等资助者委托非营利组织向某些指定的服务对象提供服务。资助者提供经费支持，相应的，非营利组织则把这些任务和工作承包过来，按双方签订的合同或协议提供服务。这种方式一般适用于政府职能转移以及其他资助者有意向特定人群提供服务的项目。

能够参加政府委托项目承包的非营利组织及其服务对象有其自身的特点，主要体现在以下几个方面：

第一，目前这种方式在中国的非营利组织中大量存在，尤其存在于官办的非营利组织当中，在调查的案例中比较典型的是 G 机构和 F 机构。2003 年，上海市出台了构建预防和减少犯罪体系的意见，在全市层面上组建了三家民办非企业单位——上海市自强社会服务总社、上海市新航社区服务总站和上海市阳光社区青少年事务中心，并在试点区建立了工作站和社工点[②]，G 机构是由 2007 年整合的浦东新区上述三大机构下属的三个工作站组建的，成立之后承接了政府的相关项目。与 2007 年以前的做法不同，G 机构是按项目化的方式运作的。政府把相关职能部门的业务剥离出来整合打包给 G 机构，G 机构在《社会工作服

---

① 深圳市政府采购中心：《深圳市政府采购中心全面实施行贿犯罪档案查询》，2012 年 6 月 27 日，深圳政府在线（http：//www. sz. gov. cn/cn/xxgk/bmdt/201206/t20120627_ 1929394. htm）。

② 2003 年，《中共上海市委政法委员会关于全面推进预防犯罪工作体系建设的实施意见》指出：社团承担政府指定的服务项目，可获得政府购买服务的费用，用于与项目相关的开支。市禁毒办、市社区矫正办、市社区青少年事务办要帮助社团完善资金管理办法并按国家有关规定，对社团的资金使用实行有效监督。各区县政府购买服务费的资金数额每名社工每年暂定为 4 万元；各区县购买服务费由区县财政局拨付到区县综治办，由社工站按社团的造册名单及金额发放。支付社工工资并缴纳各项税金后的剩余部分用于本地区接进体系建设的相关支出。社团分别在各区县建立社工站，负责社工的日常管理、业务指导和绩效评估。见上海综治（http：//shwomen. eastday. com/node2/node528/node531/node552/u1 a10850. html）。

务合同》的框架下按合同约定从事各项工作。政府部门根据帮教服务对象人数和工作需要确定政府购买服务费，G机构自行决定项目经费的使用和分配，以及社工人员的薪酬待遇。[①] 再如F机构承接党建项目，运作了一系列受委托的打包项目，如居民区社工带教项目、新入职社工培训项目、入党积极分子培训项目、党史下基层项目等。[②]

官办非营利组织之所以能获得较多的政府外包项目，一是因为某类社会问题比较突出，影响社会和谐和稳定，传统做法的效果不佳，在这种情况下，非营利组织可以发挥优势和特长从事该项工作；二是因为政府尤其是基层政府面临着越来越多的社会事务，政府职能下移，都落地在社区里，而政府本身又不能扩张规模，按FY的话说，“编制控制得死死的，活又那么多，所以只好交由社会组织去做”，因此政府可以把它所掌握的项目交给非营利组织去做。

第二，非营利组织所服务的对象或工作领域不同于一般的社会弱势群体或领域，而是特殊人群。从社会学的角度来看，“特殊人群”主要是指需要再社会化或准社会化的人群，如社区矫正对象、社区吸毒者或潜在人群、社区失学失业失管的“三失”青少年，对这些对象开展工作需要获得政府的授权，政府或上级部门经过一定的规则、程序或形式，允许下一级单位或其他非营利组织从事原先政府承担的某些社会事务和提供规定范围内的社会服务，同时接受政府转让出来的小部分权力。[③]

① 上海市浦东新区综治委办公室：《预防和减少犯罪机制创新》，中国政府创新网（http：//www. chinainnovations. org/Item. aspx？ id = 26569）。

② 《上海浦东塘桥先锋社：承接党建项目的社会组织》，浦东党建网（http：//dangjian. pudong. gov. cn/pd_ djw_ djcz_ sqdj/2011—12—23/Detail_ 407734. htm）

③ 2008年6月1日起施行的《中华人民共和国禁毒法》第三十四条规定：城市街道办事处、乡镇人民政府负责社区戒毒工作。城市街道办事处、乡镇人民政府可以指定有关基层组织，根据戒毒人员本人和家庭情况，与戒毒人员签订社区戒毒协议，落实有针对性的社区戒毒措施。这条规定事实上确认了社会组织在不具备禁毒执法权的情况下，可以参与社区禁毒工作。实际上，无论在该法颁布之前还是之后，上海浦东新区中致社的禁毒工作主要是以社区戒毒和社区康复展开的。参见张钟汝、范明林《政府与非政府组织合作机制建设——对两个非政府组织的个案研究》，上海大学出版社2011年版，第109页。

第三，承接政府委托项目的非营利组织往往具有属地性，在所委托的区、街镇或社区里注册并开展工作，例如F机构和上海松江区YZ机构。由本地的非营利组织承接政府项目有以下几个方面的优越性：一是具有属地性的非营利组织往往较熟悉当地的情况，与社区建立了比较紧密的关系，获得了社区的认可，由它来承接委托项目能较快地开展工作，效率较高，工作成效往往也较大；二是政府部门往往具有地方主义的思想，不太乐意把经费给社区以外的组织。如E机构在松江区设立的另一个机构就是为了承接当地政府部门的项目，EB说：

> 那个机构在华东政法大学旁边，事实上我们本来不想注册的，但是领导有自己的私心，认为，你毕竟是JA区的，我不可能给你JA区的社会组织做，所以他就让我在那边又重新注册一个。事实上我是为全市服务的，我们是一套班子。那边100%的经费都是靠政府购买服务。
>
> 事实上那边就是一个分部，因为后来想购买服务了，让我注册一个机构出来的。我本来想用上海E机构松江××分社，但是，领导认为E机构在全国的知名度大家都知道是JA区的，够牢了，我再把钱给你……你懂的，中国的体制原因嘛！（访谈记录：EB2012年7月27日）

第四，机构的声誉、地位和在业界的影响力是影响非营利组织承接政府委托项目的一个重要因素。周雪光认为声誉制度的建立既是一个互为依赖又是一个地位分化的过程。① 目前中国的许多非营利组织经历了分化和同化的过程，成立较早的非营利组织往往在某个领域获得了广泛认可和接受，形成了一定的品牌。例如就C机构的老年社会工作来说，在机构发展的前期，没有政府资助，后来随着C机构自我发展及取得的成绩，赢得了政府信任，政府主动向C机构购买服务。2004年初浦东新区民政局向C机构新增购买20家敬老院的服务，

① 周雪光：《组织社会学十讲》，社会科学文献出版社2004年版，第264页。

2007 年 C 机构接受政府委托在新区开展少数民族专业服务。①

此外，在某个领域里面做得比较有特色的、比较专业化的组织往往能吸引政府的注意。

> 我从占比重最大的来讲吧，因为百分之八十几以上是来自基层政府——街镇自个儿购买。我觉得政府要干这个活的话有两个驱动力，一个是政府转移职能，第二个就是让它们知道有 B 机构这么一个团队或者有这么一个品牌，开始社工协会（上海浦东社会工作协会）在推动和倡导，慢慢我们自己也在发展，有一个口口相传，就是你做下来口碑、品牌啊还做得挺好的，街镇有越来越多需求的时候就会找到我们，或者从那儿（浦东社会工作协会）就了解我们。（访谈记录：BH2012 年 12 月 20 日）

第五，行业协会的牵头和推动。如上所述，在这方面上海浦东社会工作协会做了大量工作。协会成立时间较早，承接了一些服务项目，从事项目运作的时间较长，它的知名度比较大。政府有些部门要推进某项工作，先找协会，协会帮它找到合适的机构，在这种情况下协会通过连接政府跟机构的资源，推动机构承接委托项目。

第六，资金数额是影响非营利组织承接政府项目一个不可忽略的因素。例如有的街镇 10 万元以下的项目可能不需要多家组织的竞争，政府部门或街镇找到在某领域做得比较出色的组织，双方协商最后签订协议确定由非营利组织来承接委托项目。②

第七，对承接政府委托项目的组织性质和类型也有一定的规定和要求。能够承接政府委托项目的组织类型是社会团体、民办非企业单

---

① 刘小霞：《上海“乐群”：一个草根社工机构的观察样本》，《中国社会导刊》2007 年第 20 期。

② 如上海浦东新区《潍坊社区扶持社会组织发展的若干意见（试行）》规定：今后新增的社区管理和公共服务项目，其中，项目预算 10 万元以下的，由街道各相关职能部室或潍坊社会组织服务中心负责购买社会组织服务；10 万元以上的项目需通过公益招投标方式确定服务供应方。参见浦东公益网（http：//www. pudongnpo. org. cn/npostoreshow. php？pid = 171）。

位和事业单位，一般不包括以工商企业形式登记注册的非营利组织，当然在某些情况下它们也能得到政府的少量资助。例如J机构在2011年就曾得到政府5000元的资助。

## 三 公益创投——非营利组织视角

公益创投为非营利组织提供项目运作资金并帮助其提升能力。在上海市社区公益创投活动中，政府部门一般会发布社区公益服务项目的目录作为招投标项目的选择范围，有一些不在此目录范围内的项目可申报公益创投项目。BH举的例子为我们把握这两者的区别提供了较好的材料：

> 举个例子，某街道第二年委托了一个为老服务中心给我们，我们以前有了一两年的服务累积，我们发觉社区当中有一块是属于被社会所忽视的丧偶老人家，因为我们辅导的很多老人家都是经历到突然的丧偶之后没有办法调适，或者他（她）丧偶很多年依然会主动疏离人群啊，然后跟其他人的关系不好，其实危机很大，因为没有家人或者邻居经常的关心，陆续发生一些在家中意外死亡的事故，后来被媒体报道，造成了很大的社会和家庭的悲剧。因为政府一般委托它必须要做的几个实事工程，如助餐点、居家养老中心、日托中心或者为老中心，这是它传统资金类资助内容，但是特定人群尤其是暂时看不到有很大危机的人群，它不会来购买这些服务，后来我们发现这个需求之后，就通过创投的方式来做这一块人群。（访谈记录：BH2012年12月20日）

在公益创投中，非营利组织申报的项目应是上述公益金资助范围内的项目。此外，非营利组织参加创投活动还需要遵循如下活动规则：第一，参加公益创投活动的组织必须是非营利组织登记机关认定的公益服务组织；第二，参加公益创投活动的公益服务组织，必须实施该项目或者即将实施该项目；第三，上年度已经获选的项目，不得再参加公益创投项目的征集活动；第四，在同一年度的项目征集活动中，一家公益服务组织最多只能获选两个项目；第五，申报的创投项目的实施地点应当以上海地区为主，适当兼顾上海对口支援的地区，服务的对象应当以本市户籍的居民和本市常住人口为主，兼顾来沪务工人员的困难群体及上海对口支援地区的居民。[①]

深圳市也采用公益创投方式，公益项目以比赛的方式向社会呈现，吸纳社会资源与优秀项目对接。深圳公益创投项目包括“公益实施项目”和“公益创意项目”两类子项目，前者是已实施和正在实施的公益项目，后者是未实施或实施时间不足半年的公益项目。深圳市民政局对“二十强”和“十佳”项目根据其所募得的社会资金数量按一定比例提供资金配套。未获得“二十强”和“十佳”项目资金配套的入围项目，则纳入市福彩公益金资助项目库。各项目募得的社会资金进入深圳市社会公益基金会账户并由其监管，市公益基金会与项目资助方以及执行方分别签署定向捐赠协议及资金拨付协议，并对项目实施情况进行评估。[②]

## 四 主动申请项目

非营利组织有时会主动向资助机构提交项目申请书，以期望获得各资助单位资助。主动申请项目可以向政府和基金会提出。

### （一）向政府部门提出申请

政府部门按照工作计划实施某项社会政策，例如改革福彩公益金的使用方式，向社会征集公益项目，规定了申请项目的范围，但是没有标的，在这种情况下非营利组织可积极向政府部门提出项目申请，政府部门组织专家进行评审，确定获选项目并加以公示。例如深圳市“阳光家庭综合服务中心”项目由市妇联设计，向市社工办提出申请，经审核同意后由市民政公益金拨付专项资金。[③] 深圳市社会工作领导小组办公室曾经总结社工机构成功申请到公益金项目需优先考虑的几

---

① 上海市民政局：《上海社区公益服务项目招投标实用资料汇编》，2012 年，第 81 页。

② 向木杨：《深圳公益创投的实践与反思》，《中国社会工作》2012 年第 2 期（上）。

③ 刘朝辉：《“阳光家庭综合服务中心”项目运作情况汇报》，载深圳市社会工作领导小组办公室编《社会工作简报》2008 年第 7 期。

个因素：项目是否充分吸纳了社会资源；项目是否已经实际筹备和进行中；项目是否得到所在区域的主管部门、街道办事处、社区工作站等的支持；类似项目比较时经济成本较低的占优；项目要具有区域和领域的代表性等。①

### （二）向基金会提出申请

官办非营利组织和民办非营利组织多少都存在着对项目的“依赖症”，只不过依赖程度有所不同而已。民办非营利组织依赖严重，它们把某些项目资金称为“奶”，而官办非营利组织则借助于项目锦上添花，是一种额外的资金来源。这两类非营利组织与政府的关系远近亲疏不同，获得政府项目的数量也就不同。有些民办非营利组织往往被排斥在政府项目资助之外，不管是公开招标的项目，还是委托的项目，这使得它们不得不转而寻求“洋奶”——寻求境外基金会项目的资助。案例中J机构属于这种情况，它们主要通过向境外基金会申请项目的方式获得资助，如J机构的“蜗牛网”项目、“NGO支持社工实习和持续就业”项目等。近年来，非营利组织也得到了国内基金会的项目资助，缓解了其资金困境，推动了机构的发展。

国外基金会资助的项目同国内基金会和政府资助的项目还是有所区别的。

> 外国的资金我们用起来是相当灵活的，想怎么用就怎么用，但是你一定给他做报告，你最早的预算和最后的预算可能和实际是不符的，他能够非常理解。我们前段时间有几万美金，最早设计问题是用来做活动项目的，后来我们跟他说，国内资助方资助了我们这个项目，但是社保和公积金他们（国内资助方）不愿意资助，因为国内基金会很少资助这块的，我说我需要这笔钱用来给员工增加福利，他说，没问题。因为他们知道的，没有好的人是做不了好的事的，活动经费就这么多，没有给人员经费，没有优秀的人、没有专业的人怎么做服务？服务行业就要靠人，我来

---

① 深圳市社会工作领导小组办公室编《社会工作简报》2009年第3期。

为你服务对象提供服务就是最好的产品。（访谈记录：EB2012 年 7 月 27 日）

除以上投标机制和委托项目承包的影响因素之外，影响非营利组织向基金会申请项目的因素还有以下三方面：

第一，与基金会的信任关系是申请项目的前提。机构是否与基金会建立了信任关系是持续获得基金会资助的重要基础。

> 有的一开始只给你万把块钱，也可能一个月两个月给你一次钱，慢慢、慢慢大家的信任关系建立了之后，就不用每个月来考核你了，它可能以后一个年度或半个年度或一个季度（考核一次），在基金会模式里面包括企业里面，这是一个彼此建立互信的过程，它对你信任了，委托你使用它资助的一笔款项来做一个定向的服务，这个也是一种模式吧。（访谈记录：IS2012 年 12 月 24 日）

第二，机构的使命、理念、专业服务方向是否与资助机构相契合。不同的组织有不同的使命和理念，只有两者相互契合才有可能申请到项目。例如对基金会来说，它一般资助政府顾不到的，规模不是很大的群体，包括特殊儿童、脑瘫、自闭症这一类，如果机构正好是从事这个方面的服务就极有可能得到资助。

第三，机构的创办人或领导人的个人魅力以及良好的形象和社会关系网络能够成功申请到项目经费。例如 J 机构的孟维娜就是这类具有社会正义感和广泛影响力的领导人，一直能够持续获得国外基金会的项目资助。

## 第二节　非营利组织项目运作的策略

非营利组织为了尽可能地承接项目，实现组织的可持续发展及其他目标，它们在项目运作中采取了不同的对策、手段或措施，即采取了不同的项目运作策略。需要强调的是，策略不同于一般意义上的对策、手段或措施，它具有有效性、稳定性和普遍性的特征。①

## 一　根据组织战略进行项目运作

组织战略是组织发展的全局性方针政策，着眼于长远和未来。非营利组织运作的大多数项目都是短期性、非持续性的项目，显然不利于实现其战略目标，在这种情况下较成熟的机构就会对项目运作进行检讨，立足组织战略，致力于发展长期性的项目，注重项目的持续化。例如C机构的项目运作就开始注重承接持续性强的项目，CW说：

去年我们开战略会议的时候就发现了这样一个问题，就把一些非持续性的项目做削减，集中精力发展一些持续性的项目或服务。其实服务的话也可以说一种项目，但是它的服务的时间持续性更加长一点。调整之后去年年底我们的持续性的项目已经达到百分之八十几，这样的话对机构的持续性我不会担心，不会说没有哪一个项目我的机构就倒掉，我的选择余地就会比较大一点，我们在选择项目的时候就会有意识地放弃，但这个是由机构不同阶段造成的。因为真正在一个生存阶段的话有的时候就没有办法放弃。（访谈记录：CW2012 年 12 月 17 日）

## 二　动员员工参与项目开发和设计

对非营利组织来说，除了根据战略来运作项目之外，还需要动员组织成员参与项目的开发和设计。这是一个内部动员过程，是决定项目能否进入，进入后又能否成功的关键环节。由于项目是外在的且需要竞争获取，而要成功申请到项目不仅要有经济效率，要进行创新，而且还要真正地了解和把握居民的需求。动员机构员工参与项目，尤

① 康晓光、郑宽、蒋金富等：《NGO 与政府合作策略》，社会科学文献出版社 2010 年版，第 5 页。

其一线员工参与项目的意图就在于充分利用机构员工的聪明才智，把握社区居民的需求，开发出适销对路的项目来，另外则能起到锻炼员工、增强员工能力的作用。

> 一个呢是我自己想，另外的一个就是发动所有的社工。过完年以后2月份我们社工在一块聚会一下，讨论一下、说一下今年大家的计划，计划包括个人的，有的要减肥，有的要练瑜伽，有的要找个男人嫁掉，都可以。谈完以后要接着谈我们的项目，因为他们都在各个点上，负责了一些实际的工作，他们跟自己的直接服务对象有很多接触的，他去设计、去想，那天就会有头脑风暴，每个人都会说我会设想什么样的项目，每个人说了以后，其他人会有一些意见、建议给他。他们就会有很多的意见出来，出来以后，我就跟他们说，“你们回去写，写项目申请书，我会有一些项目申请书的模板给你们”，他们就会去写，写了以后再讨论。一般最多我会选两个项目，就是选他们当中两个人的项目，这个时候我就会更深入更有针对性地去督导他，怎么样写项目申请书，不断跟他讲，让他不断修改，最后那一稿我写，最后一稿我写完了以后，再去申请。如果这个项目申请到了，就交给这个人，由他全权负责这个项目，他会去接手这个项目的财务、其他同事安排，项目执行的过程都由他监督控制。在这个过程当中我一边做项目开发，一边在培养人才。而且在这个过程当中我会发现，其中有几个人特别有创意，但他不会写，另外有几个人特别会写，我就会慢慢去组合他们，让他们去搭配，一个想一个写，通过这样他们就会有一些项目开发的经验出来，接下来有做项目管理的经验出来，还有团队管理，因为不是一个人在做这个项目，需要同事配合他，最后的话因为经常会有这样的聚会，整个团队的凝聚力通过这个可以建立起来。项目开发一定不是某一个人单独负责的事情，它对机构来说有一个非常综合的功能在里面。（访谈记录：AX2012年7月23日）

在内部动员的过程中，如何设计出符合政府意图和满足服务对象需求的项目是机构负责人或项目负责人重点关注的事项。因为它关系到机构能否得到项目，而项目是与资金连在一起的。特别重要的是，在项目开发的主要环节中，员工相互协作并学习新经验，这样就既能提高员工宏观思考和写作的能力，也能增强员工的实务能力，从而达到获得各方资源、培养和锻炼员工能力以及服务于有需求的人群的多重目标。

## 三　项目的分化与整合

非营利组织成立的时间有先有后，规模有大有小，服务领域也不尽相同。但是有一点是相同的，即非营利组织总是想方设法来获取资源，而项目投标是目前最为重要的一种方式。对于发展较早并已有较稳定和持久资源的机构来说，它在申请项目的时候往往以现有的项目或服务作为基础或支柱，首先把基础服务项目化，并采用“项目—子项目化”的操作方式，在工作开展过程中深化服务，这是在机构内对服务作项目化的处理；然后把这些具体的任务和工作整合打包成子项目，对外到一些公开的平台上争取更多的社会资源。

> 比方说吧，对少数民族的定期探访、紧急处理、紧急支援，还有一些长期性的就学支持服务，这些很多都是属于基础服务的。但是我们会把一些需求提出来，专门做一个项目化的管理，这样的话，服务成效就比较明确。比如说我对这个少数民族青少年服务有一个入学适应和学习支持服务，这样前面怎么做后面怎么做就比较明确。
>
> 第二个呢就是说我把这些子项目打包出来，然后它就成了一个外向型的项目，然后会到公开的平台上去寻求一些社会资源来注入，大的项目层面我还有一些其他子项目，我还可以不断打包，在外面争取资源。这是我们持续化项目管理的一个理念，就是大项目里面套小项目，小项目的话可以争取其他资源，然后做增值附加服务这样一个操作。（访谈记录：CW2012 年

12月17日）

以上所说的“项目—子项目化”的操作方式其实是一种项目分化机制，是在大的项目里面生长出小的项目来，这样的话可以起到以下几个方面的作用：

一是如CW所说实现服务的专业化或所谓的“增值服务”，这里的增值服务是针对原有的项目内容或是针对原有的资源投入而言的，这些项目设计并没有包括在原有的项目中，更不用说有相应的资源投入了。在这种情况下想要做一些专业化的服务需要额外的资源，可以针对原有服务人群的新的或特殊的需求来设计项目并进行投标申请。例如C机构“社区共融”项目社工就成功申请了2011年上海社区公益创投项目的基金，运用社会工作的专业方法和理念，采用社区照顾模式，以健康体检、心灵驿站、生日派对、建立社区支持系统等活动内容，以满足社区侨胞侨眷独居或空巢老人不同层次的需求。①

二是增加经费或弥补人工费用，提高社工的工资和福利待遇。政府购买服务都有一定的标准，特别是对于人员费用控制较严，不少社工机构在参与招标和创投的过程中发现这两个平台都是没有“人员工资”的，投标书中的财务预算不能出现工资，大部分的预算必须是活动经费。对于一些享受政府补贴或者收取会费的社会团体而言，这种政府购买服务是原有服务内容的延伸和补充，是否有“人员工资”不是问题。但是对民办社工机构而言，这样的预算是无法收支平衡的，与此同时10%的管理费对于小规模的社工机构而言，也难以支持行政支出。为此，相当一部分小型社工机构都在生存的边缘苦苦挣扎。②CW、BH和IS都意识到政府购买服务项目的人工费用都有一定的标准，这个标准往往滞后于真实的人工费用需求，是一个最低的成本，而且员工工资待遇一直很低的话，会受到很大的外部人才竞争的压

① 赵雅萍：《“耆乐安居”归侨侨眷社区支持行动项目介绍》，《乐享共融》2012年第2期。

② 陈蓓丽：《上海社工机构发展之制度困境及发展路径研究》，《华东理工大学学报》（社会科学版）2011年第4期。

力，往往留不住人。所以会有一些持续性项目、综合性项目或实体性项目，然后再开展子项目、专业性项目或增值性项目，争取更多的资源，提高员工的工资和福利待遇。

> 这样的话也等于是一举两得吧，一个是对我的项目服务来说可以有更多的资源，然后做更好的事情；还有一个对本身来说，政府购买项目他们对于人工费用都是有一定的标准的，这个标准也往往滞后于这个真正人工费用的需求，还有我们相应的人工费用现在也受到很大的外部人才竞争的压力，我们对这个不断上涨的人力成本也蛮难覆盖的。所以我们就会有这样的持续性的项目然后开展子项目的做法，属于一举两得的做法。（访谈记录：CW2012 年 12 月 17 日）

三是实现综合性项目与专项项目的相互转化，以争取更多的外来资源。折晓叶和陈婴婴在研究社会工程项目的时候提到国家部门的发包和地方政府的打包，国家部门发包的项目是专项的，因为是财政专项转移支付，专款专用，而地方政府根据配套资金的规定进行打包，加入了自己的意图，把项目变成一个综合性的项目，国家项目经历由专项项目向综合性项目的发展。[①] 在非营利组织项目运作中，专项项目和综合性项目是并存的。从政府部门的角度，纯粹地看不存在由专项项目向综合性项目的转化。例如在上海，项目的范围、项目的名称、受益对象、项目目标、项目服务主要内容等都已经被明确地规定好了，它体现在 23 个菜单中，街镇和区民政局只能在 23 个菜单中做选择，没有多大的自主余地，专项就是专项。但是从社会工作机构的角度看，就会存在专项项目与综合性项目的转化问题。例如 C 机构运用“项目—子项目化”的运作方式，把一个大的综合性项目变成一个个专项的项目来投标、创投申报或者向基金会申请项目。这是化整为

---

① 折晓叶、陈婴婴：《项目制的分级运作机制和治理逻辑：对“项目进村”案例的社会学分析》，《中国社会科学》2011 年第 4 期。

零的策略。而在深圳，专项的项目较少，综合性项目会越来越多，综合性项目也可以转变成专项的项目，就是在社区服务中心项目的平台上来申请各种资金为某类群体提供服务，如“阳光妈妈”项目就是一个专项项目。

## 四 项目的经营与滚动

社会工作的一个特点是能充分整合资源，这种资源的整合不限于为服务对象建立支持系统，而且还涉及更大范围和更高层次的资源的筹集和整合。非营利组织项目运作就是一种整合资源的方式，有机构的负责人将它称为“经营和滚动”。这与政府部门推行的福彩公益金项目资助的思路是一致的。

> 实际上我们现在项目的运营有点像财政方式，给我多少花多少，好在我给你花完就行了，它不是用经营的方式去考虑怎么滚动，我能把这个50万的项目滚动上100万，滚动上200万，甚至我能滚动上500万的项目，这样这个项目就完美了。你要让政府大包大揽地去做，永远做不到的，就是政府指定给你多少钱，你就做好这个服务，这个项目永远积累不了。我是希望将来这样做，我其他的中心也在这样做，当然这个滚动还要考虑到当地政府的态度、企业的资源，我在这边（南山区招商街道办事处花果山社区服务中心）就比较顺，可能在别的社区的项目就需要不断地游说才能改变，但是也已经有苗头了，也已经有比较好的，比如说我去游说基金会、游说福利彩票，给我们机构办不是比个人办好吗？我们机构办福利彩票站，那我们的收益用于服务不更好吗？所以我们今年就争取了两个彩票站，哪怕每年有10万20万的收入，你就算把它消化在人力成本上我也解决一些社区的低保家庭再就业的问题。（访谈记录：IS2012年12月24日）

## 五 通过项目培育和孵化机构

通过项目培育新的组织，按照需求稳定、项目成熟、队伍得到锻炼的标准及时申请注册成立社工机构，D机构就在走这样的道路，机构通过项目化运作方式，孵化了若干“乐”字牌社会服务机构。2006年下半年，D机构运作了“乐耆”项目。2008年5月，该项目成功注册为民办非企业单位。之后，D机构还运作了“乐家”、“乐爱”等项目，在项目运作机制成熟的基础上，相继成立组织，并逐渐形成“乐”字牌社会服务机构的规模效应和品牌效应，在社会上产生了重要影响。①

通过项目培育和孵化机构与下文要谈的到异地开办机构不同。到异地开办机构通过承接其他城市的项目，走集团化发展道路；内部培育则是以现有项目为基础，有现有的团队，工作开展了一段时间，相对容易上手。从这里可以看出组织的不同部门其实就是一个一个的项目部，都围绕各自的项目开展工作，独立性较高。这与企业的流水线不同。工厂根据加工一件产品即从原料到最后的成品的工序来设置部门，如铸造车间、加工车间、包装车间等；而社工机构部门设置则是根据项目或服务对象来设立的，每个部门面对的服务对象不同，所面对的外来的购买方或资助者不同，对服务的成效或结果的评估也不同，所以具有较高的独立性，正是因为如此，不同的项目组可以脱离母体而生存和发展。

那么社会服务机构为什么要这么做呢？可以从以下几个方面来探讨：

第一，IS提到社工机构规模大小的优缺点，对社工机构来说规模大表明人员多，人员多，人力成本就高；人力成本高，机构和领导人的负担就重，压力就大，这是一个方面的理由。

> 我是希望当一个开化的老子，到结婚年龄你就娶妻生子、出门就行了，你就该嫁嫁出去，该娶娶回来，我不希望一拖拖上三五百个人，看着好像挺大，但是实际上作为一个三五百个人的组

① 彭善民：《由外及里：社会工作行业协会的认同发展探微——以浦东新区为例》，《福建论坛》（人文社会科学版）2011年第12期。

织，你知道成本有多大，这种压力有多大。所以前两天在北京开会的时候他们聊起来大小的问题，我说我不贪大，我也不认为那个500人的机构就是大机构，反倒是它做的服务未必有我做得多。（访谈记录：IS2012年12月24日）

第二，机构规模大，就需要划分不同的层次，设置不同的部门，机构就可能变成一个庞大的科层体系，就会存在很多的弊端。如层次间和部门间的协调任务重；计划和控制较为复杂；管理费用升高，降低了管理工作的经济性；信息交流不畅且容易失真；整个组织的决策民主化程度不够；管理工作的效率也会降低。而有机式组织和扁平型的结构有更多的优点：节省管理费用开支；高层领导层可以较容易了解基层情况；有利于促进基层管理人员的成长；有利于提高决策的民主化程度；纵向沟通联系媒介缩短，可以加快信息传递速度并减少信息失真。① 正是通过剥离成熟项目的方式使得机构保持一种有机式和扁平型的组织结构，有利于适应快速变化的环境，提高服务效率。

第三，可能与机构负责人的理念有关。例如有的领导人坚信，社会服务要随着社会发展而分化，小型机构会越来越多，而大型机构则不宜过多（如IS）。而有的负责人则倾向于把社会服务做大做强，占据一定市场份额，不同的取向就会有不同的项目运作行为。

所谓社会组织的“大”或者说有实力的话。第一，专业性要强；第二，它要有统筹资源的能力。这个东西不一定说我做，比如说我现在能够统筹5000万资金来，我也可以逐步地让我的项目团队独立地成为一个组织或者项目运作的一个机构，把它们逐渐地都养成这样一个专业性的机构，不是说我像老母鸡抱小鸡似的把它们都拢在怀里就叫“大”，实际上这个概念是不对的。（访谈记录：IS2012年12月24日）

① 陈为雷：《社会工作行政》，中国社会出版社2010年版，第216页。

### 六　实施走出去战略，到异地开办机构并承接项目

当前社工机构越来越多，但政府购买服务的规模不能满足日益增长的机构的需求。现在许多机构感觉到了面临的压力。面对这种情况，早期成立的机构开始转变战略，到外地拓展业务，从而得到了不少项目。例如，H机构、I机构就是这样做的。

> 我们H机构从2009年开始就在调整我们的战略，感觉死守着深圳这个地方的话空间越来越小，由于机构越来越多，政府每年购买服务也是有限度的。机构越来越多说明机构发展受到的限制会越来越多，早期只有几家机构的时候，政府购买服务反正也没有过多的人去承载这种服务，早期还感觉轻松一点。但是从2009年、2010年开始就感觉竞争越来越剧烈，所以从2009年开始我们H机构就提出来调整我们的战略，走出去，在立足深圳的基础上走出去发展，到外地去拓展，所以在2009年我们在广州就开办了一个独立法人的广州市明镜社工服务中心，这个机构在广州也算是成立比较早的，算是广州的第一批真正的民间专业社工机构。在广州目前发展的势头还不错，也得到了好多项目。
>
> 我们在广州一共承办过六个街道家庭综合服务中心，这种模式相对来说就比较简单一些，模式比较简单，资源比较充足，它把整个街道的所有资源全部集中到这个家庭综合服务中心来了。（访谈记录：HY2012年12月26日）

## 第三节　非营利组织项目运作的多重逻辑

中国的非营利组织成长发展的时间相对国外非营利组织来说要短得多，所处的环境也与西方不同，尤其是政府购买或资助非营利组织还没有上升到法律层面上，非营利组织普遍面临着资金短缺和制度约束等困境。在这种情况下，非营利组织既要力争在环境中生存下去，又要努力实现自己的使命，它在项目运作中就会体现出多种目标和意

图，即多重逻辑。根据调查的案例来看，非营利组织项目运作的多重逻辑主要有以下几个方面。

## 一 项目运作中要“使命”还是“活命”

每个机构都有其存在的使命，它是对“机构为什么存在”的回答，即使命说明了组织存在的理由，是最广泛和最普遍的计划形式。[①]机构的各项工作都围绕使命开展，以实现机构的使命。项目运作是一种实现机构使命的手段，在某些情况下机构却可能首先顾及自己的生存，把项目运作当作使命和目的，这就会存在项目运作中要“使命”还是“活命”的两难选择。一些机构的负责人是这样说的：

> 可能会影响机构的一个问题是什么，是要使命还是要活命，可能没有钱的时候大家都想着先拿到钱做，事实上开始我们机构也这么经营。人家会说，你们现在可能有钱了，你们腰杆子硬了，敢讨价还价，不要钱了。我说，不，我也是这么过来的，我也是在这么一个土壤里面生长出来的。（访谈记录：EB2012 年 7 月 27 日）
>
> 我们很多机构相应都比较草根，就意味着我们背后没有企业、财团、企业家这样的支持，这得看我的收入跟支出了，我的收入跟支出能够处在一个可控的情况下，我会选择更能实现我的价值理念的一些项目，有的机构会面对今后的生存可能有问题的时候会有一个饥不择食的阶段吧。（访谈记录：CW2012 年 12 月 17 日）

那么是不是仅仅为了“活命”而去做某些项目呢？这也需要考虑自己能不能做得了，否则可能会适得其反。

> 最近有一个项目，100 多万，因为我现在不分管他们，从前的社工

① 陈为雷：《社会工作行政》，中国社会出版社 2010 年版，第 124 页。

跟我讲，我说，A机构不去接这个项目，A机构要接这个项目就死掉了，这个项目看起来有很多钱，100多万，但会把A机构做死掉，因为A机构没有这个人力和能力去做这个项目，还好后来A机构没有去竞标这个项目。因为它的要求不是这几个社工能做得了的，而且A机构本身就有很多很多项目，所以你要有一个判断，做还是不做，做哪些？（访谈记录：AX2012年7月23日）

当机构渡过最困难的时期、能够在环境中生存下去的时候，机构的项目运作策略就会随之调整，就会更加偏重于使命的实现。

不管是政府委托还是我们申请肯定是按照我们机构的规划来做，我们的项目不可能是政府要我们做什么我们就拿来做，我们要看机构的使命和愿景跟不跟它符合，如果跟它符合的，我们还是有取有舍的。有些东西该不要的就不要，因为大陆本土的草根组织，它的人数有限，精力有限，能力也有限，如果政府让你做什么，你什么东西都去开一个领域的话，可能你什么做得都不专业。我们机构的发展方向是小而精，专业，特别是在艾滋病领域你不可能什么东西都做，而且它这个专业是比较局限的，比如说你做艾滋病的，就只能做跟艾滋病有关的，我现在的社会企业也是，跟健康理念有关的、生殖健康、计划生育还有艾滋病，都是这一系列的，我不可能去做一些其他的领域。（访谈记录：EB2012年7月27日）

此外，有的机构在项目运作中会碰到一些潜规则，在这种情况下机构坚持自己的理念和使命是至关重要的。

甚至有的时候我们也选择政府，PD区有很多街道，一圈做下来之后我觉得这个政府很难合作，甚至它还有潜规则，违反我的社工伦理，那我以后不会跟它合作，哪怕它请我去做项目，我也不去做。这样的话，你自己要有底气，你能够保证自己的生存，你就可以有选择。我觉得社工至少为了这个专业、为了这个职业的话应该有出息一点、有骨气一点，不能为了那个钱，为了那个项目去做这个事情。

刚才我说到潜规则，那后来我们项目结束后就不会再跟这个政府去合作了。前边我会告诉他，我这个项目经费里面本来就没有设计平白无故地给你经费的，如果你们协助我们的工作作为志愿者参与的话，是有志愿者费用的，这个是可以的，一定是名正言顺的。否则的话，我还有第三方来评估呢，还有财务审核呢，我怎么办？所以无论从哪个角度上讲都不可能直接答应你，至于你高兴不高兴，以后项目给不给我做，那是你的事情，我将来也不会选择在你这边做项目。我觉得在我们社会工作或社会服务发展初期的话，一个机构也应该选择适合它生存的土壤。（访谈记录：AX2012 年 7 月 23 日）

## 二　组织的核心竞争力与项目承接

什么是核心竞争力？核心竞争力是组织中的集体知识，尤其是如何协调多种多样的生产技术以及把众多的技术流进行整合。① 从非营利组织服务提供的角度看，机构的核心竞争力就是隐含在服务中的知识和技术，或者知识和技术的集合体。核心竞争力是需要不断拓展和深化的，要有特色，还要别人没有做过或者含有相当高的技术含量。当然还是围绕着机构的使命去拓展，不是什么项目都可以做。

我的核心竞争力是什么，都是男同（男性同性恋），我的男同是什么，青年的男同，青少年，这就是我的特色。现在上海没有人做这一块的，我专门做这一块，我不是什么都做。上海艾滋病这一领域有点行当，它不像其他地方，其他地方可能什么都做，大而广，上海只做一样，上海生活成本太大，大而广什么都

① Prahalad C. K., Hamel Gary, "The Core Competence of the Corporation", *Harvard Business Review*, 1990, No. 68 (3). 转引自徐阳华《企业核心竞争力研究综述与前瞻》，《华东经济管理》2005 年第 11 期。

做不了，你势必去竞争，比如说有四家机构，竞争到后面，一家成功，三家饿死。如果你做你的特色，我做我的特色，大家都能活下来。比如说我做青少年，有人做老年，有人做感染者，各种势力都是很均匀的，不存在所谓的恶性竞争。（访谈记录：EB2012年7月27日）

## 三 提高员工的报酬

不管是G机构、C机构还是I机构，由于政府的项目经费是保底性质的，主要用于人力成本上，所以社工的工资不是很充裕，可能达不到社会平均工资水平。正是因为如此，工作经费、活动经费等显得捉襟见肘，社会服务机构需要通过项目合作的方式到外边去募集经费。（参见第115—116页相关论述）社会服务机构的负责人如是说：

否则的话，你靠政府购买服务，这些社工的工资永远涨不上去，涨不上工资就没有动力，慢慢做个三年两年他就走了，也就是说我们这个队伍永远是新人，永远不会有老人，或者永远不会有核心的人物出现，所以你要把他们留下来怎么办，你要创造不同的机会，引进不同的资源，让他们有机会，其中一个是收入上能增长。（访谈记录：IS2012年12月24日）

对我来说，理想状态是，负责项目设计的这个人，可以拿到国外的经费，作为绩效的一个鼓励。这样的话，可以推动机构的发展。我觉得项目开发是很重要的一个机构管理的工具，它一定不是依靠单个人专门做项目开发，我是这么理解的，可能有的机构不是这么理解的。（访谈记录：AX2012年7月23日）

## 四 提升服务的专业化水平

对于综合性服务项目或实体性项目来说，机构开展的服务比较固定。如深圳市社区服务中心的服务内容有39个大项，机构的服务范围是限定好了的。在这种情况下，有的机构强调在综合服务的基础上进一步强化某个领域的服务，以提升服务的专业化水平，这样就可以争取政府部门和有关单位的自有经费。

> 比如说有些系统有经费，有单项经费的话，它也可以资助你这个家庭综合服务中心，你再给我强化这一块。比如说青少年服务，本来我这个家庭综合服务中心就有青少年服务，青少年服务按照传统的体制来讲属于团委系统，共青团委系统也想做自己的一些品牌，它也在做服务，共青团委要在我这个街道这个家庭综合服务中心想强化青少年服务，想做一个共青团系统的一个品牌吧，可以采取合作的方式，团委把资金投放进来，我这个地方给你增加人手，强化这一块的服务，这种模式。比如说司法，像社区矫正这一块，街道的司法所想要强化你的社区矫正服务的专业性，打造品牌的话，你可以把你的资源放进来，跟社工合作，跟家庭综合服务中心合作。这种模式总体来说资源整合度比较高，而且社工的专业化程度比较高。（访谈记录：HY2012 年 12 月 26 日）

## 五　整合资源

整合资源包括整合组织内部的各种人力资源和外部的各种资金资源，前者通过组织结构的调整或重组来承接项目，后者则以现有的基础项目或实体项目为平台来吸引各种资源，以此增强组织的实力。

I 机构以社区服务中心为平台争取基金会的项目，并成功地承办了福利彩票站，实现资源的滚动和整合。C 机构在发展过程中经历过几次重组，2004 年初 C 机构根据自身状况和实践发展要求，对服务项目进行了重新调整，由最初比较分散的七个部门缩减为两大部类：青少年社工服务部和医务长者社工服务部。2010 年 1 月，“真新服务部”（以下简称“真新部”）正式成立。目前 C 机构设有长者部、真新部、青少部、社区部和城郊部，为青少年、老年人、社区及家庭服务，承接公益性项目等。C 机构项目调整是实践的需要和选择，它更有利于整合组织的资源，促进组织成长。为了更好地为服务对象提供服务，C 机构的项目团队也注重外部资源整合，为项目服务注入资金和志愿者等资源。2011 年，成功申请了“喜乐融融”来沪少数民族青少年社会融入项目及“零伤害有情天——青少年参与社区”项目，获得上海市青少年事务办公室及共青团上海市委资金支持，2011 年 12 月，向上海社区公益创投大赛申请的“耆乐安居”项目获选。

## 六　短期性项目或长期性项目的选择

许多非营利组织致力于寻求长期性和可持续性的项目。什么样的项目是可持续的呢？一是它的需求长期存在；二是有服务的载体，是实体性的服务，如深圳市推广的社区服务中心；三是有稳定的资金来源渠道，能得到政府的长期支持。长期性项目是非营利组织乐于承接的，易于实现机构的使命和宗旨。

> 我希望这个项目哪怕轮四年我都开心。我实际上现在需要这样的项目。所有的项目来了以后有一个可持续性，对我来讲我心里就有底了。所以政府部门的事情你要想办法把它挖出来，它就没法收回去，另外它的工作每年都是要做的，是常规性的事情，因为它要总结经验，去年做了今年不做，过去领导做了，新的领导怎么不做了？是吧。一个带教，今年又做了，一带带三年的。(访谈记录：FY2012 年 7 月 23 日)

由于目前非营利组织运作的项目大多是短期性的项目，在这种情况下，非营利组织就要做出选择并平衡好短期性项目和长期性项目的比重，而这对于非营利组织来说有其特定的思考。

> 有的时候我们同事也会反映说做了很多项目，但是我不知道我到底做了什么东西。有的项目是很不持续，今年做了这个，明年很难把它积累下来。如果前面说的我本身有个大项目，那今年我做了这个探索之后，觉得确实好、确实需要，实在不行，我项目支撑也可以把它消化掉，把它作为我们新增加的基础服务，或者说我可以采用一些其他的方式来操作这种服务。但是有一些项

目连基础团队都不存在，这就很困难，因为明年我的项目没有资助了，我的团队的基础支持就没有，明年可能不得不换一个其他类别的项目，这样对项目操作人员挫败感蛮强的，因为他很难看到积累。最好来说有一些持续性的基础服务，这个是我们能够长期达到的效果，然后根据这样一些不同的特殊需求我可以有一些增值服务，这才是项目积累的一个基础。但是反过来的话，就像“皮之不存毛将焉附”，这个时候我们就会考虑说到底这样做是为什么，就不见得会做上面这个“毛”类别的项目，我们做这个对我们的优势的发挥并不是很厉害，而且真正跟我想做的也不是很契合，可能我会把它推介给其他更加合适做这个项目的机构。（访谈记录：CW2012 年 12 月 17 日）

在这种情况下非营利组织可以把短期性的项目看作一种探索，看作对某个领域服务的深化，即使第二年没有得到资助也可以用基础性的服务项目来消化掉。而对有的非营利组织来说它可能要考虑短期性的项目是否对其基础性服务或支柱产业有所帮助，若没有帮助它可能就放弃掉了。

首先要确保这个项目的可持续性，就是发展的，我们承接这样的项目是最好的。要看项目本身，本身项目是可持续的、可发展的、长期的，机构就是稳定的，这是从机构本身来说。如果项目本身是短期效应的，是短期的，要看这个项目对我们原来的大项目——支柱产业是有益、有帮助的，有益的我才去承接的，如果是短期的对我的支柱产业是没有帮助的，我就不去承接，就放弃。比如说 2007 年刚刚成立的时候，我们就去试一下我们的专业的实力，去竞标了一个少数民族的项目，竞标也成功了，但后来我们权衡下来，因为我们刚起步，自己的支柱项目这一块是优先的，所以我们放弃了。那个项目也是蛮大的，民政局优抚处也觉得很可惜的。（访谈记录：GZ2012 年 7 月 25 日）

## 七　非营利组织项目运作中存在的问题

从调查来看，目前非营利组织在项目运作中可能存在以下两个问题：

### （一）目标置换

值得注意的是，上述社会服务项目制所持的提高服务效率和质量，普惠社会服务的基本精神，在项目申请、招投标、委托过程中却可能产生了相反的效果。一些机构负责人谈到机构初期对项目不加挑拣，“饥不择食”，以拿到项目资助为目的，在政府购买服务不能以质论价的情况下，就可能出现服务机构的“目标置换”：机构首先追求完成考核目标，而服务目标可能会被置于次要地位。[①] 这一点可能是项目制的通病。例如张静指出，因转移支付、项目配套、考评奖励等措施的启用，项目制加速形成了上下级组织之间以获得资金为目的的“经济关系”。折晓叶也指出，项目成为拉动地方经济发展的活力细胞。[②] 这些都偏离了项目本身的福利取向。

### （二）员工超负荷工作

岗位购买、按人头购买会造成人浮于事的情况，而项目化运作、市场化运作会不会造成因节省人力成本而带来人员负荷重的问题呢？从调查来看，社工超负荷工作的问题是值得关注的。为什么会存在这种情况呢？这可能是由于以下几个原因造成的：一是一些官办非营利组织面对大量的服务对象，工作任务重；二是一些民办非营利机构像企业一样运作，制定了筹资考核指标，给员工造成了很大的压力；三是由于项目制本身造成的，即效率逻辑导致的。在社会服务项目化运作过程中，机构往往注重绩效，同样一个标的，同样的一个任务，任务完成了，用多少人是机构自己的事情，可能激励机构少用人，多做

---

① 王思斌：《政府购买服务与加强社会服务评估》，《中国社会工作》2012 年第 8 期（上）。

② 转引自渠敬东《项目制：一种新的国家治理体制》，《中国社会科学》2012 年第 5 期；张静《政府财政与公共利益》，载周雪光、刘世定、折晓叶主编《国家建设与政府行为》，中国社会科学出版社 2012 年版，第 217—237 页；折晓叶、陈婴婴《项目制的分级运作机制和治理逻辑：对“项目进村”案例的社会学分析》，《中国社会科学》2011 年第 4 期。

事，这跟原先的岗位购买是有区别的。此外有些机构可能会充分挖掘机构内部员工的潜力，鼓励员工参加各种项目开发活动，一方面可能提升员工的能力，另一方面也可能给员工带来更多的工作负担。

## 本章小结

非营利组织承接项目的方式可分为公益项目投标和竞标、委托项目承包、参加公益创投和直接申请各种项目。对官办非营利组织来说可能承接政府委托承包项目、参加公益招投标和创投；对民办非营利组织来说则主要凭实力及声誉去承接政府及社会的各类项目，其中一些民办非营利组织由于很少得到政府的项目和资助，它们主要向国内外基金会申请项目资助。

非营利组织所处的发展阶段和成熟程度不一，它们所采取的项目运作策略也不尽相同，总结起来有如下几种：根据组织战略进行项目运作；动员员工参与设计项目；“项目—子项目化”的操作方式与整合打包子项目以争取外来资源；以现有的项目为平台或基础进行项目的经营与滚动；通过项目培育和孵化机构；实施“走出去”战略，到异地开办机构承接项目等。各种项目运作策略都有其合理和有效之处，运用得当可能承接到各类项目。

非营利组织项目运作的策略不尽相同，也就表明项目运作的逻辑和目的是多重的，它们包括处于初期发展阶段的组织承接各种项目以使组织能在环境中生存下去，“活命”的考虑可能占优，随着组织的发展，项目承接则主要是为了实现组织的使命；强化核心竞争力；提高员工的报酬、留住人才；提升服务的专业化水平；整合组织内部和外部的资源；在短期性项目与长期性项目之间做出选择和平衡等。

# 第六章

# 项目运作的制度和规则体系

政府和非营利组织的项目机制、策略和逻辑嵌在一定的社会制度和社会结构中，这里我们把社会制度和社会结构理解为与项目运作有关的制度和规则体系，下面首先论述项目制度和规则的性质、类型和功能，然后进一步分析不同类型的项目制度和规则及其与项目运作的关系。

## 第一节　项目制度和规则的性质和功能

### 一　制度与规则

制度和规则是两个不同的概念，既有区别也有联系。

(一) 制度的含义

英语 institution 一词有三个方面含义：(1) 机构、组织；(2) 习俗、风俗；(3) 创立规则，创建社会。① 社会学家对制度的解释也不尽相同，一些社会学家把制度看作已建立的行为方式，这些行为从简单的日常行动到社会制度的大型部门中支配各个角色之间关系的非常复杂的标准化程序。另外一些社会学家则认为制度也包括结构，也许还包括物质因素。这些社会学家认为，要使行为同做出行为的群体以及群体所使用的物质材料分离开来是很困难的。由于注重结构而不是行为，像医院或公立学校这样的组织就会被说成一种制度。②

---

① 郑杭生主编：《社会学概论新修》(第 3 版)，中国人民大学出版社 2003 年版，第 252 页。

② [英] G. 邓肯·米切尔主编：《新社会学词典》，蔡振扬等译，上海译文出版社 1987 年版，第 176—180 页。

经济学家在界定制度的含义时，也存在着类似的情况。一些经济学家认为制度概念包括组织的含义。如美国经济学家舒尔茨就把合作社、公司、学校等看作制度。① 另一些经济学家则认为制度应该是博弈的规则。如美国经济学家诺斯认为："制度是一系列被制定出来的规则、守法程序和行为的道德伦理规范，它旨在约束追求主体福利或效用最大化利益的个人行为。"② "制度是一个社会的游戏规则，更规范地说，它们是为决定人们的相互关系而人为设定的一些制约。"③

事实上，一定的行为规则总是与某种特定的社会活动、社会群体或社会组织相联系，提到社会服务制度，我们就会想到各种服务机构以及服务人员和服务对象；提到医疗制度，我们就会想到医院、医生、护士和患者。可以发现，服务机构或医院这种组织方式本身，以及服务人员与服务对象或医生和护士的活动方式都是服务制度或医疗制度中的某些规则的体现。组织方式、活动方式的变化体现了制度的变化，制度的变化会导致组织方式和活动方式的变化。因此，本书对项目运作的制度分析借鉴了社会学和新制度经济学家的广义制度概念。制度既包括人们在社会生活中形成的，并能够体现为人们的行为模式和社会关系模式以及与之相关的规则的复合体，也包括社会结构和社会组织。

### （二）规则的含义和类型

规则是制度的要素之一，那么什么是规则呢？关于对规则的理解，主要有两种，一种把规则理解为规范，另一种则认为规则体现着方法性程序。

1. 规则等于规范。美国社会学家科尔曼从权利的角度来界定规

---

① T. W. 舒尔茨：《制度与人的经济价值的不断提高》，载［美］R. 科斯、A. 阿尔钦、D. 诺斯等《财产权利与制度变迁——产权学派与新制度学派译文集》，刘守英等译，上海生活·读书·新知三联书店、上海人民出版社 1994 年版，第 251—265 页。

② ［美］道格拉斯·C. 诺斯：《经济史中的结构与变迁》，陈郁、罗华平译，上海生活·读书·新知三联书店、上海人民出版社 1994 年版，第 225—226 页。

③ ［美］道格拉斯·C. 诺斯：《制度、制度变迁与经济绩效》，刘守英译，上海生活·读书·新知三联书店 1994 年版，第 3 页。

范，他认为，规范存在的条件是社会认定对规范涉及的各种行动进行控制的权利，不是由行动者掌握，而是由行动者之外的其他人掌握。从科尔曼对规范的定义可以看出，他所说的规范就是行为的标准，只不过这种标准的制定不是由行动者自己确定，而是由行动者之外的其他人掌握，或者说是由行动者把行动的权利让渡给其他人，由其他人代为行使，“规范存在的唯一条件是行动者之外的其他人拥有影响行动者行动的权利”。[①]

科尔曼还对规范进行了分类，把规范分为禁止性规范、指令性规范、分离性规范和共同性规范。限制或禁止焦点行动的规范属禁止性规范，而鼓励或命令人们从事焦点行动的规范属指令性规范。[②]

2. 规则体现着方法性程序。英国社会学家吉登斯认为“规则体现着社会活动中的方法性程序”，他说：“我们不妨将社会生活中的规则看作社会实践的实施及在生产活动中运用的技术或可加以一般化的程序。所以说，那些以法律条令、科层规章、游戏规则等言辞表述形式出现的形式化规则并不是规则本身，而只是对规则的法则化解释。”[③]在这里吉登斯着重强调了规则的实践特征。与此同时，吉登斯还认为“那些被‘明确规定’的规则在指向特定活动类型的同时，也对这些活动做出了解释：所有法则化的规则都采用这一形式，因为它们用言语表述了人们大致会去做哪些事”。[④] 在这里可以看到，规则与活动本身是联系在一起的，规则显示了有关活动的意义，“在社会生活的运作过程中，实践是通过或多或少松散地组织在一起的集合形式得以维续的”。[⑤] 规则不是单独发挥作用的，而是相关的一系列规则的集合在发挥作用。因此规则有两方面的特性，一方面与意义的构成联系在一

① ［美］詹姆斯·科尔曼：《社会理论的基础》，邓方译，社会科学文献出版社 1999 年版，第 225 页。

② 同上书，第 224 页。

③ ［英］安东尼·吉登斯：《社会的构成：结构化理论大纲》，李康、李猛译，生活·读书·新知三联书店 1998 年版，第 85 页。

④ 同上书，第 84 页。

⑤ 同上书，第 80 页。

起，另一方面则牵涉到对各种类型社会行为的约束。规则既具有约束的一方面，同时也具有使动性，能够引发和引导有关的行为。

本书中的项目制度和规则不同于科尔曼所说的规范和惩罚，它主要不是禁止性规范或指令性规范，而与吉登斯所说的规则含义相近，是程序性规范。也可以这样说，规则是行动的程序，是实践的特征，它用语言表述了人们大致会去做哪些事情。例如招投标规则和指导性规范，要求项目的运作按既定的程序进行，并对项目运作的各个环节进行有效的指导，前者如招投标的程序，后者如购买方式、评估标准和方式、资金安排及支付、组织实施等。当然，在项目规则中还有对非营利组织条件和资质的规定，这一类属于认定性规则。

## 二 项目运作的制度背景、制度安排和非制度安排

美国经济学家戴维斯和诺斯区分出五种制度实体与行为，其中“制度环境”和“制度安排”的分类法对于理解制度和规则体系具有借鉴意义。所谓“制度环境”，“是一系列用来确立生产、交换与分配基础的基本的政治、社会和法律基础规则”。所谓“制度安排”，则是指“支配经济单位之间可能合作与竞争的方式的一种安排”。它可能是正规的，也可能是非正规的；可能是暂时性的，也可能是长命的。①

项目运作的制度规则类型多样，既有宏观的制度背景方面的规则，也有组织层次的制度安排；既有正式的规则，也有非正式的规则；既有管理的规则，也有规范的规则和认知的规则。本书借用上述概念框架，对项目运作的制度和规则体系作如下分类：

（一）制度背景。包括法律规范、非营利组织制度、市场规范等，它们是外生变量，是一系列确定项目行为大前提的基本的政治、经济、社会和法律制度，例如政府采购制度和招投标制度、非营利组织的基本制度、合同制度、市场机制、专业社工制度等。

（二）制度安排。在这里，制度安排主要是针对承接项目的项目

① L. E. 戴维斯、D. C. 诺斯：《制度变迁的理论：概念与原因》，载［美］R. 科斯、A. 阿尔钦等《财产权利与制度变迁——产权学派与新制度学派译文集》，刘守英等译，上海三联书店、上海人民出版社 2004 年版，第 272—275 页。

主体——非营利组织的，包括组织系统和规则系统两大类。

（三）非制度安排。是一种非正式非契约的安排，包括关系网络、承诺、声誉、约定、惯例和意识形态等。

## 三　项目制度和规则的功能

项目制度和规则体系有三个重要的功能。

第一，实现项目行为与项目秩序的统一，即秩序维持的原则。制度的关键功能是增进秩序。① 制度和规则是人们有效地开展社会活动的一种工具。规则可以弥补理性的不及和无奈，可以提供一种秩序，以减少和消除社会政治经济生活过程中存在的某种不确定性，使得人们的行为是可以预期的，从而为人们相互之间交易和合作的顺利进行及其秩序的扩展提供一个有效的保障。② 项目运作并不是无序的行为，而是项目主体之间针对项目而开展的有序的社会行为和互动过程。从这个意义上来说，项目制度和规则在本质上是项目主体在项目运作中实现稳定有序的行为和互动的一种契约、约定和非正式安排。特别是项目规则界定了项目主体的资格、明确了参与者的权利和义务，由此形成了项目主体和项目行为的基本格局或者秩序。

第二，实现成本与效率的统一，即效率实现原则。清晰、简单的制度能大大削减协调成本。③ 项目的招投标机制规定了招标和投标的程序和步骤，政府和非营利组织据此操作，可以提高工作效率。制度安排中的组织系统和规则系统则为项目的顺利实施提供了保障，可以避免项目实施结构内部以及与其他部门可能存在的摩擦、矛盾和冲突，可以共同利用非营利组织的各种经济和社会资源，提高项目运作的效率。

---

① ［德］柯武刚、史漫飞：《制度经济学：社会秩序与公共政策》，韩朝华译，商务印书馆2008年版，第33页。

② 丁煌：《政策执行阻滞机制及其防治对策——一项基于行为和制度的分析》，人民出版社2002年版，第180页。

③ ［德］柯武刚、史漫飞：《制度经济学：社会秩序与公共政策》，韩朝华译，商务印书馆2008年版，第154页。

第三，制度还为人们观察和理解项目主体的行为和活动提供了一把钥匙。项目主体的行为是一种理性行为，而理性行为选择是多种多样的，然而，这种多种多样的行为选择又不是杂乱无章的，而是有规律可循的。项目主体为什么选择了这种行为而没有选择那种行为，为什么从事了这种活动而没有从事那种活动，这是由制度条件决定的。因此，要认识和把握项目主体的行为和活动规律，就要进行制度分析；离开了制度和制度分析，就不可能认识和把握项目主体的活动和行为。正是通过对制度和规则的分析，人们才能把握项目主体的项目机制和项目运作模式和规律，从而加深对项目现象的理解。

社会服务项目制度和规则体系的功能发挥是贯穿在项目运作的整个过程中的。在政府和非营利组织开始运作项目的时候，已有的制度背景会起作用。例如在进行招标和竞标的时候要遵守政府采购法和招投标法，要按照合同法签订合同，非营利组织制度则把不在民政部门登记注册的非营利组织排除在政府社会服务项目外包之外。当然有些制度和规则是与项目招投标活动一起产生的。例如上海市社区公益项目招投标和创投的有关制度和规则就是针对公益招投标和创投而制定的，具有更强的针对性，既具有约束指导作用，同时又具有实践的特征，体现着招投标活动的程序。就制度安排来说，非营利组织可能已建立了负责项目开发和申请的项目结构，并制定了项目运作的规章制度，它们在申请和承接项目时会起作用。当项目竞标成功之后，非营利组织要具体实施项目，已建或新建的组织系统和规则系统就开始发挥作用，组织系统提供了成功实施项目的结构，规则系统则保证项目顺利实施。与项目运作有关的非制度安排也发挥着不可忽视的作用，它们主要体现在争取项目的过程中或者说对成功承接到项目发挥着应有的作用。例如评委对某个非营利组织的声誉、形象有较多了解，可能会给这个非营利组织打高分。对于委托项目来说，非制度安排的作用就更加明显了。在这里非制度安排有点类似于前文所说的策略，由于它们自成一类，所以把它们放在制度和规则体系中加以论述。

# 第二节　项目运作的制度背景

项目运作的制度背景包括政府采购制度、招投标制度、非营利组织制度、合同制度、市场机制、专业社工制度等。

## 一　政府采购制度和招投标制度

社会服务项目的运作是按照政府制定的政府采购法和招投标法进行的，这构成了社会服务项目运作的制度背景。近年来，不少地方围绕政府购买社会工作服务在政策制度、体制机制、方式方法等方面进行了一系列的实践探索，在拓宽服务领域、深化服务内涵、提高服务质量、满足社会需求等方面取得了重要成果。在此基础上，2012 年，民政部和财政部发布了《关于政府购买社会工作服务的指导意见》并指出，各级政府是购买社会工作服务的主体，政府购买社会工作服务的对象主要是社会团体、民办非企业单位和基金会，具备相应能力和条件的企事业单位可承接政府购买社会工作服务。购买社会工作服务的重点服务对象是城市流动人口、农村留守人员、困难群体、特殊人群和受灾群众。此外，该意见还规定了购买程序，明确了购买方式。该意见指出，购买社会工作服务原则上应通过公开招标方式进行，特殊情况的可采用邀请招标、竞争性谈判和单一来源采购方式购买。建立由购买方、服务对象及第三方组成的综合性评审机制，及时组织对已完成社会工作服务项目的结项验收。积极推进第三方评估。将考评结果与后续政府购买服务挂钩，对考评合格者，继续支持开展购买服务合作；对考评不合格者，提出整改意见，并取消一定时期内承接政府购买社会工作服务资格；情节严重者，依法依约追究有关责任。①

党的十八大强调，要加强和创新社会管理，改进政府提供公共服务方式。新一届中央政府对进一步转变政府职能、改善公共服务作出

① 民政部、财政部：《关于政府购买社会工作服务的指导意见》，2012 年 11 月 28 日，中央人民政府网站（http：//www. gov. cn/zwgk/2012—11/28/content_ 2276803. htm）。

重大部署，明确要求在公共服务领域更多地利用社会力量，加大政府购买服务的力度。2013 年 9 月，国务院办公厅发布了《关于政府向社会力量购买服务的指导意见》并提出："十二五"时期，政府向社会力量购买服务工作在各地逐步推开，统一有效的购买服务平台和机制初步形成，相关制度法规建设取得明显进展。到 2020 年，在全国基本建立比较完善的政府向社会力量购买服务制度，形成与经济社会发展相适应、高效合理的公共服务资源配置体系和供给体系，公共服务水平和质量显著提高。政府向社会力量购买服务的主体是各级行政机关和参照公务员法管理、具有行政管理职能的事业单位。纳入行政编制管理且经费由财政负担的群团组织，也可根据实际需要，通过购买服务方式提供公共服务。承接政府购买服务的主体包括依法在民政部门登记成立或经国务院批准免予登记的社会组织，以及依法在工商管理或行业主管部门登记成立的企业、机构等社会力量。政府向社会力量购买服务的内容为适合采取市场化方式提供、社会力量能够承担的公共服务，突出公共性和公益性。购买工作应按照政府采购法的有关规定，采用公开招标、邀请招标、竞争性谈判、单一来源、询价等方式确定承接主体，严禁转包行为。政府向社会力量购买服务所需资金在既有财政预算安排中统筹考虑。建立健全由购买主体、服务对象及第三方组成的综合性评审机制，对购买服务项目数量、质量和资金使用绩效等进行考核评价。评价结果向社会公布，并作为之后年度编制政府向社会力量购买服务预算和选择政府购买服务承接主体的重要参考依据。①

招标购买是项目运作的主要方式，《中华人民共和国招标投标法》对招标人、招标代理机构、招投标流程等有明确的规定，这为政府和非营利组织通过招标和投标方式运作项目提供了规范指导。本书调查的上海社区公益服务项目招投标和深圳社区服务中心项目招投标就按照招投标法的规定运作，关于该部分内容上两章已有所论述，兹不

① 《国务院办公厅关于政府向社会力量购买服务的指导意见》，2013 年 9 月 30 日，中央人民政府网站（http://www.gov.cn/zwgk/2013-09/30/content_2498186.htm）。

赘述。

## 二　非营利组织的制度

在中国，关于非营利组织的制度主要是登记管理方面的制度规定。现行的规范中国非营利组织登记管理的法规有三部，它们是《社会团体登记管理条例》、《民办非企业单位登记管理暂行条例》和《基金会管理条例》。这三部法规对非营利组织的登记管理作了如下规定：其一，根据以上管理法规，非营利组织分为社会团体、民办非企业单位和基金会三大类。这种分类不能穷尽现有的各类非营利组织，大量的非营利组织在工商部门登记注册。其二，政府管理部门把入口作为管理非营利组织的重点，对非营利组织的名称、机构、场所、人数、经费、章程、主管部门等都有极为严格的规定，为非营利组织的登记和成立设定了过高的门槛。其三，对非营利组织实行双重管理。按照相关法规，登记在册的所有非营利组织，除了接受民政部门等主管机关的监管外，还必须接受其业务主管机关的领导，而且业务主管部门通常还承担着主要的管理责任。其四，对非营利组织的活动经费、范围和内容实行严格的限制。例如，按照管理法规，非营利组织只能在特定的地域范围活动，也只能从事登记核准的活动，否则便视同非法。①

## 三　合同制度

1999年10月1日施行的《中华人民共和国合同法》，是一部系统规范合同的订立、效力、履行、变更、权利义务转让和违约责任的法律。这部法律的总则和分则的第二十一章适用于非营利性组织与政府、基金会和企业订立的项目合同。例如总则的第二条规定："本法所称合同是平等主体的自然人、法人、其他组织之间设立、变更、终止民事权利义务关系的协议。"这说明该法适用于非营利组织与政府、企业、基金会设立、变更、终止与项目有关的民事权利义务关系。第

---

① 俞可平：《中国公民社会：概念、分类与制度环境》，《中国社会科学》2006年第1期。

十二条规定了合同的内容和条款，包括当事人的名称或者姓名和住所，标的，数量，质量，价款或者报酬，履行期限、地点和方式，违约责任，解决争议的方法。第十三条规定了当事人订立合同的方式，可以采取要约、承诺方式。分则的第二十一章“委托合同”的有关规定如下：委托合同是委托人和受托人约定，由受托人处理委托人事务的合同。委托人可以特别委托受托人处理一项或者数项事务，也可以概括委托受托人处理一切事务。委托人应当预付处理委托事务的费用。受托人完成委托事务的，委托人应当向其支付报酬。受托人应当按照委托人的要求，报告委托事务的处理情况。委托合同终止时，受托人应当报告委托事务的结果等。

以上《中华人民共和国合同法》的条款与非营利组织承接政府、基金会和企业的项目密切相关。在国外合同承包是民营化的一种最常见的方式，在国内，北京、上海、广东、深圳等省市出台的政府购买服务政策也采用这种方式。例如《上海市浦东新区关于政府购买公共服务的实施意见（试行)》就指出政府购买公共服务是一种“政府承担、定向委托、合同管理、评估兑现”的新型政府提供公共服务方式。①

## 四 市场机制

社会服务项目运作与市场机制有一定的联系。非营利组织是公民社会的主体，是第三部门组织，虽然与逐利的企业不同，但是可以运用市场竞争机制来为自己服务。项目与资源联系在一起，而项目资源又是稀缺的，非营利组织为获得这些资源必然会展开竞争。例如在项目的招投标中就存在竞争，那些服务方法先进、有经验和创新的服务项目的非营利组织就会在竞争中胜出。

同时应该看到，社会服务项目运作中完全竞争的市场是不存在的。完全竞争的前提是市场上存在众多的生产者和消费者，双方地位

① 浦东新区人民政府办公室：《浦东新区关于政府购买公共服务的实施意见》，上海浦东政务网（http：//gov. pudong. gov. cn/pudong_ code_ 18868—/Info/Detail_ 191136. htm)。

对等，信息是完备的，理性是充分的，通过产品的竞争来实现利润的最大化。而社会服务领域是买方市场，政府握有政治权力，基本上形成“政府说了算”的格局。[①] 中国非营利组织发展历史较短，公益性非营利组织所占比例较少，据统计，截至2011年底我国共有社会服务类民办非企业单位31750个，占民办非企业单位的15.6%，占所有社会组织的6.9%[②]，公益性非营利组织数量少给政府选择非营利合作伙伴带来困境。此外，社会服务的需求来自特定的人群，许多服务对象缺乏支付能力，而且服务过程是服务提供者与服务对象之间的互动过程，在这个过程中，服务人员要秉承专业理念，使用专业方法，投入一定的情感为服务对象服务，这种服务是个性化的，标准化空间有限。以上这些情况使得社会服务市场是不统一的，在有些情况下接近于理想的市场状态，而有些情况下则与理想的市场状态相去甚远，因此，在社会服务市场中才会存在着各种各样的政府外包机制和非营利组织项目承包机制。

## 五　专业社工制度

党和政府高度重视社会工作。2006年，党的十六届六中全会作出了“建设宏大的社会工作人才队伍”的战略部署。2010年，社会工作人才队伍建设被写进了《国家中长期人才发展规划纲要（2010—2020)》。2011年，中组部、民政部等十八个部委联合颁布了《关于加强社会工作专业人才队伍建设的意见》，在中央的大力推动下，我国的社会工作和社会工作人才队伍建设稳步推进。伴随着社会工作人才队伍建设的推进，自2008年以来我国社会工作者职业资格水平考试已连续举办五年，大批社会工作毕业生和社会服务人员考取了社会工作师或助理社会工作师职业资格证书。截至2011年底，全国通过社会工作师考试的13421人，通过助理社会工作师考试的40775人。[③]

---

① 王思斌：《购买服务还是委托服务》，《中国社会工作》2012年第11期（上）。

② 民政部：《2011年社会服务发展统计公报》，2012年6月21日，民政部网站（http：//www.mca.gov.cn/article/zwgk/mzyw/201206/20120600324725.shtml）。

③ 同上。

他们秉持专业理念，在老年人服务、青少年服务、残疾人服务、社区矫正、企业社会工作等服务领域为服务对象提供专业化服务。社会工作本质上是一种服务，社会工作的发展表明政府从重视现金救助向重视社会服务方向转变，契合了“在服务中实施管理，在管理中体现服务”的战略，专业社工制度为社会服务项目运作提供了专业人才、专业理念和专业方法，是促进并提升社会服务不可或缺的制度。

粗浅地看，项目制度和规则体系中的制度背景好像离项目的距离较远，不起什么作用。但是，仔细分析的话，就会发现制度背景对项目运作有切实的影响。项目制度和规则是永远在场的，只不过若不用时，它就会被悬置起来，而当与之有关时则会发出声音。在这里制度背景的逻辑就是政府有关部门的逻辑，与己无关，不牵涉法律法规问题自己可以不闻不问，但是当涉及法律法规问题，与自己部门主管的事项有关时，就不会置身事外，而要积极行动起来，进行干预。现以非营利组织制度为例加以说明。C 机构的第三任主任对非营利组织制度有较深的理解。她说，

> 国家早已出台《民办非企业单位登记管理暂行条例》，中间有一条，引进境外资金要向政府主管部门报告，他们没有报告，他们引进香港某某基金会资金，他们就是这个境外资金引进没有向政府报告，那么后来补了报告，你像我第二次再进入，我向政府报告，政府知道了，为什么呢，政府里边还有很多管理的，他要掌握这个基金是什么意图，有的确实是来帮助我们的，有的未必，我说这个是国家条例规定的，你们不做，他们认为这是政府干预，我为什么要报告？所以那时候发生摩擦，第二任代理主任就为这个事情，她感觉我为什么要报告？其实，《民办非企业单位登记管理暂行条例》写得很清楚。本市一个管理条文也是这样，你必须向政府业务主管报告呀，你是国内的资金没必要，所以我后来就采取了一个什么方法呢？我现在就是香港的资金，还有美国商会的，还有英国 PD 公司进来的资金，我全部进入慈善基金会，定向捐，我慈善基金会不是有一个定向捐嘛，我是捐给

C 机构做什么什么事的，那么，C 机构拿到的是慈善基金会的资金。慈善基金会呢，他有权接受境外捐助，这是他条例上规定的。但是我这个民间组织，不能直接接受境外捐助。[①]

总之，项目运作的制度背景是既定的，规定的主体是政府和社会，往往以国家法规、条例、政策、原则以及正式契约等形式存在，它不考虑单个项目主体或具体项目的特殊问题，因而是无法选择的。同时，它又是一个潜在变量，就是说当非营利组织要进行项目运作涉及某些制度背景时，它们才起作用。比如关于招投标项目对非营利组织资格的规定，就对那些参加招投标的非营利组织构成制度背景，而对于那些没有参加项日招投标的非营利组织就不起直接的作用，只具有潜在的影响。

## 第三节　项目运作的制度安排

项目运作的制度安排包括组织系统和规则系统两大类。非营利组织项目运作依托非营利组织的项目实施结构及项目工作人员，而项目实施结构嵌在整体的组织结构之中。

### 一　组织系统

#### （一）非营利组织的组织结构与项目实施结构

项目实施结构嵌在非营利组织的组织结构里，而非营利组织的结构主要体现在组织的职位图上。大多数非营利组织职位图包括董事会、委员会、高层行政人员、中层行政人员和基层员工等不同层次的职位。[②] 本次调查中的三个代表性的社会工作机构的组织机构图大致可以描述出非营利组织的基本的结构形态和项目实施结构。（见图 6－1、图 6－2 和图 6－3）

① 张钟汝、范明林：《政府与非政府组织合作机制——对两个非政府组织的个案研究》，上海大学出版社 2010 年版，第 152—153 页。

② 王思斌主编：《社会行政》，高等教育出版社 2006 年版，第 71 页。

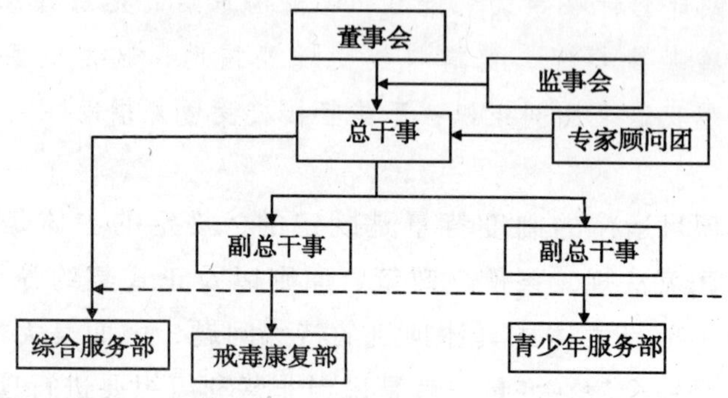


图 6－1　G 机构组织结构

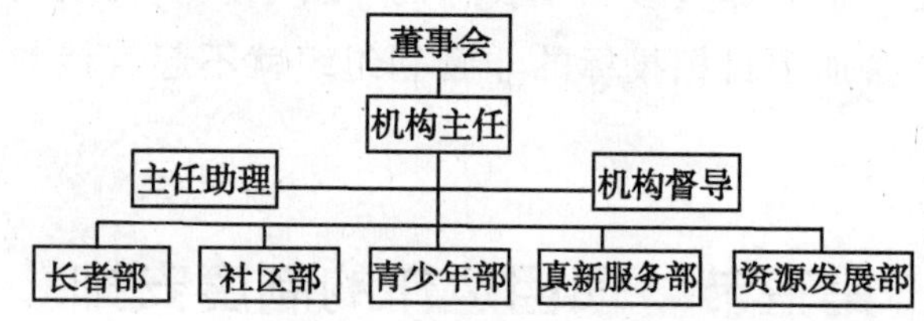


图 6－2　C 机构组织结构

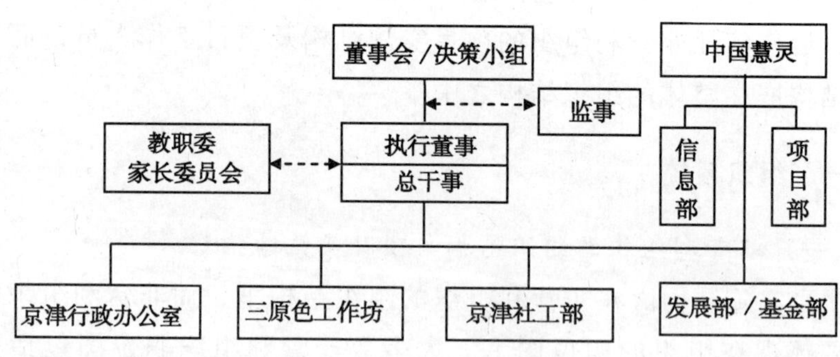


图 6－3　J 机构组织结构

同规模较大企业的复杂组织结构相比，以上三种组织结构相对来说比较简单，组织结构类似，都是董事会领导下的总干事（主任）负责制，层次和部门都比较少，层次一般分为三四层，部门有四五个。但是以上三种组织结构中项目部门由于各自的地位、机构的性质、资金来源、服务领域或服务对象的不同，又表现出不同的特征。

G 机构的组织结构明显地体现出项目主导的特点，把服务对象划分的部门直接称作项目部，它的项目以政府购买为主，占所有经费的90%以上。就项目部的设立来说，戒毒康复部负责对登记在册的药物滥用人员开展专业化服务工作；青少年服务部对16—25岁的“失学、失业、失管”社区青少年等重点群体提供专业化服务。[①] G机构内部除根据两类服务人群设立的两个项目部外还设置了一个专业干事岗位负责机构整体项目研发和培育，同时根据不同的项目需求，成立若干个项目组，由中级社工担任项目负责人，带领团队负责项目运作。

> 我们现在总部的所有干事每个人都带一个项目，除了我们主要的两大业务之外，我们针对自己服务需求自行设计服务项目，提高每个干事项目管理能力、专业能力。每人带一个项目，你带了项目你就势必跟项目组的人一起到基层，深入基层，了解我们基层在做些什么，而且只有你自己提升了才能指导下面，所以今年我们每人都有项目，然后提高他们个人项目管理能力，这样项目化管理的要求更加制度化，因为对每个人的工作要求都是一致的。在基层我们体现多劳多得，你参与项目，在工作量之外的付出我们有相应的项目津贴。（访谈记录：GZ2012年7月25日）

以上G机构的项目部门体现在了组织结构图上（见图6-1）。除了政府购买服务项目外，G机构还从其他渠道获得项目。

> 我们机构经费来源有几块，第一块就是政府采购的服务，每年政府会对我们上年度的服务做一个评估，如果评估优秀，就继续购买我们下年度的服务；如果不是优秀是优良的话，就会和同质的社会组织来相互竞争一下，但我们是优先；如果是一般的话，就放到社会上去公开招投标。每年政府对我们评价以后，会对我们下年度的采购提出一个计划。在这一块，占所有经费90%以上。第二块就是我们跟其他部门或社会上的企业的项目上的合

① 上海中致社区服务社网站（http://www.shzzcsc.org.cn/kxyj.asp?pid=2）。

作，也是围绕着我们主要服务的范围群体来开展的在工作上的合作，比如妇联等其他职能部门围绕自己中心的工作做些策划，做些项目上的设计，然后进行投标。还有一个就是民政系统的招投标平台、民政系统的福彩基金的创投。另外就是跟基金会的合作，目前有慈善基金会，也是以项目形式，还有爱心帮教基金会，主要是这两大基金会。另外一块就是跟企业，也是以项目形式的，是以科研项目的形式，例如跟中药研究所合作的，还有跟疾控中心合作的，主要有这么几块。（访谈记录：GZ2012 年 7 月 25 日）

C 机构在 2004 年明确机构架构，成立青少部、社区长者部、医务部，并在各自领域进行发展，2010 年 1 月正式成立“真新服务部”，负责在上海真新街道开展的公益招投标项目及“丰一社区”社工站试点项目。这表明了机构项目运作的特征，它的不同的服务部门相当于项目部，直接从事项目的申请和运作，青少年服务部负责运作了一系列项目，包括“12355 青少年公共服务平台”项目、“爱心午餐”项目、“阳光童年——学校社工服务”项目、“健康快车入校行——民工子弟学校健康教育”项目、“雏鹰展翅——民工子弟学校健康体检”项目等；社区服务部负责运作的项目主要是“社区共融”服务项目；长者服务部负责运作了“银铃新（心）情——长者精神健康服务”项目、“精彩乐龄”项目、“乐享晚晴”项目。2011 年 5 月真新服务部与真新街道人口计生办就“新市民幸福启程”项目签订服务协议。2011 年 12 月真新团队的“夕阳互照”、“半月君美”、“阳光课堂”、“为老综合服务项目”共计四个项目通过公益招投标审核，投标成功。[①]（目前的服务部门结构见图 6 - 2）

J 机构在工商部门登记注册，注册为家政服务中心，其资金来源于社会捐助和项目资助。在内地和香港共有 13 家类似的机构，它们

① 上海乐群网站（http://www.lequn.org/services.asp? pageID = 31）（http://www.lequn.org/about.asp? pageID = 29）。

以企业连锁的形式共用一个商标，J 机构是这个网络中的一员。它的项目运作不是在机构层面，而是在“中国慧灵”层面，而“中国慧灵”不是独立的机构，类似于一个网络协调结构，对外代表全国 13 家慧灵机构执行大项目。当然各地慧灵机构在法律上是独立的，可以独立运作项目。比如广州慧灵就成功申请了“壹基金典范工程”项目。由于各地慧灵机构发展水平不一，普遍较弱，所以“中国慧灵”可以说是一个起联合作用的部门。虽然 J 机构的项目运作主要是由单设的“中国慧灵”负责申请和运作，但其他部门和机构的员工必要时可参与项目运作。如“蜗牛网”项目开运动会时 J 机构社工部全体员工便会参与进来，“育盟”项目也由 J 机构和其他机构有经验的社工去进行现场辅导和讲解。因此 J 机构总体上是职能型结构，但是项目运作结构则带有矩阵型结构的影子。此外 J 机构发展部也负责一部分项目工作，主要是筹款。（J 机构组织结构和中国慧灵项目部结构见图 6 - 3）

G 机构、C 机构和 J 机构的项目实施结构出现以上区别的原因在于，机构是服务于同一类人群还是服务于不同类型的人群。G 机构的服务对象目前是两类人群；C 机构的服务对象则更加多元化，包括老年人、青少年、社区等；J 机构的服务对象比较单一，主要是智障人士。正是因为服务对象的不同使得 G 机构和 C 机构可以针对不同的服务对象划分部门，每个部门就成为独立运作项目的项目部，而不是职能部门（如企业按职能划分的生产、销售、财务等部门）。而 J 机构的部门划分主要是根据职能来划分的，每个部门各自负责一块职能，其项目运作由另设的中国慧灵的项目部负责，它实际上是一个指导和协调机构，代表全国各地的机构运作比较大的项目，此外各地慧灵也可以独自运作项目。

以上三个机构的项目部是比较典型的运作项目的部门和结构，它们都体现在组织图中，除此之外有些机构则没有独立的项目部，而是成立项目小组负责项目的开发和运作，例如 D 机构。

机构本身没有项目部。我 2009 年到协会来，就开始负责项目组，刚开始我负责一些项目的开发，时间长了以后你就会发现如果一个机构仅仅依靠一两个精英人物的话，这个精英也会累，一旦这个精英走了以后，这个机构就很难维持下去。我希望每一个人都参与到项目开发当中，一个是我自己想，另外一个就是发动所有的社工。……单独的项目部门可能会出现一些问题就是只管项目设计，设计好了以后交给其他人去做。第一，可能这个项目设计跟实际情况有差异，第二，你的想法我不一定会完全领会得到，在执行的过程中就会有问题。我自己碰到过这样的事情，自己设计一个项目，然后交给社工去做，他不能很好地去理解，执行的时候就不到位。（访谈记录：AX2012 年 7 月 23 日）

为了提高社工运作项目的积极性，G 机构在项目管理上提倡“多劳多得”的激励氛围，从原先项目运作的无偿劳动，到现在在项目经费中设立社工服务费用一栏，鼓励社工积极参加项目。G 机构在基层成立了不同的项目组，社工可以选择参加，这样既提高了项目管理能力又增加了自己收入。

（收入增加）体现在他的服务量里面，我们每个社工手上都有一群服务对象，然后他参与了其他的项目，这些项目要求你对这些对象开展除了常规要求以外的额外的工作，在这个里面有一定的劳务补贴，体现你多干了。有很多社工是很优秀的，因为他自己要提升，在自己工作的点可能就没有这个项目，他自己就提出来愿意参与到那个项目里面。我们现在的项目主要是以工作模式来定的，比如说你有意向去参加家庭治疗模式探究的，然后有一个家庭项目，在几个街镇开展这个项目的，我们就可以招募附近街镇有兴趣的社工参加，因为你有志向在这个方面探究，但是自己的街镇不一定有这个条件，不一定加入这个项目，可以加入到其他项目组里面，一起参与到家庭治疗模式探究当中来。我们有几个模式，增能模式，家庭治疗模式，提前干预模式，等于项目组，有兴趣的可以加入里面。可以通过各种形式参与，有的可以加入这个小组的编辑组里面，参与这个刊物的整理，有的发挥他自己的特长，擅长协调沟通的，可以加入这个小组的协调沟通的小组里面，根据他不同的能力来定他的加入项目组里面的职责。（访谈记录：GZ2012年7月25日）

在实施项目化管理后，社工在工作积极性、专业能力提升、市场竞争意识方面有了很大的提升。特别是由于项目化运作的自主性，社工能够感受到竞争的压力，增强了危机意识。机构的项目也在不断完善中，逐步实现品牌化，从而提升了机构的管理能力和生命力。目前，G机构的“绿色防复吸”项目、“知心人工作室”项目、“青少年历奇”项目等逐渐发展成熟，“青少年历奇”项目还在上海市社区青少年事务办项目评选中获得一等奖。①

（二）项目经理（负责人）的角色

在项目管理中项目经理（负责人）是一个很重要的职位，项目经理主要负责项目的运作，如进行项目策划、申请项目、组织活动等；同时项目经理也可能负责机构的其他工作，如J机构的项目经理就是如此。此外有些机构的主要负责人负责重大的项目，如J机构、G机构副总干事负责项目，D机构也由副秘书长负责项目。

我们的副总就专门抓项目策划、项目执行这一块。鼓励我们的社工根据社区里的需求自己写、自己策划，策划了后拿到上面优化，再拿到招投标平台上竞标。比如我们这一次做的一个创投项目，做（吸毒）未成瘾青少年的，原来这一块是盲点，没有人去管的。我们下面的社工发掘了下面一个潜在的人群，一成瘾就变成了我们的吸毒人员了，我们自己的社工拿出设想、拿出想法，来策划项目，然后到上面，副总抓专业，进行辅导、优化，再上升到创投这个平台上去，再去竞标，然后再成功，然后再返

① 上海中致社区服务社：《以职业规划保障队伍稳定 以项目运作促进专业发展》，上海综治（http：//shwomen. eastday. com/node2/node533/node534/u1a30000. html）。

回他们去执行，到提出这个策划的几个点上去执行。（访谈记录：GZ2012 年 7 月 25 日）

项目由机构的主要负责人来管理或负责，这是非营利组织项目结构和运作的一个重要特点。其原因有如下几点：第一，按照资源依赖理论，非营利机构依赖其他组织和机构，获取资源是组织的重要工作。机构负责人一般业务能力强，管理经验丰富，由他（她）来负责项目可以保证项目申请的成功率和项目的成功实施。第二，有些项目是由机构负责人的个人关系获得的，机构负责人自然成为项目的负责人。第三，项目是联系机构与其他资助机构的桥梁，由机构的主要负责人来负责项目有利于同资助机构交往和沟通，容易引起对方的重视并同资助机构建立良好的关系。

那么对非营利组织来说，项目经理（负责人）应具备什么样的素质呢？

这个 leader（领导者），这个创始人，他要什么，他只是为了有项目混两年，再去考公务员了，我们就不谈了。一定是有这个信念做事业的人，这样的人他的理念很重要，他的能力，我认为这些属于个人因素中的外在因素，都是可以补的可以充电的，唯有内在的理念是补不来的。很多人参加很多培训班，听很多专家讲，但他回去以后就听过算过，就算他听得很好，他也不认同你的理念，这个时候就完了，所以那些抽象的东西恰恰是决定他成败的东西。

还是理念很重要。一个理念好的人哪怕他是在坐车的时候，也是能给他思考的。有一点，香港理工（大学）的陈锦堂讲的，我很欣赏这句话就是，你做什么不重要，不管你是做企业也好，做社会组织也好，本质上是没有区别的，关键是你有没有企业家精神。我把理念当作企业家精神来理解，企业家精神是什么，是勤奋、努力、坚韧不拔、创新，这些都是的，这些东西真的很重要。企业家精神。（访谈记录：EB2012 年 7 月 27 日）

新公共管理把管理看作一种一般的技巧，可以应用到所有环境，当一个人被证明可以管理一个生产工厂或保险公司，他也就有基本的技巧来管理公共服务组织。[①] 但在实践中来看，社会服务项目经理与企业项目经理或工程项目经理还是存在着一定的区别，主要体现在社会服务机构的非营利性质对他的要求上，即非营利组织项目运作同机构存在的目的是一致的，不以营利为目的而是服务于社会，追求社会效益重于经济效益。正是由于这样的区别使得大量的项目管理人才难以在公益项目领域大展拳脚。

> 最近街道在招人，我提出来要招，完了经过我面试。她是学理科的，在公司做汽车配件，每个月工资 8000 块钱，专门运作项目的，她愿意过来。考官都知道这个女的蛮有能力的，她要生孩子，她的婆婆在潍坊（街道）。她也有能力，要把主要精力摆在孩子身上，我就想把她搞过来为我服务，三年、四年、五年也可以。我蛮着急这个事，把她喊到家里来沟通这个事。后来才知道，她就是运作项目的，她希望有很多项目来运作，希望能挣钱，能通过项目运作，职员工资逐年增长，如社会托老、外边公益活动。她这么一弄，我就有压力了，可能满足不了她，我没有这么大的舞台给她去运作，满足不了她工资逐年增长的预期。（访谈记录：FY2012 年 7 月 23 日）

## 二　规则系统

非营利组织项目运作嵌在机构组织结构之中，成为机构的一部分，社会服务机构一般针对项目结构和项目运作建有完备的规章制度。项目运作的规则一般有很强的针对性，倾向于“事本主义”；此外项目规则还具有极强的激励作用。这些是项目规则的重要特点，下面选择其中几个有代表性的制度加以讨论。

---

① 郭伟和：《管理主义与专业主义在当代社会工作中的争论及其消解可能》，载王思斌主编《中国社会工作研究（第二辑）》，社会科学文献出版社 2004 年版，第 55—70 页。

### （一）工资制度

对于负责项目运作的员工而言，被调查机构的工资是随着项目资金的落实而发放的。另外由于项目有筹款的功能，因此为了更好地激励这些员工，有的机构便设计一种具有激励意义的谈判工资制度。J机构实施的谈判工资制就是一种具有激励意义的工资制度。

谈判工资是针对发展部筹款人员还有高层的、高级人才来定的，这也是为了有一种灵活度。因为我们发展部这边的工作人员都有自己的业绩指标的，我们基本上不承担发展部人员的人力成本，他们都是通过自己的关系到外边去筹到自己的业绩指标，我们这边对兼职的发展部的人员的指标是一比六的指标，全职的指标是一比三，也就是他的筹资指标必须达到他当月人力成本的3倍或6倍。我们有一个起始工资，但是我们不规定你来到我这边，我必须给你多少工资，这是可以谈的。因为人才是参差不齐的，有的人来，他可以给你带来5000块的价值，那我们就同意给他5000块，但是我们必须到一个月底或一个季度的时候去评判他，评判他的指标就是看他的业绩指标能达到多少，如果能达到的话，我们就同意给他，如果达不到，是不是可以谈降下来一些。有的人谈2000，有的人谈10000，不一样，我们不要限制住这些人才。有些人就是喜欢这些挑战。

基本水平，我们有起始点，像协调员我们现在涨到3000块钱，加上社保，总干事5000，部门主任4000，但是如果来了一个人才，他说跟我们机构谈10000，我们也是有这个余地可以谈的。我们的信心在哪里，因为他说跟我们谈10000，他就肯定能带来30000的资源。像谈判工资的人，他的基本工资、他的人力成本，是机构不承担的，都是他自己筹来的。所以他要多少的话，也要看他自己能力有多少。我们为什么要谈判工资，就是不限制人才的发展。（访谈记录：JL2012年4月11日）

### （二）职业晋升制度

随着非营利组织的发展，一些机构出现了内部管理问题，其中一个重要方面是非营利组织的薪酬制度和职业晋升制度缺乏有效性和针对性，工资水平停滞不前，员工看不到职业前景，优秀人才容易被其他高薪行业所吸引，人员流失严重。此外，一些官办非营利组织内部管理缺乏有效淘汰手段，员工素质有下降趋势。正是在这种情况下，在政府的大力支持下，G机构开展了职业晋阶和薪酬制度改革。① G机构的职位职级的设置分为行政职位职级和专业职位职级。社工职业晋阶采用“双梯制”，社工既可在管理岗位上得到晋升，也可在专业领域有所发展；专业拓展项目推进中按照“评聘分离”原则，聘用任职是根据项目需求和社工实际工作能力、业绩而确定的。薪资报酬实行“按岗定薪”，参与拓展项目实施的社工享受项目津贴，多劳多得，薪酬向绩优人才倾斜。②

我们职业晋阶这一块有两种不同的晋升途径。（就拿专业晋阶来说吧）首先，选拔人才这一块，你是一个大学或者是学校刚刚毕业的，首先要经过见习岗位，见习半年以后，双向选择，你觉得我们这个机构值得留下来的，你来参加我们的招聘考试。你如果觉得要走的，我们也是给你们提供一个社会实践的基地。然后，社会上一些其他岗位转岗进来的或者其他的（途径），首先他要先做志愿者，做2个月到3个月时间，可以参加我们的招聘考试，如果喜欢我们的工作，觉得有价值，参加我们的招聘考试留下来。很多都是其他专业的，法学的，不一定是社会工作，我们要求两年内一定要考出相应的资质。你如果没有考出，那就属于社工文员角色，在这里就不能加入我们社工的职业晋阶的序列。两年里取得的相应的资质，那你就根据我们内部的相关规定，不同岗位晋升，初级我们根据资质、学历、工龄就分了十级，然后到中级，中级五级，再然后是资深，最后就是首席，目

① 杨峻：《政府主导推动的民办非企业内部激励失灵研究——以阳光中心和中致社为例》，硕士学位论文，复旦大学，2009年。

② 《社工职业晋阶与职位职级序列一览表》，上海中致社区服务社网站（http：//www. shzzcsc. org. cn/gyxjg. asp? pid = 4&myid = 330&id = 331）。

前我们中级占30%，初级基本上占70%，资深还没产生，因为资深有一定的要求。（访谈记录：GZ2012年7月25日）

（三）评估规则

评估分为机构自我评估、服务购买方评估、第三方评估机构评估等不同的类型，其中第三方评估越来越引起重视。上海和深圳都非常重视服务项目的绩效评估。2012年，上海市质量技术监督局发布了《社区公益服务项目绩效评估导则》，该导则作为社区公益服务项目资助机构、第三方评估机构，对公益服务类非营利组织在上海市行政区内组织运作的社区公益服务项目进行事先、事中、事后绩效评估的应用标准，也可以作为公益服务类非营利组织对在上海市行政区域内管理、运作的社区公益服务项目进行自评估的指导依据。评估的基本内容和要求包括完成情况、服务满意率、财务状况、组织能力、人力资源和绩效，评估的基本方法和程序有文献法、观察法、问卷法和访谈法。深圳市自2009年连续四年对社会工作机构绩效进行评估，社工服务机构绩效评估采用第三方独立评估运作机制，由市民政局委托评估中心承担评估工作，负责统筹及专业评审等事务并提供第三方评估意见。评价主体包括评估中心评估组、会计师事务所审计人员、服务于机构的香港督导或顾问、用人单位、机构员工及服务对象（抽样），指标体系由组织基础、内部治理、服务管理、财务运营、外部关系、服务成效6个一级指标、29个二级指标，98个三级指标和四个附加指标组成，总分为1000分。

## 第四节　项目运作的非制度安排

项目招投标机制面向符合条件的所有非营利组织，条件、程序等明确，过程公开透明，是一种典型的项目机制。此外还有项目申请机制和委托项目机制，这两种项目机制不仅涉及政策法规等正式的制度安排，而且嵌在大量的非正式的制度安排之中。非制度安排与上述制度背景和制度安排大不相同，既不以法规的形式也不以契约的方式进行，规定的主体既不是政府也不是非营利组织，而往往是在个别事件中或由个别人以非正式的方式来规定和约定的。项目运作的非制度安排主要有声誉、关系策略和合法性的策略意识。

## 一　声誉

周雪光认为，声誉的存在一方面在于社会地位差异，另一方面声誉只有跨越地位差异，为不同群体的成员所认可、接受才有意义。因此，声誉制度的建立是一个地位分化和地位同化互为依赖的过程，它要有一个共同的基础，同时它必须跨越社会的等级边界，为不同的社会群体所认可、接受。①

就非营利组织项目运作来说，一方面，不同机构的服务水平和服务质量是不同的，这可以体现在评估的结果当中，而这些差异就是声誉产生的前提。另一方面，所谓“品质”的高低要得到社会承认，必须建立在一个“意义”的社会系统中，并经过社会解释的过程。声誉现象和声誉等级制度建筑在社会承认的逻辑之上。许多机构看重社会组织的评估等级和各种荣誉，如G机构的“5A”级社会组织荣誉，C机构的“全国先进社会组织”称号，D机构、C机构的全国社会工作人才队伍建设试点示范单位的荣誉等，就表明国家和社会承认的逻辑。声誉是非营利组织在被行业及社会认可而获得的一种无形资源。例如因为理念和服务方法先进而成为业界的标杆，为弱势群体倡导而赢得了广泛的支持和尊敬，因为创始人具有特殊的人格魅力而被人所认知等。C机构的很多项目都是政府主动找它们做的，就是因为C机构的服务和声誉所致。相反，如果一个机构以前有不良记录，大家都知道，必然会影响其承接政府的项目。

> 当然一个是自己的资源和优势，另外一个品牌影响力也很重要，你像我们为什么能拓展到广州、佛山去，而且发展得还不错，很多人也问我，你为什么在广州也能发展起来？有些机构想

① 周雪光：《组织社会学十讲》，社会科学文献出版社2003年版，第264页。

搞也搞不起来，为什么？一个是关系、资源，当然你机构的品牌影响力，人家信过信不过你，人家看得看不上你。当然也有些地方的项目，你的机构的品牌影响力好了之后人家主动找过来也有，像佛山的项目人家政府主动来找我的，他看到你在深圳做得比较早，做得比较好，管理也比较规范，它就不担心钱给我我把钱给贪掉、挪用掉，你管理规范之后他就放心把项目交给你做。事实证明我们在异地拓展的项目，一个我们管理规范，一个我们启动速度也快，第三个拿出去的东西政府看了之后觉得不错。(访谈记录：HY2012 年 12 月 26 日)

正如 HY 所说的管理规范能让发包方放心把项目交给机构做，当然，这需要加强组织建设，只有这样才能形成良好声誉和品牌。

我们对队伍的建设方面、内部治理方面这一块还是比较重视的，尤其是我觉得机构加强这方面的治理，然后规范化的运作和诚信化的建设才可能在这个领域里面有知名度和诚信度，然后你拿项目就具备拿项目的能力，所以 2008 年我们申报了国家民政部的“5A 级”社会组织的规范化建设，从 2009 年我们就得到了“5A”，三年以后是复评，今年是复评，我们又通过了复评，第一批浦东新区有三家，现在全市多一点了。今年我们申报市级文明单位创建，今年我们被评为了市先进社会组织。我觉得机构要在市场上有竞争力关键要有好的口碑，我们在这一块里面加强自身的组织建设。(访谈记录：GZ2012 年 7 月 25 日)

## 二 关系策略

关系策略是非营利组织利用关系网络获得项目和运作项目的非制度安排方式。在非营利组织发展中存在着一种既不同于国家法规，也不同于规范化的市场竞争机制的组织间或个人间的关系网络资源。非营利组织之所以要靠关系网络获益并且将它转化为巨大的经济资本，是因为它在非制度化的空间中具有大量的创造机会和能量。由于中国社会的组织资源也是二元的，对于非营利组织来说，可利用的行政组织资源是非常有限的，因此一些非营利组织特别是草根非营利组织利用各种关系向基金会申请项目，获得资助。如J机构主动向南都公益基金会申请项目就获得了资助。

政府与非营利组织之间的信任关系是争取政府项目的基础，在非营利组织项目运作中关系网络是一个主要的和必不可少的力量。对此，上海学者对C机构第三任主任的访谈说明了这一点：

> 我的优势是长期在政府工作的一个信任度。人家知道我是什么样的一个人，就是我在公众面前的个人的一个信任度。因为开始他对你这个民间组织不了解的时候，他就看谁在做，这个也很重要。另外，我的社会资源、社会资本很重要。为什么区少数民族工作部门他会来找我？因为我们这个部门的部长原来是市妇联副主席，后来调到区里来做这个部门的部长，他在市妇联期间和我有了四年的接触，我到这个里面来做，他就知道了。因为我在原来的工作单位和工作过程中我就宣传社工的理念，他就知道我对社工很懂，所以他接到这个任务以后准备在区里试点，他马上打电话给我，说，某某（C机构第三任主任），我有件事，我有一个任务，我这件事要找你来商量。这是背后的事情，但是从我们专业上来说，这是我的社会资本。所以，C机构，如果没有社会资本来运作呢，就是政府要想找一个机构来承办一项新的服务，它也很难想到你，就是这个原因。①

D机构之所以能够中标上海浦东新区市民中心政社合作平台项目，是与D机构在业界的影响和良好的政社关系分不开的。一是D机构前几年参与社会工作者国家职业标准的开发和制定工作，有一定的专业影响；二是D机构储备了一定的专业人才，有人力和实力来策划

---

① 张钟汝、范明林：《政府与非政府组织合作机制——对两个非政府组织的个案研究》，上海大学出版社2010年版，第155页。

和运作项目；三是D机构平时就多与业务主管部门沟通，使主管部门充分了解D机构的优势和强项，一旦有项目需要运作时，双方之间的合作就顺理成章了。[①] 这表明在承接项目中社会关系网络等非正式制度发挥了积极的作用，平时与政府部门的沟通对话，搞好关系，到时候就派上用场了。

从机构发展和项目运作的实际情况看，许多非营利组织前期的项目运作主要靠自己找资源，靠自己的关系和各种资源，无论是国内的还是国外的、政府的还是基金会的，机构都扮演了较为积极主动的角色。而政府有关部门则往往稍显被动，有时在口头上答应了给予机构资金和其他资源支持，但往往不履行承诺，对非营利组织项目运作造成了不利的影响。近年来，特别是2009年上海市民政局实施社区公益项目招投标和创投以及深圳市2011年开展社区服务中心项目招标以来，项目运作的方式明显不同于之前。在这个时期，政府变得比以前主动，政府的理念在转变，有明确的政社分开的思路和理念，并吸收以往按人头拨款购买岗位的做法（如上海司法社工领域的三大社团和深圳岗位社工）的经验和教训，采用招标方式购买项目，资金与服务一同交给中标机构。此外，由于有各种规则体系的保障，项目运作变得规范化了，非营利组织与政府之间的关系也变得形式化、规范化了，机构自身的项目经验和实力就变得至关重要了。

### 三　合法性的策略意识

合法性的策略意识，是指非营利组织通过项目运作来实现获得更大的社会认同和更多的合法性，从而获得可持续发展的战略意图，它往往反映非营利组织项目运作的意图，对项目运作具有一定的导向作用。策略意识往往体现在选择项目领域和主体上。例如J机构的“育盟”项目就具有这种倾向，通过支持弱小的机构促进它们的发展从而带动整个非营利组织的发展和环境的改善。再如J机构的“蜗牛网”项目对机构的日后发展会有很大的帮助。

① 王瑞鸿主编：《社会工作项目精选》，华东理工大学出版社2010年版，第20页。

（对机构发展）也有一定的帮助，因为你的知名度因为蜗牛网提高了一点吧。对于我们机构来说也是很好的，用其他的项目来跟其他的机构打交道，因为J机构有一定的抱负在北京，因为它有那么多年，它一直都是，就是跟其他机构有点不一样的，但是其他机构对你会有一些不信任啊，就觉得是竞争啊。但是蜗牛网可能有其他的一个渠道，让J机构去弄其他的一个身份去跟其他的机构进行一些合作啊，肯定是对机构很有利的，包括资金方面，J机构跟蜗牛网可能会交叉使用，那肯定会有帮助了。（访谈记录：JZ2012年5月10日）

## 本章小结

社会服务项目运作嵌在项目制度和规则体系中。制度既包括人们在社会生活中形成的，并能够体现为人们的行为模式和社会关系模式以及与之相关的规则的复合体，也包括社会结构和社会组织。项目规则主要是程序性规则，此外还有认定性规则。项目制度和规则体系有三个重要的功能：实现项目行为与项目秩序的统一，实现成本与效率的统一，还为人们观察和理解项目主体的行为和活动提供了一把钥匙。社会服务项目制度和规则体系的功能发挥是贯穿在项目运作的整个过程中的。

项目制度和规则体系包括项目运作的制度背景、制度安排和非制度安排。制度背景是外生变量，是一系列确定项目行为大前提的基本的政治、经济、社会和法律制度，包括政府采购制度和招投标制度、非营利组织的基本制度、合同制度、市场机制和专业社工制度等。制度安排主要针对项目主体，包括组织系统和规则系统两大类，为项目运作提供了实施结构和各种规范。非制度安排是一种非正式非契约的安排，包括声誉、关系网络、合法性策略意识等，为项目运作提供了不同于正式制度安排的效应。

# 第七章

# 社会服务项目制的影响分析

作为一种社会服务的体制和机制，项目制对非营利组织和社会系统产生了不同影响，并在一定范围内扩散开来。

## 第一节　社会服务项目制对非营利组织的影响

非营利组织从社会服务项目外包中虽然得到了大量益处，但同样存在着重大风险。本书结合中国非营利组织的实际主要从资源的获取、合法性、独立性等几个方面论述项目制对非营利组织的影响。

### 一　社会服务项目制与非营利组织资源获取

#### （一）资源及其重要性

科尔曼认为："资源是行动者控制的并有自身利益在其中的物品和事件。"① 吉登斯认为："资源是权力得以实施的媒介，是社会再生产通过具体行为得以实现的常规要素。"② 这两个定义都强调资源在行动者利益满足和目标达成中所起的作用。

稀缺性是资源的最重要的特性。组织理论家极其强调资源对组织发展的重要作用。斯科特认为，组织从来就不会自动地凸显出来，它

---

① ［美］詹姆斯·S. 科尔曼：《社会理论的基础》，邓方译，社会科学文献出版社1999年版，第41页。

② ［英］安登尼·吉登斯：《社会的构成：结构化理论大纲》，李康、李猛译，生活·读书·新知三联书店1998年版，第77—78页。

需要资源的聚集和利用。[①] 资源依赖理论的提出者美国社会学家菲佛和萨兰基克认为，积极有效的组织才能生存下去。组织生存的关键是获取和维持资源的能力。组织是根植于由其他组织组成的环境之中的。它们对其他组织由于资源的需求而具有依赖性。为了获取所需的资源，组织必须与环境中的其他因素进行交易。[②]

各类组织发展事实表明：组织资源动员能力与其行动能力密切相关。在其他条件不变的情况下，组织所能获得的资源数量决定了组织的行动能力。组织要通过竞争合法地获取资源。[③] 组织的发展不仅在于资源是否丰富或者生存条件是否优厚，重要的一点是组织目标的实现，而组织目标要通过项目运作来实现，因此资源与组织及项目运作的关系就不那么简单了。

（二）非营利组织通过项目运作资源获取

在中国，慈善意识还不强，社会捐赠不发达，官办非营利组织主要依赖政府资助，资助方式有补贴、税收优惠、奖励、购买服务项目等，随着我国政府购买服务的规模和范围日益扩大，来自政府的项目资金是官办非营利组织的重要资金来源渠道之一。

在中国，民办非营利组织早期获得资源的途径之一是获得国外基金会资助，这些资助主要是项目资助。[④] 例如，自 1987 年开始，香港乐施会便致力于推行扶贫发展及防灾救灾工作，每年所花资金在 2300 万元以上。英国救助儿童会从 20 世纪 80 年代末开始在中国大陆开展项目，每年在中国的预算为 1200 多万元。美国的“微笑列车”已投入近 2 亿元在中国大陆开展关于唇裂方面的研究、培训和补救治疗。[⑤]

---

① W. R. Scott, *Organizations*: *Rational*, *Natural and Open System*, New Jersey: *Prentice* Hall, Inc, 1992. 转引自田凯《非协调约束与组织运作——中国慈善组织与政府关系的个案研究》，商务印书馆 2004 年版，第 74 页。

② ［美］杰弗里·菲佛、杰勒尔德·萨兰基克：《组织的外部控制：对组织资源依赖的分析》，阎蕊译，东方出版社 2006 年版，第 2、50、60 页。

③ 田凯：《非协调约束与组织运作——中国慈善组织与政府关系的个案研究》，商务印书馆 2004 年版，第 75 页。

④ 赵黎青：《非政府组织与可持续发展》，经济科学出版社 1998 年版，第 142 页。

⑤ 康晓光等：《依附式发展的第三部门》，社会科学文献出版社 2011 年版，第 84 页。

近年来中国本土的基金会由项目运作型向资助型发展，对非营利组织的资助力度加大，一定程度上缓解了中国非营利组织资金不足的窘况。可以看到，基金会对非营利组织的资助方式之一是资助非营利组织开展服务项目。

从资源依赖理论的角度来看，不管是官办非营利组织还是民办非营利组织，组织环境对它们所需资源的资助和使用方式提出了要求，这就是资助有关的服务项目。在设定资源分配方式的情况下，非营利组织可以通过承接政府、基金会和企业项目的方式来获取资源，摆脱资源的困境，获得发展。本书分析的社会服务项目制的影响之一就在于非营利组织通过项目运作获得政府或基金会的项目资金和其他支持，能更好地在环境中生存下去。

> 说实话，正是因为资金的问题我们才会申请这个项目，很多东西是混合在里面的，但是我们不会违背项目里面要做的事情。但是比如说“阳光组”要去一趟香港，那好，你帮我找一定数量的“蜗牛”——一定数目的会员回来，然后我会有部分的资金从蜗牛网资助你们。以前运动会是J机构自己搞的，现在是“蜗牛网”里面，起码不用出钱搞运动会。你说没有好处肯定会有好处。（访谈记录：JZ2012年5月10日）

## 二 社会服务项目制与非营利组织的合法性

### （一）非营利组织的合法性诉求

德国社会学家马克斯·韦伯对合法性问题做了系统探讨。他认为合法性的基础来自以下三种情况：一是一个具有合理规则的制度；二是人的权威；三是信仰某个带来实际启示，或具有天赋资质的人物，如先知或英雄。韦伯根据这三种合法性来源区分了三种支配类型，即官僚制、家父长制和“卡理斯玛”支配结构。[①] 组织社会学中的新制

① ［德］马克斯·韦伯：《支配社会学》，康乐、简惠美译，广西师范大学出版社2004年版，第19—20页。

度主义学派明确把组织的合法性机制引入组织分析中。合法性机制的基本思想是社会的法律制度、文化期待、观念制度成为人们广泛接受的社会事实，具有强大的约束力量，规范着人们的行为。合法性机制不仅约束组织的行为，而且可以帮助组织提高社会地位，得到社会承认，从而促进组织间的资源交往。①

高丙中以"承认"为指标分析了非营利组织的合法性，把表达承认的主体界定为国家、政府部门及其代表人物、各种单位、社会团体以及社会上的个人。国家、政府部门的承认体现在同意、授权非营利组织开展活动上，单位和其他社会团体的承认体现在与非营利组织合作、提供资源上，个人的承认则体现在个人参与非营利组织的事务和活动上。非营利组织是一种群体的或组织的公共活动，这三种主体赋予它的合法性是它开展公共活动的基础。高丙中根据合法性的来源的不同，归纳了四种合法性即法律合法性、社会合法性、行政合法性和政治合法性。②

### （二）非营利组织通过项目运作获得合法性

在中国，政府部门赋予官办非营利组织合法性地位，并提供一定的办公场所、开办资金和管理人员，一些官办非营利组织经常是"一套人马、两块牌子"。这一组织要从社会中不断地汲取资源，以维持其生存，并展示其服务于国家以及管理社会的职能。③ 可以看到，官办非营利组织对国家和政府部门、社会和个人的合法性诉求是国家和政府部门合法性诉求在先，单位、其他社会团体和个人合法性诉求在后。

在中国，民办非营利组织是公民社会的自主的力量，对于这些组织特别是一些以工商企业形式注册的草根非营利组织来说，只要取得了企业法人资格，便是市场经济中独立的竞争主体，按市场规律运行，因而它们具有较大的独立性，较少依赖政府。但是，草根非营利

① 周雪光：《组织社会学十讲》，社会科学文献出版社 2003 年版，第 74—75 页。

② 高丙中：《社会团体的合法性问题》，《中国社会科学》2000 年第 2 期。

③ 邓宁华：《"寄居蟹的艺术"：体制内社会组织的环境适应策略——对天津市两个省级组织的个案研究》，《公共管理学报》2011 年第 3 期。

组织仍然希望被政府“收编”，希望获得民办非企业单位的身份，这种身份代表了一种资格——获得政府资助的资格，进而获得基金会、企业和社会大众的支持。与此同时，民办非营利组织的出现满足了社会和个人的需求，它对社会和个人的合法性诉求具有实质性，即它只有通过服务于有需求的服务对象才能真正获得他们的认可，最终获得社会的认可，也只有这样才能获得资源，进而在市场竞争中生存下去。因此，民办非营利组织尤其是草根非营利组织对国家和政府部门、社会和个人的合法性诉求的排序，往往是对社会和个人合法性诉求在先，对国家和政府部门合法性诉求在后。

本书研究的社会服务项目制涉及非营利组织的一个或几个方面，即组织的项目运作及与之相关的组织系统和规则系统。因此，从这个方面来看，本书的研究也是一项组织研究。本书分析非营利组织项目运作的影响之一是通过项目运作获得政府、社会和个人的承认，从而使得组织整体的存在和发展具有合法性。非营利组织只有获得政府、社会和个人的认可，才能生存和发展，而项目运作可以实现上述目标。从合法性来源的角度看，中国非营利组织当前的合法性来源除了法律，还有社会、行政和政治合法性。一个组织可能只在其中的一个领域获得合法性，也可能在四个领域都获得了合法性。对于不同类型的非营利组织，其合法性来源不同。对民办非营利组织来说，通过运作项目，满足服务对象需求，扩大社会影响，进而能影响政策的制定，能够使其合法性不断充足和完善。在目前的政治和法律制度环境下，民办非营利组织获得政府合法性认同相当困难。所以，民办非营利组织往往通过提高社会的实质合法性来进一步弥补自身合法性的不足。例如J机构通过运作“蜗牛网”项目提高了知名度，获得了社会的认可。

> 特别是能看到“蜗牛网”在北京市智障人士服务领域里面有一定的知名度，特别是家长觉得，“蜗牛网”有什么样的活动啊，哪怕是不同的机构的智障人士的家长都会能够认识、能够交流，特别是很多人因为“蜗牛网”会觉得J机构的服务跟其他机构的

服务是不一样的。就是对我们的机构多了一点认识，问题是，认识是有，以前吧会觉得J机构会怎么怎么样，没有很具体地了解你们究竟在干什么，你们跟其他机构有什么区别，但通过“蜗牛网”我们经常会说我们的理念，经常会说我们的模式，经常说我们怎么对待我们的智障人群，所以他们会了解得更多，原来J机构跟其他机构不同的地方在那里，当然不是每一个人都会认同，但起码他知道那个分别了，他们可能会选择，你这是开放的。（访谈记录：JZ2012年5月10日）

## 三 社会服务项目制与非营利组织的依附性和独立性

上文分析了社会服务项目制对非营利组织的积极影响，除了这些积极影响，社会服务项目制给非营利组织带来了风险。这就是非营利组织可能丧失其独立性和特殊性，变得依附政府部门，从而改变使命和特色，这需要非营利组织认真应对。

### （一）非营利组织的依附和独立的张力

在美国和英国，很多人非常关注政府服务外包给非营利组织带来的冲击。一些学者认为与政府签订服务合同将非营利组织变成政府部门的附属机构。《第三部门国际研究专辑》的编辑认为，非营利组织使用政府服务项目外包得到政府资金这种做法是“一不小心与魔鬼签了卖身契”。[①] 一些观察家将“去志愿化”（devoluntarization）以及目标扭曲看作在政府服务项目外包过程中非营利组织必须付出的代价。由于必须根据政府对于代理人资格、成员和服务模式等的特殊要求提供社会服务，因此非营利组织在变成公共代理人的过程中已经丧失它们的自主性和特性。[②] 英国学者米勒（Chris Mliller）认为，伙伴关系给各方都将带来益处，不过要付出代价，对非营利组织来说那可能正

---

① Robert Wuthnow, *Between States and Markets: The Voluntary Sector in Comparative Perspective*, *Princeton*: Princeton University Press, 1991, p. 299.

② 虞维华：《政府购买公共服务对非营利组织的冲击分析》，《中共南京市委党校南京市行政学院学报》2006年第4期。

好是沉默的代价——批评终结。①

尽管政府影响机构自治的情形毫无疑问是存在的，但经验证据对这个论点提出了质疑。例如，社会学家拉尔夫·克雷默（Ralph Kramer）对为残疾人服务的私人机构的研究指出：“志愿机构的自治很少受到政府资金来源方面责任要求的威胁。一般只有低程度的管制，还有建立在相互依赖基础上的紧密联系……政府资金在控制志愿社会服务组织方面的影响，可能比通常相信的要小得多。”② 萨拉蒙认为，非营利部门独立性这一概念具有误导性，在资金方面，该部门几乎不可避免地是有依赖性的——不是依赖公共资金，就是依赖私人来源。在历史上，私人资金像政府一样，也伴随着很多附加条件，威胁到机构的独立性。至少，对接受政府资金带来独立性方面潜在损失的正确忧虑，应该和单一依赖私人资金对独立性的挑战相对比较。他在对全国范围的16个地方3400多家非营利机构的调查中，也没有找到担忧政府扭曲机构使命的证据。③

（二）中国非营利组织的依附性与自主性

关于社会服务项目制给中国非营利组织带来风险的讨论要基于中国的国情，既要看到依附性的一面，也要看到独立性的一面。在中国，许多非营利组织是由政府主导成立的，跟政府“一套班子，两块牌子”，对它们来说依附政府是一种客观存在的现象，它们依赖政府提供的资源和合法性，如G机构和F机构。即使对于政府主导成立的机构，它一方面要配合政府的工作，跟政府保持紧密的合作关系，另一方面在开展工作过程中也需要按照自己章程自主运作。

> 我们主管单位是新区政法委，业务指导部门有两个单位，一个是禁毒办，一个是团委，每个月服务部的部长会参加到他们职

---

① Chris Miller, *Producing Welfare: A Modern Agenda*, Palgrave Macmillan, 2004, p. 148.

② Ralph Kramer, *Voluntary Agencies in the Welfare State*, Berkeley: University of California Press, 1980, p. 292.

③ ［美］莱斯特·M. 萨拉蒙：《公共服务中的伙伴——现代福利国家中政府与非营利组织的关系》，田凯译，商务印书馆2008年版，第111—112页。

能部门的工作会议里头去，主要了解当前工作的一些主要任务，我们的工作进度今后跟他们的一些主要业务怎么样来衔接。第二种形式，我们和业务主管部门定期工作上或业务上发生的问题会通过会商会的形式，比如近期开了一个对吸毒人员的分类评估，牵涉公安这一块。类似的这样的会商会是不定期的，碰到了问题，提出来，他们也有工作上要沟通的事情，大家一起聚一聚，做一个商讨。这是跟政府。

我们这里主要是董事会领导下的总干事负责制这样的一个形式来开展工作的，董事会的构成一个是举办方的代表，（一个是）高校的专家如姬老师、费老师，也是我们的辅导员，还有政法系统退下来的老同志，作为内部带队伍的辅导员来聘请的，参与到董事会里头。监事会由业务指导部门的人组成，政法委有一个、团委有一个，司法局有一个，三个人形成监事会，他们主要是财务上的（监督），我们每个月的财务报表都是交监事会的。用人、用钱等自己做主，由董事会审批的，大小事情的决策权都是由董事会来做出的。（访谈记录：GZ2012 年 7 月 25 日）

另一类是民办非营利组织，对它们来说是不是会变成政府部门的附属机构，这有待具体情况具体分析。对有多种资金来源渠道的机构来说，不存在这种情况；但是若机构的资金来源于政府，它就要“唯政府马首是瞻”。在现实中非营利组织的资金来源一般都是多元化的，“不会在一棵树上吊死”，如 A 机构、C 机构、E 机构等。它们在项目运作及其日常活动中具有非常高的独立性，往往注重使命和宗旨的实现，注重对项目的选择，对于专业社工机构来说还非常注重专业伦理，不愿违背自己的理念和原则（见第四章第三节）。一些机构在同政府的合作过程中还“教育政府”。

在政府给定的一个圈圈内，你可以去设想设计，另外的话，政府也需要“教育”呀，你也需要“教育”它，它有时候觉得我不需要做这个，我就要做这个，那你说，其实我帮你分析一下，

> 做这个有什么什么，你要说服政府的。至少依我个性的话，政府不是想让我干啥就干啥，我一定会想我要干什么，我去跟它去沟通，去说服它，甚至我们选择政府。
>
> 政府也需要“教育”的。比如说上次，有个社工准备开小组，他的服务对象都来了。这时领导说：“×××，领导要来参观，所以你不要开小组了，去接待他们。”他就去接待了，这个时候就会碰到社工伦理的一个冲突。这时社工的组员都来了，你按照计划开小组的，你为什么去？领导要你介绍你就去介绍？你的专业伦理在哪里，到底谁是你的服务对象，这都是伦理当中会讲的一些东西。这个时候你就要明白，冲突来了，挑战来了，你会放下服务对象去接待他们，还是你会跟领导说，我这个小组是怎么样的情况，我是要开小组的，另外领导来参观的话，是不是让其他的人来介绍，或者你们先跟他们介绍，我这边小组结束了，我再来补充介绍。你要明白你的职业伦理在哪里，然后你要知道怎么样去处理这个问题。（访谈记录：AX2012年7月23日）

民办社工机构特别希望被政府接管，如此一来可以得到政府的资助，还可以对企业等捐赠方有税收上的优惠，从而吸引更多的捐赠，如J机构便是这类。

在目前的情况下，对中国的非营利组织来说，生存可能仍然是第一位的，只有在保证生存的前提下才能保持其独立性和特殊性，否则一切都无从谈起。

## 第二节　社会服务项目制的社会影响

### 一　提高社会服务供给效率

社会服务是一种公共物品，政府和市场都能提供，但没有支付能力的人很难获得市场提供的服务，此外，由于社会服务市场不完备，竞争不充分，难以提高供给效率。由政府提供社会服务也存在一定的局限性，正如美国经济学家斯蒂格利茨指出的那样，“对那些提议对市场失灵和收入分配不平等采取政府干预的人们，经济学家提醒他们也不要忘记政府同私人市场一样是有缺陷的。政府并不是某种具有良好意愿的计算机，总是能够做出对整个社会有益的无私决策”。[①] 在这种情况下，政府通过服务项目外包由非营利组织提供服务，能够弥补市场失灵和政府缺陷，提高社会服务的供给效率。

非营利组织项目运作高效率既来源于其机构本身的独特性，又得益于竞争性市场机制的导入。一方面，每个部门的机构具备一些固有的结构性特征，使得它们倾向于对服务对象所遭遇的各种“不利”状况作出多少带有敏感性的反应。与其他部门的机构相比，非营利组织有自己的比较优势，这就是它们特别含混且混合的结构使其能够克服种种自由权—代理关系错位，中间选民不情愿，政治家发给下属的信息不明确，市场兴趣缺乏等因素造成的问题。[②] 非营利组织具有敏锐的视角和快速的反应来应对民众对于服务的新需求，而它扁平化的结构，使其能够比较灵活地进行战略和人员的调整，利用优化的结构和方式以及专业上的优势提供社会服务。

> 有我们这个组织跟没有我们的这个服务是不一样的。因为我们服务的都是弱势群体，原来他们都是躲躲藏藏的，不仅有一些问题，而且是躲躲藏藏的，是不能见光的那种，通过我们的服务，让他们能够堂堂正正做人了，社会意义是非常深远的。对我们业务主管部门来说，原来它只有一只手，它只有一个拳头用来打击的，现在有了另外一只手是帮扶的，从社会和谐的角度来讲，从服务对象自身、家庭和社区对他们的接纳程度来讲，肯定我们社会工作这一块对这些特殊人群的帮扶的意义是不能（忽视的)。我们有很多员工原来在企业或单位都是中层以上干部，有丰富的工作经验，然后转到我们这个工作岗位上来，收入待遇比

---

① ［美］斯蒂格利茨：《经济学》（上册），梁小民等译，中国人民大学出版社 1997 年版，第 502—503 页。

② ［英］霍华德·哥伦内斯特：《英国社会政策论文集》，苗正民译，商务印书馆 2003 年版，第 152 页。

> 原先是差很多的，但他们觉得自己的价值得到了进一步的实现。不一样的，这是精神层面的东西，很有意义。（访谈记录：GZ2012年7月25日）

另一方面，非营利组织项目运作的兴起有助于将市场机制引入社会服务领域，改变政府的传统角色，从而提高服务效率。相较于政府“一手抓、一揽子做”的传统做法，非营利组织通过投标和竞标的方式来承接项目，不仅能够使优胜的服务机构进入社会服务领域承担并实施项目，而且政府也逐渐从“运动员”向“裁判员”的角色转变，从具体的事务中脱离出来，进行相对公正、客观的判断来提高社会服务的质量。此外，政府购买非营利组织的服务项目，既评估了非营利组织社会服务的能力，为非营利组织的发展提供了资金保障，也使得非营利组织更加紧密地围绕着政府，而政府则可以了解更多非营利组织的信息和情况，在互相理解和默契的基础上，在社会服务领域内开展更多的项目，提供更多高质量的服务。①

## 二　满足多元化和变动的社会需求

社会服务需求的多元化来自现代社会的多元化。现代社会的多元化体现在人们的兴趣、价值和利益的多元化，由此社会分化为众多的阶层和集团。一方面，政府要对全体社会成员负责，要向所有成员提供服务，服务趋向“普遍性”，这给政府背上了沉重的财政负担。另一方面，政府以往提供社会服务强调统一性、规范性，忽略了社会大众需求的差异性和多元化，不能满足社会成员数量庞大、种类繁多，有时甚至彼此冲突的“局部性”个人化的社会需求。并且，由于是从政府的行政体系来出人、出资金，往往容易让社会大众与社会救助相联系，抱着一种“我应得”的态度来享受服务，做得好是应该的，做不好则怨声连连。政府在满足社会多元化需求方面的弱点，恰好是非营利组织的优势，各种各样的非营利组织支持和体现了社会的自由、

① 王瑞鸿主编：《社会工作项目精选》，华东理工大学出版社2010年版，第28页。

多元和个性化的价值，分担了政府服务供给责任，能够有效地满足社会的多元化和个性化需求。

非营利组织之所以能够较好满足多元化社会需求，是由于它能通过项目运作有效组合运用社会各方面的资源。非营利组织项目运作，特别是综合性的社区服务中心项目有利于调动其他社会资源的投入。I机构和其他机构运作的社区服务中心项目就整合了内部机构和外部资源，使得资金来源多元化，从而把社区服务中心真正变成了一个服务社区居民的平台。

……

实际上像“花果山”这个项目，就是社区服务中心这个项目是四十八万四千（元），但是我通过整合其他的项目进来，然后通过内部的机构的整合，我把它变为两百万（元）的项目了。

项目这一类，特别是社区服务这一类项目实际上是一个综合性的服务，它更讲究的是一个平台，社区服务中心是一个平台，我们可以把所有的服务对象都放在这个平台上来，放到这个平台上以后我们整合各种各样的资源。我们根据他们不同的需求去提供各种各样的服务。比如说青少年的可以做，老人的也可以做，因为是社区，所有的居民都是我们的服务对象，就像昨天的听证会似的，所有的居民它也可以考虑到孩子的，也可以考虑到老人的，可以考虑到青年的，也可以考虑到青少年的，在社区的平台上每个人的需求我们都要关注，但是在岗位上的社工就做不到这一点了。（访谈记录：IS2012年12月24日）

此外，项目运作与服务的流动性与可变性，与科层制服务僵化稳定相比迥然不同，它可能更加适应了后现代社会的特点，在这种社会里，环境是不确定的，事情的发展是难以预料的，人的认知能力是受限制的，这种限制一方面来自无意识，另一方面来自行动中未被行动者认识到的条件和行动的意外后果。正是项目具有流动性和可变性，它才能更好地满足社会公众变动的需求。第一，人们在检视政府的职能，提倡“小政府、大社会”，政府缩小规模，但人们对政府抱有很多期望，特别是在市场失灵情况下，要求政府承担起更多的责任，这两种要求对政府就是一种两难，在这种情况下政府就在探索多元化的服务提供模式，项目制就是其中的一种。第二，人们需求的复杂性和变动性决定了满足方式的可变动性。当今人们的需求是多样的，从最基本的生存需求到较高层次的精神需求、发展需求，不一而足。马斯洛的需求层次理论认为人们的基本需求被满足之后就会产生较高层次的需求，因此满足需求的方式和手段不是固定的，不像计划经济时期那样可以通过单位或福利机构满足单一的需求。在这种情况下，科层化的自上而下的服务提供模式便有很大的局限性，灵活的项目制方式便应运而生。在这种方式中，如G机构做的“助困综合服务”项目那样，通过运作扶贫帮困项目来满足贫困群体的基本生活需求，他们这一部分群体的基本生活需求解决后还可能会产生其他的需求，如培训需求、心理慰藉需求等，针对这些需求，其他的社会服务机构可以开展针对性的工作，满足这些需求。在项目制中，同一服务对象可以接受同一机构的服务，也可以接受不同机构的服务，这取决于他们的需求状况，总之是灵活多变的。而科层化的服务提供则比较僵化，有很多资格条件的限制，而且多限于现金和实物帮助，难以满足变动的多层次的需求。

### 三　创造和积累社会资本

学者们在不同的层次上对社会资本进行了界定。英国政治学家肯尼斯·纽顿认为：“社会资本是由公民的主要与信任、互惠和合作有关的一系列态度和价值观构成的……使人们倾向于相互合作、去信任、去理解、去同情的主观性的世界观所具有的那些特征。”① 美国社会学家罗伯特·D. 普特南认为：“‘社会资本’指的是社会组织的特征，例如信任、规范和网络，它们能够通过推动协调和行动来提高社会效率。”② 也有人从宏观的角度来定义社会资本，这种观点认为，

① ［美］肯尼斯·纽顿：《社会资本与欧洲民主》，载李惠斌、杨雪冬主编《社会资本与社会发展》，社会科学文献出版社2000年版，第380—381页。

② ［美］罗伯特·D. 普特南：《繁荣的社群——社会资本与公共生活》，载李惠斌、杨雪冬主编《社会资本与社会发展》，社会科学文献出版社2000年版，第155—156页。

“一个社会的社会资本包括制度、关系、态度以及价值观等一系列决定人际互动的因素，以及这些因素为经济和社会发展所做出的贡献”。①

总体上看，对社会资本的界定有微观、中观和宏观之分，这也表明，社会资本有微观层次的存在于民众之间的社会资本、中观层次的存在于组织之间的社会资本和宏观层次的存在于社会发展层面的社会资本。

社会服务项目制在实践中能够创造社会资本，具体体现在以下几个方面：

第一，非营利组织在项目运作和组织发展中不仅坚持用专业理念和方法如社会工作的理念和方法为有需求的人群提供服务，提高他们的生活质量，而且能够整合各方资源。例如走“社工联系义工、‘两工’联动”的资源动员的道路，有利于培养人们之间的合作、奉献、信任和同情等各种情感和联系，创造和积累社会资本，促进社会和谐。

> 因为有些组织拿很多的标，有限的人力是很难做的，它们一般都在社区里面发挥志愿者的作用，我们有组织起的名称很好听，叫“关爱大使”或“爱心大使”，这“爱心大使”其实全部是培育的志愿者，这些志愿者作为他们一支非常好的力量，它通过培训啊，把这些力量盘活，由这些社区里面自有的力量去服务社区里面的人。现在我们主要活动都是这个样子的做法，就是通过项目撬动社区里面的资源，不是光带着钱下去由这个组织自己做，不是这个样子的。（访谈记录：上海市 PD 区社区建设指导中心副主任，2012 年 12 月 19 日）

第二，非营利组织在项目运作中同各类机构打交道，共同构建了

① Christiaan Grootaert, “Social Capital: The Missing Link?” Paul Dekker, *Eric M*, *Uslaner*, *Social Capital and Participation in Everyday Life. Routledge*, 2006, pp. 9—29.

一个相互信任和合作的关系网络。例如，D 机构通过走访、联系、合作与浦东新区的部分社会组织建立了良好的联系；与本土社会工作实务机构、基金会积极合作，为项目的运作提供多元化的支持；与上海各大高校保持联系，并聘请了华东理工大学、复旦大学、华东师范大学等高校的专家、学者担任 D 机构的理事，作为专业上的强大后盾。D 机构还与中国港台地区的社会工作专业机构交流，学习最新的项目运作经验。可以看到，D 机构在项目运作中积累了大量的社会资本。①

第三，社会服务项目特别是社区公益项目立足于社区，有利于培养社区社会资本，有利于促进社区发展。社区发展是一个综合性的理念，它不仅指社区公共设施的建设和居民物质生活水平的提高，而且包含共同的价值取向、信任度强且富有人情味的人际关系、发达的可供居民随时参与的社区组织以及与政府间良好的互动网络等。就一个社区而言，社会资本总量的多寡与分布状况，决定了社区活力和凝聚力的强弱以及社区治理的效率和效果。② 从这个意义上说，上海社区公益服务项目、深圳社区服务中心项目以及其他城市推行的社会服务项目大多是社区公益类的项目，以满足社区居民的需求为出发点和归宿，注重动员社区组织和社区居民的参与，注重社区组织和社区人际关系培育。因此，社区公益服务项目的顺利实施有利于调动社区居民参与服务项目，培养互助互信的人际关系，形成充足的社会关系网络和社会资本，从而促进社区发展。

## 四　促进公民社会的发展

社会服务项目制有力地促进了公民社会的发展，它表现为以下几个方面：

第一，有利于培养公民意识。公民社会的基础是公民意识，公民意识包括公民的权利意识、法治意识和参与意识等。社会服务项目制促进了非营利组织的发展，而发达的非营利组织是培养公民意识的重

① 王瑞鸿主编：《社会工作项目精选》，华东理工大学出版社 2010 年版，第 21 页。

② 江立华主编：《社区工作》，华中科技大学出版社 2009 年版，第 74 页。

要条件。非营利组织能够启发民智，能够培养人们经济权利、政治权利和社会权利意识，能够培养人们的契约精神，培养人们的知法、懂法和守法意识，培养人们参与公共事务和提供社会服务的意识，因此，社会服务项目制及其非营利组织的发展是培养公民意识的重要基础和途径。

第二，在社会服务项目制中，非营利组织与政府分工合作，非营利组织在与政府的合作中享有知情权和咨询权，参与政府有关社会服务的决策过程，促进开放性的社会政策的制定与实施，并对政府的社会政策进行监督和评估。有效的市场体制和民主政治离不开发达的非营利组织的支持，社会服务项目制及非营利组织的健康发展是一个国家现代化和民主建设得以进一步发展的前提和基础。

第三，社会服务项目制跨越政府科层体制向非营利组织供给资源，垂直管理的科层权力被限制在一定范围内，政府的规模膨胀得到抑制。由于政府原有的一部分权力和资源转交给非营利组织，非营利组织由此在社会服务领域中拥有了一部分权力或权威，当然这一部分权力或权威不是强制性的，而是基于提供服务而形成的信任、依赖等权威，或者说存在一种专业权威，有利于公民社会的发展。

第四，社会服务项目制及非营利组织的发展使得政府重新审视和界定与非营利组织的关系，为非营利组织发展提供足够的空间和法律环境。长期以来，一些政府部门和个人对非营利组织和非营利组织服务持怀疑、不信任的态度，不利于培育良好的政社关系。大量的社会服务项目的运作及其效果的展现，能够使政府部门摒弃旧观念，变管控为培育，形成政社之间良好的合作氛围和合作文化，促进非营利组织健康成长，激发非营利组织参与社会管理和社会服务的热情。①

第五，社会服务项目制的推行使传统的自上而下的控制模式逐步转型为民主进程中横向平行的治理结构，社会变得更加民主和多元化，不同的组织各自扮演不同的角色，相互独立，相互协商，相互合作，公共领域就会由此而发展壮大。这推动政府更多地发挥“谋求+

---

① 王瑞鸿主编：《社会工作项目精选》，华东理工大学出版社2010年版，第30页。

合作”的作用，与各级地方政府、非营利组织、国际组织和企业组织形成共同治理的模式，其中非营利组织是多元治理中重要的主体和组织力量，对治理、发展和福利也会有极大的促进。

第六，社会服务项目制是社会服务多元化提供方式之一，不同于政府直接举办福利事业，这种方式提倡竞争，合理的竞争能给服务提供者带来压力和动力，也能够保证服务对象一定的自由和权利。因为社会服务的垄断性供应是一种政府全能主义的做法，是丧失对自身行动控制权以换取少量的低水平的服务，如同我国计划经济时期的低工资和低福利，工人虽然得到了这些东西，比较稳定，但是却失去了很大的自由，成为依附单位的单位人。多元化服务提供方式与人的自由和社会权利有密切联系。对服务对象来说，避免依附而有较多的自由是最值得珍视的权利。当然社会对市场中的竞争失败者、对老弱病残和贫困者要给予照顾，政府要担负起最后一道防线的责任来。

## 第三节　社会服务项目制的扩散

在中国，社会服务项目制在各个地方还处于探索和实践阶段，在全国的层面上还没有统一的政策和做法，从这个角度来讲，社会服务项目制是一种创新，而创新会通过扩散被其他地方政府采纳。本节探讨社会服务项目制的扩散机制及影响因素。

### 一　什么是扩散

美国学者罗杰斯提出了创新扩散理论，他认为：“扩散是创新通过一段时间，经由特定的渠道，在某一社会团体的成员中传播的过程。”“扩散是一种特殊类型的传播，传播的信息是有关一个新的观念。”[①]扩散过程包括从一开始的发明到使用者应用这样一个创新的扩展过程。扩散会产生相应的变化，“扩散是一种社会变化，可以被定

---

① ［美］埃弗雷特·M. 罗杰斯：《创新的扩散》，辛欣译，中央编译出版社2002年版，第5页。

义为在社会系统的结构与功能中发生变化的过程”。[①]

## 二　社会服务项目制的扩散机制

社会服务项目制作为一种政府创新类型，随着加强和创新社会管理战略的实施，它被许多地方政府采纳，在更广阔的地域内扩散开来。在这里，可以应用组织社会学的合法性机制解释其扩散原理和机制。美国社会学家迪玛奇奥和鲍威尔认为，有三个机制导致组织的趋同性或者组织形式、组织行为的趋同性。这三个机制一是强迫性机制，组织必须遵守政府制定的法律、法令，不然就会受到惩罚；二是模仿机制，即各个组织模仿同领域中成功组织的行为和做法；三是社会规范机制，社会规范产生一种共享观念、共享思维。[②]在中国，社会服务项目制的扩散机制主要是模仿机制，辅之以社会规范机制和强迫性机制，项目制便在更大的范围内扩散开来，下面具体介绍三种扩散机制。

（一）模仿机制。社会服务项目制的模仿发生在地方政府之间的考察交流上。地方政府之间的考察学习主要表现为潜在创新采纳者对已实施社会服务项目制的地方政府的模仿学习。一些地方政府先期实施的政府购买服务的创新对其他地方政府社会服务项目外包和项目运作有很大的示范作用，潜在创新采纳者通过实地调研、面对面的交流进行模仿学习。

（二）社会规范机制。规范机制产生了一种共享的观念和思维，即一旦一些地方政府采纳了社会服务项目制，这项新举措就有可能被公认为是这些地方政府的一项合理责任，是一项所有的地方政府都应该具有的事物。一旦社会服务项目制被贴上“合理”的标签，它就有了自己的推动力。[③]

（三）强迫性机制。由中央到省市自上而下颁布法律法规、下发

① ［美］埃弗雷特·M. 罗杰斯：《创新的扩散》，辛欣译，中央编译出版社 2002 年版，第 6 页。

② 周雪光：《组织社会学十讲》，社会科学文献出版社 2003 年版，第 85—91 页。

③ 杰克·L. 沃克：《创新在美国各州的扩散》，载杨雪冬、陈雪莲主编《政府创新与政治发展》，社会科学文献出版社 2010 年版，第 126 页。

文件，这些法规和政策具有权威性，从而带有一定程度或完全的强制性。通过学习这些政策法规，特别是上级政府召开的会议、高层领导视察谈话，能极大地更新地方政府的观念和行为，推动他们很快作出采纳创新的决策。如民政部和财政部2012年发布中央财政支持社会组织参与社会服务项目，就是在各地实践基础上自上而下进行的制度创新和扩散；2012年民政部和财政部发布了《关于政府购买社会工作服务的指导意见》，在全国推广政府购买社会工作服务和项目制。可以设想，社会服务项目制将在全国层面上向纵深方向发展，其运作将进一步制度化和规范化，将极大地推动社会工作和社会工作机构的发展。

可以发现，社会服务项目制的扩散可以是同级政府间的横向型扩散，也可以是自上而下的纵向型扩散。横向型扩散是地方间的互动，自上而下的扩散主要体现在各级地方政府对中央政策的反应上。

## 三　社会服务项目制扩散的影响因素

影响社会服务项目制扩散的主要因素是效率和效益的逻辑，它体现在经济效率和社会效益上。经济效率因素要考虑项目资金的使用效率，是否能够节约资金或者能够在投入一定的情况下有更大的产出。社会效益表现为政府职能转型，构建合理的政社关系，促进非营利组织的发展，以及解决社会问题、维持社会稳定等方面。如果社会服务项目制有助于提高资金的使用效率并能够产生较大的社会效益，那么地方政府就有可能采纳该项创新。

此外，一些经济社会因素也影响社会服务项目制的扩散。沃克认为，在美国，较大的、较富裕的、工业化程度较高的州采取新项目的速度在某种程度上超过较小的、发展程度较低的邻州。① 就中国社会服务项目制的扩散来说，那些经济较发达、有较雄厚的科技支撑和智力支持的地方政府较有可能采纳创新举措。

---

① 杰克·L. 沃克：《创新在美国各州的扩散》，载杨雪冬、陈雪莲主编《政府创新与政治发展》，社会科学文献出版社2010年版，第113页。

# 本章小结

社会服务项目制的影响分为对非营利组织的影响和对社会的影响。项目制对非营利组织的积极影响有以下两方面：非营利组织通过项目运作获得政府的项目资金和其他支持，能更好地在环境中生存下去；通过项目运作获得政府、社会和个人的承认，获得法律合法性、社会合法性、行政合法性和政治合法性，从而使得组织整体的存在和发展具有了合法性。社会服务项目制也给非营利组织带来了挑战和风险。

社会服务项目制对社会的影响表现在以下几方面：提高社会服务供给效率；满足多元化和变动的社会需求；创造和积累社会资本；促进公民社会的发展。

社会服务项目制通过模仿机制、社会规范机制和强迫性机制在更大地域扩散开来。影响社会服务项目制扩散的因素主要是效率和效益的逻辑及其他一些经济社会因素。

# 第八章

# 结论、讨论与政策建议

## 第一节 结论

作为一种新体制和机制，社会服务项目制的产生和发展是由多种条件催生和保障的，它们分别是，社会服务的需求和供给不平衡为政府和非营利组织通过项目合作的方式提供服务带来了压力和动力；政府购买服务为社会服务项目制奠定了制度基础；非营利组织发展为项目制的建构提供了组织基础；福利多元主义和新公共管理为政府服务项目外包和非营利组织项目运作提供了思想和理论基础。

本书讨论了社会服务项目制在宏观制度背景下的种种运作机制及其建构过程，分析了政府和非营利组织的项目机制、策略和逻辑，项目制正是在政府与非营利组织共同参与下发展和演变的。

政府作为政策制定者、资源提供者和监督管理者在项目制建构中发挥了主导作用。就政府部门的项目外包而言，目前通过三种机制运作，一是招标发包，政府有关部门对财政资金的使用方式进行创新，改拨为招，以招标的方式选择非营利组织承担项目。二是委托发包，即政府通过合同或协议等一定的形式委托非营利组织行使某些社会管理和服务职能，提供一定的公共产品和服务。三是公益创投，它是政府将风险投资的理念和技术应用到公益领域中，委托第三方组织在对受资助组织的能力进行评估后，向其提供财政、管理、技术等多方面的支持，参与到组织的运行中，并制定退出战略。通过对上海和深圳两地政府社会服务项目外包的研究发现，两地都形成了自己的模式和特点，在上海，典型的社会服务项目外包是社区公益服务项目招投标，它由民政局推动进行，是对福彩公益金使用方式的创新，面向的对象是事业单位和在民政部门登记注册的社会团体、民办非企业单位，其程序严格。在上海，除民政部门的社区公益服务项目招投标外，其他政府职能部门也可进行项目的招标。在深圳，目前存在的比较典型的社会服务项目是社区服务中心项目，由市区民政部门统筹进行社区服务中心的招标。在上海和深圳，除了社会服务项目招标之外，政府还通过直接项目委托和公益创投来选择和资助非营利组织承接社会服务项目。

政府社会服务项目外包的逻辑主要是效率和效益的逻辑，即提高资金的使用效率和效益，培育非营利组织，回应社会需求。同时要注意到政府社会服务项目外包可能难以实现以上目标和意图。

在政府的项目机制下，项目成了指挥棒，引领着非营利组织的“投标”和“竞标”行为。对应于政府的项目外包，非营利组织通过不同的项目承包机制承接政府的项目，一是投标机制，非营利组织针对政府外包项目的标的自主决定投标并在多个投标者之间展开竞争，最终经评审确定中标组织；二是接受政府部门的项目委托，把政府部门交给的任务作为一个整体承包过来，按照双方签订的合同或协议向特定的人群提供服务；三是公益创投，非营利组织自主设计方案并参加创投活动。除此之外，非营利组织有时会主动向政府和基金会提交项目申请书，以期望获得它们的项目资助。

作为重要的项目行动主体，非营利组织在项目运作中为了成功承接项目而运用不同的策略，这些策略包括以下几方面：根据组织战略进行项目运作；动员员工参与设计项目；以“项目—子项目化”的操作方式与整合打包子项目来争取外来资源；以现有的项目为平台或基础进行项目的经营与滚动；通过项目培育和孵化机构；实施“走出去”战略，到异地开办机构承接项目等。各种项目运作策略都有其合理和有效之处，运用得当可能承接到各类项目。非营利组织项目运作的逻辑不同，包括以下考虑：承接各种项目以使组织能在环境中生存下去，“活命”的考虑可能占优，随着组织的发展，项目承接则主要是为了实现组织的使命；强化核心竞争力；提高员工的报酬、留住人才；提升服务的专业化水平；整合组织内部和外部的资源；在短期性项目与长期性项目做出选择并保持平衡等。非营利组织项目运作中可能存在着目标置换和员工负担重等问题。

综上所述，可以简略地将以上项目机制、策略和逻辑作一下总结：项目是联结政府与非营利组织的桥梁，政府通过招标机制、定向委托机制和公益创投选择非营利组织承担项目，政府项目外包的逻辑是效率和效益的逻辑。对应于政府的项目机制，非营利组织的项目机制是投标机制、承接委托项目机制和公益创投，此外非营利组织也主动向政府和基金会申请项目。非营利组织遵循不同的行为逻辑，运用多种策略来努力争取政府的项目。

本书研究发现，社会服务项目制不是一个严格的统一体，可分为申请项目制、委托项目制和招投标项目制三种类型。

（1）委托项目制。委托项目制是政府、基金会、企业等资助者定向委托非营利组织向某些指定的服务对象提供服务，资助者提供经费支持的制度。这种方式一般适用于政府委托项目以及其他资助者有意向特定人群提供服务的项目。目前这种方式大量存在于中国的公益性非营利组织中大量存在，尤其存在于官办的公益性非营利组织当中。

（2）申请项目制。申请项目制是公益性非营利组织主动向资助机构提交项目申请书，以期望获得各资助单位资助的制度。一般来说，组织有好的创意和想法，想付诸实施而采取主动向资助机构提出申请。有些情况下，特别是服务机构面临财务困境时也会向资助者提出申请，希望获得资助，以渡过难关。以上两种情况成功的可能性不同，前者要看资助机构的宗旨和使命以及服务机构的项目的创新性、可行性及影响性，而后者主要看机构的创办者或负责人与资助机构的关系，以及负责人的声望与业界的评价。一般来说，申请项目制属于服务机构单方意向的表达，资助者在这个过程中较被动。

（3）招投标项目制。招投标项目制是一种由资助机构提出标的，面向所有符合条件的服务机构，这些机构则进行投标，最后根据资助机构及聘请的专家的评估和评审而决定承担者的制度。在这种制度中，有发包方、承包方，它们的地位、权利和义务不同。而且这种制度存在着一定的市场竞争，有利于优秀项目脱颖而出。可以说招投标项目制是一种理想的项目制，它在很多方面不同于上面两种项目制。一是有众多的投标者，投标者要进行竞争，不一定就能承接到项目；二是过程及结果要向社会，起码向投标者公开，这样透明度高了，比较有利于公平公正地申请项目；三是重视方案评估，这种项目制一般要在规定的时间进行评估，对过程进行一定程度的监控，有利于服务机构按计划提供服务。

社会服务项目制的建构离不开项目制度和规则的约束与引导，项目制度和规则在项目制建构中发挥着重要的功能，有利于实现项目运作的效率和秩序，还为观察和理解政府和非营利组织项目运作提供了一把钥匙。项目制度和规则体系分为制度背景、制度安排和非制度安排。项目运作的制度背景包括政府采购制度、招投标制度、非营利组织制度、合同制度、市场机制、社会工作制度等，对整个项目运作提供了约束和指导。项目运作的制度安排包括组织系统和规则系统，组织系统是项目的实施结构，包括项目小组、项目团队、项目型结构等，它们嵌在组织结构中；与项目运作有关的典型的制度安排是工资制度、职业晋升制度和项目评估规则，有利于调动项目工作人员的积极性，保证项目顺利实施。非制度安排包括声誉、关系策略和合法性策略，为非营利组织运作项目提供了不同于正式制度的影响。

社会服务项目制的建构对非营利组织及社会产生了多方面的影响。对非营利组织来说，通过运作项目增加了资源，获得了服务对象和社会的认可，提高了合法性；但可能使非营利组织丧失独立性和特殊性，变得依赖政府。从更大的范围来讲，社会服务项目的运作提高了政府社会服务的效率，满足了社会多样化服务需求，为社会发展创造和积累了社会资本，促进了公民社会的发展。社会服务项目制在模仿机制、社会规范机制和强迫性机制的作用下被更多的地方政府采纳，从而在更大的范围内扩散开来。

## 第二节　讨论

### 一　政府和非营利组织既是一个“公益人”又是一个“经济人”

在本书中，项目主体包括政府和非营利组织，作为“公益人”，它们有共同的目标和利益追求；作为“经济人”，它们有各自的目标和利益追求。

先从共同点来看，作为“公益人”，它们都要服务社会，满足服务对象的多元化需求。对政府来说，社会管理和社会服务是其承担的一项重要职能，尤其是承担着对弱势群体托底的功能。对非营利组织来说，其宗旨是服务于公共目的，与获取个人利益不相融。① 正是基于两者共同的根本目的，政府和非营利组织通过项目联结在一起并形成分工负责、合作治理的格局。在这种分工与合作的治理格局中，政府制定规则，提供资金，进行监督管理；非营利组织则要获得政府的资金并提供服务。从理论上看，这与萨拉蒙提出的第三方治理理论关于政府和非营利组织关系模式相似，但实际上中国的政府与非营利组织合作治理的格局与之相比还不成熟，还有较大的距离，主要体现在非营利组织的规模还比较小，能力较弱，以及其他诸如双重管理等方面的限制，使得非营利组织难以发挥应有的作用。

作为一个“经济人”，对政府来说提高资金使用效率是其重要目标，提高效率的手段之一是实施服务项目外包。在这里，项目是手段而不是目的，可能造成的后果：一是若没有财政支持，项目资金来源就不稳定；二是政府可能会缩减对服务对象的服务，背离了其根本宗旨；三是服务项目外包虽然提高了资金的使用效率，却可能产生相应的交易成本（见第四章）。这些情况表明，政府的项目运作还存在相当多的局限性。对于非营利组织尤其是初创期的非营利组织来说，生存是其首要目标，在这种情况下非营利组织饥不择食，可能暂时把社

① 郑国安、赵路、吴波尔等主编：《国外非营利组织的经营战略及相关财务管理》，机械工业出版社 2001 年版，第 5 页。

会目的放在一边，会去承接各种各样的项目，而这些项目可能无助于实现其宗旨和使命。以上情况都与政府和非营利组织是独立的经济人的身份及其追求多元化的目标有关，对这种现象要加以注意，通过各种方式引导两者趋向共同的目标和行动上来。

## 二　项目制是理解政府与非营利组织关系的重要的枢纽和关键点

对于中国的非营利组织来说，它的重要作用已经得到广泛的认可，已经成为当前多元合作治理中的重要主体，现在的问题是如何在实践中构建与其良好的合作关系。从一些发达地区和城市来看，项目制就是一种可行的途径，它有望成为政府与公益性非营利组织的主要关系模式。

从已有的文献可以发现，许多政府与非营利组织的关系研究是在公民社会理论和法团主义理论这两种视角下进行。对于转型期的中国而言，独立的公民社会还非常弱小，公民社会与国家的界限也不清晰，这限制了公民社会理论在中国的适应性。正是因为中国的公民社会较弱，所以不存在发达的利益集团，在这种情况下，用法团主义理论来解释中国的非营利组织与政府的关系也具有很大的局限性。①

本书通过对社会服务项目制的建构过程的研究，提供了研究政府与非营利组织关系的新途径和视角。这种视角首先把政府与非营利组织看作社会服务的重要提供主体，在实践中形成了一种多元参与的社会服务提供模式。在这种模式中，政府与非营利组织的地位平等，由于功能分工不同各自承担着不同的角色和任务，其中政府的角色是政策制定者、资源提供者和监督管理者，而非营利组织则处在直接服务提供者的角色和地位上，政府与非营利组织通过项目联结在一起，可以说项目是联结它们的桥梁，项目也是把各种有需求的群体整合进公共服务中的桥梁，因此，项目成为理解政府与非营利组织关系的重要的枢纽和关键点。

---

①　贾西津：《民间组织与政府的关系》，载王名主编《中国民间组织30年——走向公民社会》，社会科学文献出版社2008年版，第199页。

从政府的角度看，项目体现了政府的政策和意图，它承载着资金，是政府资源分配和投入的指示器。在项目制这种体制和机制之前，政府对非营利组织的资助主要是政策资助，实质性的金钱方面的资助很少，而现在敢于把几万元、几十万元的资金以项目的方式交给非营利组织，这是政府和社会关系的一个实质变化。从非营利组织的角度看，官办非营利组织利用体制资源，同时又利用社会资源，这两种利用是顺理成章的，现在一些民办非营利组织也可以得到政府购买服务项目了，这反映了政府与社会的关系不再是分离的，而是向合作治理方向转变。非营利组织理解和领会政府的政策和服务意图，从自身生存和发展的角度出发力争获得政府的项目，这就使得项目把政府和非营利联结在一起。

综上所述，在社会服务项目制中，政府与非营利组织的关系模式变得固定化、模式化了，政府通过项目资助提供稳定的资金来源，非营利组织则提供服务。政府关于项目的政策越稳定，直至上升到法律法规的层次上，那么政府与非营利组织之间的关系就越稳定；对非营利组织来说它的行为就越稳定，权宜性和策略性的成分就越少，而把更多的时间和精力放在组织的使命和社会目的上去，从而促进非营利组织的可持续发展和社会的进步。从项目的可预期和稳定的角度上看，社会服务项目制的建构不仅要进一步扩大地域范围，而且要提高层次，直至上升到国家法律的层面上。

## 三　项目制是整合服务对象的纽带和桥梁

20 世纪 90 年代以来，随着市场经济的发展，大量的社会矛盾和社会问题随之产生，如贫富两极分化、城乡分化和区域分化等。在社会保障和福利领域，“泛市场化”的改革造成相当数量的民众无法享受改革成果而成为利益相对受损的群体。[①] 在这种情况下，如何满足他们的需求，如何把被排斥的群体重新整合进社会或公共制度当中，

① 李友梅、肖瑛、黄晓春：《当代中国社会建设的公共性困境及其超越》，《中国社会科学》2012 年第 4 期。

并形成与社会主义市场经济相适应的社会管理新架构是政府部门和社会各界普遍关注的问题。

从社会管理的角度看，在中观层面上有两种秩序整合机制：一种是纵向的秩序整合机制，另一种则是横向的秩序协调机制。[①] 本书所研究的社会服务项目制与社会工程领域中的项目制不同，它是一种横向秩序协调和整合机制。项目不仅意味着资金，它还意味着向服务对象提供服务。在传统的科层化服务模式中，政府通过建立公立学校、公立医院、国办养老院等服务机构自上而下地向应获得服务的人提供相关的服务。[②] 在市场化改革中，一部分民众成为利益相对受损的群体，如下岗失业工人，他们被抛出就业制度之外。此外传统单位提供的福利剥离给社会，大量人群的社会福利需求得不到满足。而政府转变职能，缩减规模，由于编制所限很难通过组建事业单位提供服务，在这种情况下，政府通过项目外包使非营利组织成为提供服务的主体，也就把大量的服务对象重新纳入服务体系中，起到社会整合的良好功能。

作为一种横向协调和整合机制，社会服务项目制还形塑了一个各方参与的公共平台，培育了各利益相关的个人或群体参与公共活动的积极性和理性能力，建构了“公共性”及其制度保障体系。[③] 公共性与个人性相对，它是一种共同性。公共性是人为的，是促成生活和社会中的分离的个人联系起来的产物，也就是公共领域。“公共领域作为一个共同的世界，将我们聚集在一起，但却阻止我们彼此争胜。”[④] 公共性的实现需要各种条件，如公共资源或公共物品、多元主体合作参与和共同价值等。社会服务项目制能够满足以上条件，因为项目体

① 李友梅：《中国社会管理新格局下遭遇的问题—— 一种基于中观机制分析的视角》，《学术月刊》2012 年第 7 期。

② 关信平主编：《社会政策概论》（第二版），高等教育出版社 2009 年版，第 105 页。

③ 李友梅、肖瑛、黄晓春：《当代中国社会建设的公共性困境及其超越》，《中国社会科学》2012 年第 4 期。

④ 汉娜·阿伦特：《公共领域与私人领域》，载汪晖、陈燕谷主编《文化与公共性》，生活·读书·新知三联书店 1998 年版，第 84 页。

现着资金和服务，是一种公共产品，在服务输送中需要政府和非营利组织等多元主体分工合作，社会服务输送过程还体现着社会团结和社会整合等价值取向。如前所述，我国当代城市社会公共性转型与重构的议题是在改革开放后市场经济发展和单位制日渐式微的背景下兴起的。[①] 在此背景下兴起的社会服务项目制不仅是单位制解体之后原子化个体的组织再造，更是与市场经济相适应的多元参与的治理模式和社会服务提供模式以及公共性的构建。

社会服务制是一个整合服务对象和塑造公共性的桥梁和平台，而桥梁和平台的搭建在于多元主体的成长和发展。特别是非营利组织作为一个有别于国家和市场的独立与自治的领域的成长和发育是项目制公共性平台形成的前提。与此同时，作为桥梁另一端的政府需要进一步转变职能，承担起自己的职能和角色，既不缺位也不越位，如此整合社会弱势群体和有需求民众的项目制平台才能得以建构和发展。因此，社会服务项目制是一种联结不同民众尤其是社会受损群体和弱势群体与公共制度之间的桥梁和纽带，或者毋宁说，社会服务项目制就是一种公共制度、公共平台，在这个平台上，通过政府与非营利组织之间横向的合作治理使得他们重新享受到有关服务，从而避免了更大的社会排斥。

## 四 社会服务项目制与社会服务双轨制

社会服务项目制可以看作在福利多元主义指导下对我国社会福利社会化改革的继承和发展。20 世纪 80 年代以来我国的社会福利社会化改革遵循双轨制思路，在这种双轨制中，首先把国办社会福利机构作为基础的总体体制存量部分，来保持整体结构的稳定，然后通过社会福利社会办等增量机制来吸纳自由流动的资源，借此增加福利供给。这种二元论的政策精神，改变了国家包办社会福利的局面，培育了一批民办社会福利机构，增加了社会福利的供给。然而，同时要看

① 单联成：《城市社会公共性构筑研究——以中日社区居民自治为视角》，博士学位论文，吉林大学，2011 年。

到社会福利社会化改革的局限性，即对民办机构的资助多采取“民办公助”和“公建民营”的方式，主要对机构进行现金、实物等直接资助和减免税收、水电费等间接资助，侧重于有形的资源和经济的资助，忽略了对专业人员的培育以及专业方法的引入。而且在很多情况下，政府对机构的资助往往不到位，造成了民办机构资源短缺，在这个过程中政府社会福利责任结构失衡。[①] 因此，为改变这种社会福利责任结构失衡的问题和提高服务质量，就需要一种新的政策措施，在原来的民办机构和民办公助方式之外增加新的专业机构和新的政社关系举措，这就是以专业社工机构为载体的社会服务项目制的引入。社会工作机构将国办社会福利机构和社会福利社会化改革中出现的民办社会福利机构都作为存量来看待，并清醒地认识到，国办社会福利机构虽可保持结构的稳定性，但不能提供发展绩效；民办社会福利机构虽可提高效率，却无法保证服务的专业性，并且缺少政府和社会的资源的支持。社会服务项目制有意将自身塑造成为一种新双轨制的增量部分，通过社会服务项目外包，选择专业社会服务机构承接项目，注重服务的时效性和专业性，将社会服务尽可能扩散到广泛的社会领域之中，扩大了社会服务的供给数量和质量。

## 第三节　政策建议

### 一　建立政府购买服务的公共财政基础，扩大政府购买项目的范围

政府要制定统一的社会服务项目外包的计划，建立购买服务的公共财政基础，并做好预算工作。可以设立专门的机构把每个部门的预算集中在一起，统一进行项目外包，这样可以避免部门分割和重复预算的弊病，增加政府购买的规模和效率，更好地促进社会服务项目制的发展。此外，政府可根据项目资金额度，给每个项目准备不同数量的备用金，用于开发新的服务项目或增加服务内容，使购买项目的资

① 胡薇：《国家回归：社会福利责任结构的再平衡》，知识产权出版社 2012 年版，第 89—96、111—114 页。

金和服务不断增值。

## 二　大力培育和发展公益性非营利组织

国际研究数据显示，欧洲非营利组织收入中来自公共财政资源部分的普遍占40%—70%，日本为45%，中国香港为70%—80%，美国为31%。①当前，我国非营利组织既培育发展不足，又规范管理不够。其原因主要是，成立非营利组织的门槛过高，非营利组织未经登记而开展活动的较为普遍，一些非营利组织行政化倾向明显，现行管理制度不适应非营利组织规范发展的需要。这不利于非营利组织的培育和发展。为此，要按照国务院机构改革和职能转变方案的要求，在社会服务领域重点培育公益慈善类、城乡社区服务类社会组织。成立这些非营利组织，可以直接向民政部门依法申请登记。积极引导发展，严格依法管理，建立健全统一登记、各司其职、协调配合、分级负责、依法监管的非营利组织管理体制，健全管理制度，推动非营利组织完善内部治理结构，促进非营利组织健康有序发展。②

## 三　培育专业化的项目运作人力资源

一方面，要加强专业社会工作人才队伍的建设。当前以及未来的几年中，要认真贯彻落实《关于加强社会工作专业人才队伍建设的意见》、《社会工作专业人才队伍建设中长期规划（2011—2020年）》，加强社会工作学科专业体系建设，建立健全专科、本科、硕士、博士相衔接的社会工作专业学历学位体系，制定社会工作服务项目实施和社会工作专业人才培养有机结合的政策措施，大力发展社会工作中等和高等职业教育，着力培养应用型社会工作专业人才。③

---

① 贾西津、苏明等：《中国政府购买公共服务研究终期报告》，亚洲开发银行，2009年，第5页。

② 马凯：《更好发挥社会力量在管理社会事务中作用》，2013年3月10日，新华网（http：//news. xinhuanet. com/2013lh/2013 -03/10/c_ 132222040. htm）。

③ 民政部：《社会工作专业人才队伍建设中长期规划（2011—2020年）》，2012年4月26日，民政部网站（http：//www. mca. gov. cn/article/zwgk/fvfg/shgz/201204/20120400302330. shtml）。

另一方面，要加强对社会服务人员进行社会工作专业的继续教育和培训。由于社会服务项目的临时性特点及项目经费所限，可能使得资助者和服务提供机构不愿意在人力资源上进行投资。例如有些机构在招聘员工时要求员工有工作经验，不愿意对新员工进行培训。因此应该主要由政府承担起责任来，对社会工作人才等各类服务人员进行继续教育和培训，或者对项目运作机构进行补贴。例如在运作项目中规定一定比例的资金用于对员工的培训上，增加对社会服务人力资源的专用性投资。

## 四　项目运作中专业社会工作的介入

项目与社会工作有着互补关系，项目是临时性的，结束后的效果难以持续，难以根本改变服务对象的行为和习惯，社会工作的介入可以一定程度上改变这种情况。一是社会工作的基本理念是“助人自助”，即通过帮助有困难、有需要的人，使其在克服眼前的困难的同时，增强解决问题的能力[①]，能正常生活，不再依赖社会工作者帮助。二是项目涉及多个行为主体，需要协调各方面的关系，整合各方面的资源，社会工作者的一个很重要的角色是资源调动者，社工可以调动各种资源来实施项目，以期取得理想的结果。三是项目的一个重要含义是专项、专门、专业，强调技术理性，项目的运作有完整的流程，每一个步骤中的每一件工作都需要专业知识和专业方法。例如策划服务方案，社工尤其是社工行政管理者应该是策划的专业人员，能够根据项目的意向或者资助者的意图、服务对象的情况进行周密的设计，设计出一份具有创新性和可操作性的项目方案。在成功申请项目之后可以再进行细化，制定行动计划，并贯彻落实该计划。社会工作者也可以用所学的社会调查研究方法进行需求和问题的调查，用各种资料统计和分析方法进行分析并撰写研究报告。四是进行社会服务评估。社会工作者可以进行服务过程和效果的评估，这也体现了专业性和技

① 王思斌：《社会工作——持守平等理念“助人自助”》，《人民日报》2008 年 2 月 26 日。

术理性。社会工作者可以依托社会工作研究的技术，研究者可以发现社会工作者、社会工作项目乃至社会工作机构的实务效果，从而提出改进工作的方法与技术，增进社会服务的质量和效果。①

## 五 完善社会服务项目评估体系

评估主体包括利益关系人评估、社会评估、独立的第三方评估。评估的组织者可以是政府指定的某部门，如审计组织，也可以是类似美国的全国慈善信息局和公益咨询服务部这样的独立评估机构。前者是由政府机构执行评估，后者由独立的第三部门支持组织执行评估。②我国的非营利组织和社会服务项目评估还处于初级阶段，因此要建立统一的社会服务项目评估指标体系，做到可以对不同类型的社会服务项目进行评价和比较。要进一步加强评估机构能力建设，对社会服务项目评估人员进行培训，使之掌握评估工具和评估方法，熟悉评估流程。要通过社会服务项目评估推动非营利组织发展，提升服务质量，更好地满足服务对象的需求。

① 王思斌主编：《社会工作综合能力（中级）》，中国社会出版社2007年版，第337页。

② 邓国胜：《非营利组织评估》，社会科学文献出版社2001年版，第82—126页。

# 附　　录

## 附录A　中华人民共和国招标投标法

（1999年8月30日第九届全国人民代表大会常务委员会第十一次会议通过）

### 第一章　总则

**第一条**　为了规范招标投标活动，保护国家利益、社会公共利益和招标投标活动当事人的合法权益，提高经济效益，保证项目质量，制定本法。

**第二条**　在中华人民共和国境内进行招标投标活动，适用本法。

**第三条**　在中华人民共和国境内进行下列工程建设项目包括项目的勘察、设计、施工、监理以及与工程建设有关的重要设备、材料等的采购，必须进行招标：

（一）大型基础设施、公用事业等关系社会公共利益、公众安全的项目；

（二）全部或者部分使用国有资金投资或者国家融资的项目；

（三）使用国际组织或者外国政府贷款、援助资金的项目。

前款所列项目的具体范围和规模标准，由国务院发展计划部门会同国务院有关部门制定，报国务院批准。

法律或者国务院对必须进行招标的其他项目的范围有规定的，依照其规定。

**第四条**　任何单位和个人不得将依法必须进行招标的项目化整为零或者以其他任何方式规避招标。

**第五条**　招标投标活动应当遵循公开、公平、公正和诚实信用的原则。

**第六条**　依法必须进行招标的项目，其招标投标活动不受地区或者部门的限制。任何单位和个人不得违法限制或者排斥本地区、本系统以外的法人或者其他组织参加投标，不得以任何方式非法干涉招标投标活动。

**第七条**　招标投标活动及其当事人应当接受依法实施的监督。

有关行政监督部门依法对招标投标活动实施监督，依法查处招标投标活动中的违法行为。

对招标投标活动的行政监督及有关部门的具体职权划分，由国务院规定。

## 第二章　招标

**第八条**　招标人是依照本法规定提出招标项目、进行招标的法人或者其他组织。

**第九条**　招标项目按照国家有关规定需要履行项目审批手续的，应当先履行审批手续，取得批准。

招标人应当有进行招标项目的相应资金或者资金来源已经落实，并应当在招标文件中如实载明。

**第十条**　招标分为公开招标和邀请招标。

公开招标，是指招标人以招标公告的方式邀请不特定的法人或者其他组织投标。

邀请招标，是指招标人以投标邀请书的方式邀请特定的法人或者其他组织投标。

**第十一条**　国务院发展计划部门确定的国家重点项目和省、自治区、直辖市人民政府确定的地方重点项目不适宜公开招标的，经国务院发展计划部门或者省、自治区、直辖市人民政府批准，可以进行邀请招标。

**第十二条**　招标人有权自行选择招标代理机构，委托其办理招标事宜。任何单位和个人不得以任何方式为招标人指定招标代理机构。

招标人具有编制招标文件和组织评标能力的，可以自行办理招标事宜。任何单位和个人不得强制其委托招标代理机构办理招标事宜。

依法必须进行招标的项目，招标人自行办理招标事宜的，应当向有关行政监督部门备案。

**第十三条**　招标代理机构是依法设立、从事招标代理业务并提供相关服务的社会中介组织。

招标代理机构应当具备下列条件：

（一）有从事招标代理业务的营业场所和相应资金；

（二）有能够编制招标文件和组织评标的相应专业力量；

（三）有符合本法第三十七条第三款规定条件、可以作为评标委员会成员人选的技术、经济等方面的专家库。

**第十四条**　从事工程建设项目招标代理业务的招标代理机构，其资格由国务院或者省、自治区、直辖市人民政府的建设行政主管部门认定。具体办法由国务院建设行政主管部门会同国务院有关部门制定。从事其他招标代理业务的招标代理机构，其资格认定的主管部门由国务院规定。

招标代理机构与行政机关和其他国家机关不得存在隶属关系或者其他利益关系。

**第十五条**　招标代公理机构应当在招标人委托的范围内办理招标事宜，并遵守本法关于招标人的规定。

**第十六条**　招标人采用开招标方式的，应当发布招标公告。依法必须进行招标的项目的招标公告，应当通过国家指定的报刊、信息网络或者其他媒介发布。

招标公告应当载明招标人的名称和地址、招标项目的性质、数量、实施地点和时间以及获取招标文件的办法等事项。

**第十七条**　招标人采用邀请招标方式的，应当向三个以上具备承担招标项目的能力、资信良好的特定的法人或者其他组织发出投标邀请书。

投标邀请书应当载明本法第十六条第二款规定的事项。

**第十八条**　招标人可以根据招标项目本身的要求，在招标公告或者投标邀请书中，要求潜在投标人提供有关资质证明文件和业绩情况，并对潜在投标人进行资格审查；国家对投标人的资格条件有规定的，依照其规定。

招标人不得以不合理的条件限制或者排斥潜在投标人，不得对潜在投标人实行歧视待遇。

**第十九条** 招标人应当根据招标项目的特点和需要编制招标文件。招标文件应当包括招标项目的技术要求、对投标人资格审查的标准、投标报价要求和评标标准等所有实质性要求和条件以及拟签订合同的主要条款。

国家对招标项目的技术、标准有规定的，招标人应当按照其规定在招标文件中提出相应要求。

招标项目需要划分标段、确定工期的，招标人应当合理划分标段、确定工期，并在招标文件中载明。

**第二十条** 招标文件不得要求或者标明特定的生产供应者以及含有倾向或者排斥潜在投标人的其他内容。

**第二十一条** 招标人根据招标项目的具体情况，可以组织潜在投标人踏勘项目现场。

**第二十二条** 招标人不得向他人透露已获取招标文件的潜在投标人的名称、数量以及可能影响公平竞争的有关招标投标的其他情况。

招标人设有标底的，标底必须保密。

**第二十三条** 招标人对已发出的招标文件进行必要的澄清或者修改的，应当在招标文件要求提交投标文件截止时间至少十五日前，以书面形式通知所有招标文件收受人。该澄清或者修改的内容为招标文件的组成部分。

**第二十四条** 招标人应当确定投标人编制投标文件所需要的合理时间；但是，依法必须进行招标的项目，自招标文件开始发出之日起至投标提交投标文件截止之日止，最短不得少于二十日。

## 第三章 投标

**第二十五条** 投标人是响应招标、参加投标竞争的法人或者其他组织。

依法招标的科研项目允许个人参加投标的，投标的个人适用本法有关投标人的规定。

**第二十六条**　投标人应当具备承担招标项目的能力；国家有关规定对投标人资格条件或者招标文件对投标人资格条件有规定的，投标人应当具备规定的资格条件。

**第二十七条**　投标人应当按照招标文件的要求编制投标文件。投标文件应当对招标文件提出的实质性要求和条件作出响应。

招标项目属于建设施工的，投标文件的内容应当包括拟派出的项目负责人与主要技术人员的简历、业绩和拟用于完成招标项目的机械设备等。

**第二十八条**　投标人应当在招标文件要求提交投标文件的截止时间前，将投标文件送达投标地点。招标人收到投标文件后，应当签收保存，不得开启。投标人少于三个的，招标人应当依照本法重新招标。

在招标文件要求提交投标文件的截止时间后送达的投标文件，招标人应当拒收。

**第二十九条**　投标人在招标文件要求提交投标文件的截止时间前，可以补充、修改或者撤回已提交的投标文件，并书面通知招标人。补充、修改的内容为投标文件的组成部分。

**第三十条**　投标人根据招标文件载明的项目实际情况，拟在中标后将中标项目的部分非主体、非关键性工作进行分包的，应当在投标文件中载明。

**第三十一条**　两个以上法人或者其他组织可以组成一个联合体，以一个投标人的身份共同投标。

联合体各方均应当具备承担招标项目的相应能力；国家有关规定或者招标文件对投标人资格条件有规定的，联合体各方均应当具备规定的相应资格条件。由同一专业的单位组成的联合体，按照资质等级较低的单位确定资质等级。

联合体各方应当签订共同投标协议，明确约定各方拟承担的工作和责任，并将共同投标协议连同投标文件一并提交招标人。联合体中标的，联合体各方应当共同与招标人签订合同，就中标项目向招标人承担连带责任。

招标人不得强制投标人组成联合体共同投标，不得限制投标人之间的竞争。

**第三十二条**　投标人不得相互串通投标报价，不得排挤其他投标人的公平竞争，损害招标人或者其他投标人的合法权益。

投标人不得与招标人串通投标，损害国家利益、社会公共利益或者他人的合法权益。

禁止投标人以向招标人或者评标委员会成员行贿的手段谋取中标。

**第三十三条**　投标人不得以低于成本的报价竞标，也不得以他人名义投标或者以其他方式弄虚作假，骗取中标。

第四章　开标、评标和中标

**第三十四条**　开标应当在招标文件确定的提交投标文件截止时间的同一时间公开进行；开标地点应当为招标文件中预先确定的地点。

**第三十五条**　开标由招标人主持，邀请所有投标人参加。

**第三十六条**　开标时，由投标人或者其推选的代表检查投标文件的密封情况，也可以由招标人委托的公证机构检查并公证；经确认无误后，由工作人员当众拆封，宣读投标人名称、投标价格和投标文件的其他主要内容。

招标人在招标文件要求提交投标文件的截止时间前收到的所有投标文件，开标时都应当当众予以拆封、宣读。

开标过程应当记录，并存档备查。

**第三十七条**　评标由招标人依法组建的评标委员会负责。

依法必须进行招标的项目，其评标委员会由招标人的代表和有关技术、经济等方面的专家组成，成员人数为五人以上单数，其中技术、经济等方面的专家不得少于成员总数的三分之二。

前款专家应当从事相关领域工作满八年并具有高级职称或者具有同等专业水平，由招标人从国务院有关部门或者省、自治区、直辖市人民政府有关部门提供的专家名册或者招标代理机构的专家库内的相关专业的专家名单中确定；一般招标项目可以采取随机抽取方式，特殊招标项目可以由招标人直接确定。

与投标人有利害关系的人不得进入相关项目的评标委员会；已经

进入的应当更换。

评标委员会成员的名单在中标结果确定前应当保密。

**第三十八条** 招标人应当采取必要的措施，保证评标在严格保密的情况下进行。

任何单位和个人不得非法干预、影响评标的过程和结果。

**第三十九条** 评标委员会可以要求投标人对投标文件中含义不明确的内容作必要的澄清或者说明，但是澄清或者说明不得超出投标文件的范围或者改变投标文件的实质性内容。

**第四十条** 评标委员会应当按照招标文件确定的评标标准和方法，对投标文件进行评审和比较；设有标底的，应当参考标底。评标委员会完成评标后，应当向招标人提出书面评标报告，并推荐合格的中标候选人。

招标人根据评标委员会提出的书面评标报告和推荐的中标候选人确定中标人。招标人也可以授权评标委员会直接确定中标人。

国务院对特定招标项目的评标有特别规定的，从其规定。

**第四十一条** 中标人的投标应当符合下列条件

（一）能够最大限度地满足招标文件中规定的各项综合评价标准；

（二）能够满足招标文件的实质性要求，并且经评审的投标价格最低；但是投标价格低于成本的除外。

**第四十二条** 评标委员会经评审，认为所有投标都不符合招标文件要求的，可以否决所有投标。

依法必须进行招标的项目的所有投标被否决的，招标人应当依照本法重新招标。

**第四十三条** 在确定中标人前，招标人不得与投标人就投标价格、投标方案等实质性内容进行谈判。

**第四十四条** 评标委员会成员应当客观、公正地履行职务，遵守职业道德，对所提出的评审意见承担个人责任。

评标委员会成员不得私下接触投标人，不得收受投标人的财物或者其他好处。

评标委员会成员和参与评标的有关工作人员不得透露对投标文件

的评审和比较、中标候选人的推荐情况以及与评标有关的其他情况。

**第四十五条** 中标人确定后，招标人应当向中标人发出中标通知书，并同时将中标结果通知所有未中标的投标人。

中标通知书对招标人和中标人具有法律效力。中标通知书发出后，招标人改变中标结果的，或者中标人放弃中标项目的，应当依法承担法律责任。

**第四十六条** 招标人和中标人应当自中标通知书发出之日起三十日内，按照招标文件和中标人的投标文件订立书面合同。招标人和中标人不得再行订立背离合同实质性内容的其他协议。

招标文件要求中标人提交履约保证金的，中标人应当提交。

**第四十七条** 依法必须进行招标的项目，招标人应当自确定中标人之日起十五日内，向有关行政监督部门提交招标投标情况的书面报告。

**第四十八条** 中标人应当按照合同约定履行义务，完成中标项目。中标人不得向他人转让中标项目，也不得将中标项目肢解后分别向他人转让。

中标人按照合同约定或者经招标人同意，可以将中标项目的部分非主体、非关键性工作分包给他人完成。接受分包的人应当具备相应的资格条件，并不得再次分包。

中标人应当就分包项目向招标人负责，接受分包的人就分包项目承担连带责任。

## 第五章 法律责任

**第四十九条** 违反本法规定，必须进行招标的项目而不招标的，将必须进行招标的项目化整为零或者以其他任何方式规避招标的，责令限期改正，可以处项目合同金额千分之五以上千分之十以下的罚款；对全部或者部分使用国有资金的项目，可以暂停项目执行或者暂停资金拨付；对单位直接负责的主管人员和其他直接责任人员依法给予处分。

**第五十条** 招标代理机构违反本法规定，泄露应当保密的与招标投标活动有关的情况和资料的，或者与招标人、投标人串通损害国家利益、社会公共利益或者他人合法权益的，处五万元以上二十五万元以下的罚款，对单位直接负责的主管人员和其他直接责任人员处单位罚款数额百分之五以上百分之十以下的罚款；有违法所得的，并处没收违法所得；情节严重的，暂停直至取消招标代理资格；构成犯罪的，依法追究刑事责任。给他人造成损失的，依法承担赔偿责任。

前款所列行为影响中标结果的，中标无效。

**第五十一条**　招标人以不合理的条件限制或者排斥潜在投标人的，对潜在投标人实行歧视待遇的，强制要求投标人组成联合体共同投标的，或者限制投标人之间竞争的，责令改正，可以处一万元以上五万元以下的罚款。

**第五十二条**　依法必须进行招标的项目的招标人向他人透露已获取招标文件的潜在投标人的名称、数量或者可能影响公平竞争的有关招标投标的其他情况的，或者泄露标底的，给予警告，可以并处一万元以上十万元以下的罚款；对单位直接负责的主管人员和其他直接责任人员依法给予处分；构成犯罪的，依法追究刑事责任。

前款所列行为影响中标结果的，中标无效。

**第五十三条**　投标人相互串通投标或者与招标人串通投标的，投标人以向招标人或者评标委员会成员行贿的手段谋取中标的，中标无效，处中标项目金额千分之五以上千分之十以下的罚款，对单位直接负责的主管人员和其他直接责任人员处单位罚款数额百分之五以上百分之十以下的罚款；有违法所得的，并处没收违法所得；情节严重的，取消其一年至二年内参加依法必须进行招标的项目的投标资格并予以公告，直至由工商行政管理机关吊销营业执照；构成犯罪的，依法追究刑事责任。给他人造成损失的，依法承担赔偿责任。

**第五十四条**　投标人以他人名义投标或者以其他方式弄虚作假，骗取中标的，中标无效，给招标人造成损失的，依法承担赔偿责任；构成犯罪的，依法追究刑事责任。

依法必须进行招标的项目的投标人有前款所列行为尚未构成犯罪的，处中标项目金额千分之五以上千分之十以下的罚款，对单位直接负责的主管人员和其他直接责任人员处单位罚款数额百分之五以上百分之十以下的罚款；有违法所得的，并处没收违法所得；情节严重的，取消其一年至三年内参加依法必须进行招标的项目的投标资格并予以公告，直至由工商行政管理机关吊销营业执照。

**第五十五条** 依法必须进行招标的项目，招标人违反本法规定，与投标人就投标价格、投标方案等实质性内容进行谈判的，给予警告，对单位直接负责的主管人员和其他直接责任人员依法给予处分。

前款所列行为影响中标结果的，中标无效。

**第五十六条** 评标委员会成员收受投标人的财物或者其他好处的，评标委员会成员或者参加评标的有关工作人员向他人透露对投标文件的评审和比较、中标候选人的推荐以及与评标有关的其他情况的，给予警告，没收收受的财物，可以并处三千元以上五万元以下的罚款，对有所列违法行为的评标委员会成员取消担任评标委员会成员的资格，不得再参加任何依法必须进行招标的项目的评标；构成犯罪的，依法追究刑事责任。

**第五十七条** 招标人在评标委员会依法推荐的中标候选人以外确定中标人的，依法必须进行招标的项目在所有投标被评标委员会否决后自行确定中标人的，中标无效。责令改正，可以处中标项目金额千分之五以上千分之十以下的罚款；对单位直接负责的主管人员和其他直接责任人员依法给予处分。

**第五十八条** 中标人将中标项目转让给他人的，将中标项目肢解后分别转让给他人的，违反本法规定将中标项目的部分主体、关键性工作分包给他人的，或者分包人再次分包的，转让、分包无效，处转让、分包项目金额千分之五以上千分之十以下的罚款；有违法所得的，并处没收违法所得；可以责令停业整顿；情节严重的，由工商行政管理机关吊销营业执照。

**第五十九条** 招标人与中标人不按照招标文件和中标人的投标文件订立合同的，或者招标人、中标人订立背离合同实质性内容的协议的，责令改正；可以处中标项目金额千分之五以上千分之十以下的罚款。

**第六十条** 中标人不履行与招标人订立的合同的，履约保证金不予退还，给招标人造成的损失超过履约保证金数额的，还应当对超过部分予以赔偿；没有提交履约保证金的，应当对招标人的损失承担赔偿责任。

中标人不按照与招标人订立的合同履行义务，情节严重的，取消其二年至五年内参加依法必须进行招标的项目的投标资格并予以公告，直至由工商行政管理机关吊销营业执照。

因不可抗力不能履行合同的，不适用前两款规定。

**第六十一条** 本章规定的行政处罚，由国务院规定的有关行政监督部门决定。本法已对实施行政处罚的机关作出规定的除外。

**第六十二条** 任何单位违反本法规定，限制或者排斥本地区、本系统以外的法人或者其他组织参加投标的，为招标人指定招标代理机构的，强制招标人委托招标代理机构办理招标事宜的，或者以其他方式干涉招标投标活动的，责令改正；对单位直接负责的主管人员和其他直接责任人员依法给予警告、记过、记大过的处分，情节较重的，依法给予降级、撤职、开除的处分。

个人利用职权进行前款违法行为的，依照前款规定追究责任。

**第六十三条** 对招标投标活动依法负有行政监督职责的国家机关工作人员徇私舞弊、滥用职权或者玩忽职守，构成犯罪的，依法追究刑事责任；不构成犯罪的，依法给予行政处分。

**第六十四条** 依法必须进行招标的项目违反本法规定，中标无效的，应当依照本法规定的中标条件从其余投标人中重新确定中标人或者依照本法重新进行招标。

## 第六章 附则

**第六十五条** 投标人和其他利害关系人认为招标投标活动不符合本法有关规定的，有权向招标人提出异议或者依法向有关行政监督部门投诉。

**第六十六条** 涉及国家安全、国家秘密、抢险救灾或者属于利用扶贫资金实行以工代赈、需要使用农民工等特殊情况，不适宜进行招标的项目，按照国家有关规定可以不进行招标。

**第六十七条** 使用国际组织或者外国政府贷款、援助资金的项目进行招标，贷款方、资金提供方对招标投标的具体条件和程序有不同规定的，可以适用其规定。但违背中华人民共和国的社会公共利益的除外。

# 附录B 中华人民共和国政府采购法

（2002年6月29日第九届全国人民代表大会常务委员会第二十八次会议通过）

## 第一章 总则

**第一条** 为了规范政府采购行为，提高政府采购资金的使用效益，维护国家利益和社会公共利益，保护政府采购当事人的合法权益，促进廉政建设，制定本法。

**第二条** 在中华人民共和国境内进行的政府采购适用本法。

本法所称政府采购，是指各级国家机关、事业单位和团体组织，使用财政性资金采购依法制定的集中采购目录以内的或者采购限额标准以上的货物、工程和服务的行为。

政府集中采购目录和采购限额标准依照本法规定的权限制定。

本法所称采购，是指以合同方式有偿取得货物、工程和服务的行为，包括购买、租赁、委托、雇用等。

本法所称货物，是指各种形态和种类的物品，包括原材料、燃料、设备、产品等。

本法所称工程，是指建设工程，包括建筑物和构筑物的新建、改建、扩建、装修、拆除、修缮等。

本法所称服务，是指除货物和工程以外的其他政府采购对象。

**第三条** 政府采购应当遵循公开透明原则、公平竞争原则、公正原则和诚实信用原则。

**第四条** 政府采购工程进行招标投标的，适用招标投标法。

**第五条** 任何单位和个人不得采用任何方式，阻挠和限制供应商自由进入本地区和本行业的政府采购市场。

**第六条** 政府采购应当严格按照批准的预算执行。

**第七条** 政府采购实行集中采购和分散采购相结合。集中采购的范围由省级以上人民政府公布的集中采购目录确定。

属于中央预算的政府采购项目，其集中采购目录由国务院确定并公布；属于地方预算的政府采购项目，其集中采购目录由省、自治区、直辖市人民政府或者其授权的机构确定并公布。

纳入集中采购目录的政府采购项目，应当实行集中采购。

**第八条**　政府采购限额标准，属于中央预算的政府采购项目，由国务院确定并公布；属于地方预算的政府采购项目，由省、自治区、直辖市人民政府或者其授权的机构确定并公布。

**第九条**　政府采购应当有助于实现国家的经济和社会发展政策目标，包括保护环境，扶持不发达地区和少数民族地区，促进中小企业发展等。

**第十条**　政府采购应当采购本国货物、工程和服务。但有下列情形之一的除外：

（一）需要采购的货物、工程或者服务在中国境内无法获取或者无法以合理的商业条件获取的；

（二）为在中国境外使用而进行采购的；

（三）其他法律、行政法规另有规定的。

前款所称本国货物、工程和服务的界定，依照国务院有关规定执行。

**第十一条**　政府采购的信息应当在政府采购监督管理部门指定的媒体上及时向社会公开发布，但涉及商业秘密的除外。

**第十二条**　在政府采购活动中，采购人员及相关人员与供应商有利害关系的，必须回避。供应商认为采购人员及相关人员与其他供应商有利害关系的，可以申请其回避。

前款所称相关人员，包括招标采购中评标委员会的组成人员，竞争性谈判采购中谈判小组的组成人员，询价采购中询价小组的组成人员等。

**第十三条**　各级人民政府财政部门是负责政府采购监督管理的部门，依法履行对政府采购活动的监督管理职责。

各级人民政府其他有关部门依法履行与政府采购活动有关的监督管理职责。

## 第二章　政府采购当事人

**第十四条**　政府采购当事人是指在政府采购活动中享有权利和承

担义务的各类主体，包括采购人、供应商和采购代理机构等。

**第十五条** 采购人是指依法进行政府采购的国家机关、事业单位、团体组织。

**第十六条** 集中采购机构为采购代理机构。设区的市、自治州以上人民政府根据本级政府采购项目组织集中采购的需要设立集中采购机构。

集中采购机构是非营利事业法人，根据采购人的委托办理采购事宜。

**第十七条** 集中采购机构进行政府采购活动，应当符合采购价格低于市场平均价格、采购效率更高、采购质量优良和服务良好的要求。

**第十八条** 采购人采购纳入集中采购目录的政府采购项目，必须委托集中采购机构代理采购；采购未纳入集中采购目录的政府采购项目，可以自行采购，也可以委托集中采购机构在委托的范围内代理采购。

纳入集中采购目录属于通用的政府采购项目的，应当委托集中采购机构代理采购；属于本部门、本系统有特殊要求的项目，应当实行部门集中采购；属于本单位有特殊要求的项目，经省级以上人民政府批准，可以自行采购。

**第十九条** 采购人可以委托经国务院有关部门或者省级人民政府有关部门认定资格的采购代理机构，在委托的范围内办理政府采购事宜。

采购人有权自行选择采购代理机构，任何单位和个人不得以任何方式为采购人指定采购代理机构。

**第二十条** 采购人依法委托采购代理机构办理采购事宜的，应当由采购人与采购代理机构签订委托代理协议，依法确定委托代理的事项，约定双方的权利义务。

**第二十一条** 供应商是指向采购人提供货物、工程或者服务的法人、其他组织或者自然人。

**第二十二条** 供应商参加政府采购活动应当具备下列条件：

（一）具有独立承担民事责任的能力；

（二）具有良好的商业信誉和健全的财务会计制度；

（三）具有履行合同所必需的设备和专业技术能力；

（四）有依法缴纳税收和社会保障资金的良好记录；

（五）参加政府采购活动前三年内，在经营活动中没有重大违法记录；

（六）法律、行政法规规定的其他条件。

采购人可以根据采购项目的特殊要求，规定供应商的特定条件，但不得以不合理的条件对供应商实行差别待遇或者歧视待遇。

**第二十三条**　采购人可以要求参加政府采购的供应商提供有关资质证明文件和业绩情况，并根据本法规定的供应商条件和采购项目对供应商的特定要求，对供应商的资格进行审查。

**第二十四条**　两个以上的自然人、法人或者其他组织可以组成一个联合体，以一个供应商的身份共同参加政府采购。

以联合体形式进行政府采购的，参加联合体的供应商均应当具备本法第二十二条规定的条件，并应当向采购人提交联合协议，载明联合体各方承担的工作和义务。联合体各方应当共同与采购人签订采购合同，就采购合同约定的事项对采购人承担连带责任。

**第二十五条**　政府采购当事人不得相互串通损害国家利益、社会公共利益和其他当事人的合法权益；不得以任何手段排斥其他供应商参与竞争。

供应商不得以向采购人、采购代理机构、评标委员会的组成人员、竞争性谈判小组的组成人员、询价小组的组成人员行贿或者采取其他不正当手段谋取中标或者成交。

采购代理机构不得以向采购人行贿或者采取其他不正当手段谋取非法利益。

## 第三章　政府采购方式

**第二十六条**　政府采购采用以下方式：

（一）公开招标；

（二）邀请招标；

（三）竞争性谈判；

（四）单一来源采购；

（五）询价；

（六）国务院政府采购监督管理部门认定的其他采购方式。

公开招标应作为政府采购的主要采购方式。

**第二十七条** 采购人采购货物或者服务应当采用公开招标方式的，其具体数额标准，属于中央预算的政府采购项目，由国务院规定；属于地方预算的政府采购项目，由省、自治区、直辖市人民政府规定；因特殊情况需要采用公开招标以外的采购方式的，应当在采购活动开始前获得设区的市、自治州以上人民政府采购监督管理部门的批准。

**第二十八条** 采购人不得将应当以公开招标方式采购的货物或者服务化整为零或者以其他任何方式规避公开招标采购。

**第二十九条** 符合下列情形之一的货物或者服务，可以依照本法采用邀请招标方式采购：

（一）具有特殊性，只能从有限范围的供应商处采购的；

（二）采用公开招标方式的费用占政府采购项目总价值的比例过大的。

**第三十条** 符合下列情形之一的货物或者服务，可以依照本法采用竞争性谈判方式采购：

（一）招标后没有供应商投标或者没有合格标的或者重新招标未能成立的；

（二）技术复杂或者性质特殊，不能确定详细规格或者具体要求的；

（三）采用招标所需时间不能满足用户紧急需要的；

（四）不能事先计算出价格总额的。

**第三十一条** 符合下列情形之一的货物或者服务，可以依照本法采用单一来源方式采购：

（一）只能从唯一供应商处采购的；

（二）发生了不可预见的紧急情况不能从其他供应商处采购的；

（三）必须保证原有采购项目一致性或者服务配套的要求，需要继续从原供应商处添购，且添购资金总额不超过原合同采购金额百分之十的。

**第三十二条**　采购的货物规格、标准统一、现货货源充足且价格变化幅度小的政府采购项目，可以依照本法采用询价方式采购。

## 第四章　政府采购程序

**第三十三条**　负有编制部门预算职责的部门在编制下一财政年度部门预算时，应当将该财政年度政府采购的项目及资金预算列出，报本级财政部门汇总。部门预算的审批，按预算管理权限和程序进行。

**第三十四条**　货物或者服务项目采取邀请招标方式采购的，采购人应当从符合相应资格条件的供应商中，通过随机方式选择三家以上的供应商，并向其发出投标邀请书。

**第三十五条**　货物和服务项目实行招标方式采购的，自招标文件开始发出之日起至投标人提交投标文件截止之日止，不得少于二十日。

**第三十六条**　在招标采购中，出现下列情形之一的，应予废标：

（一）符合专业条件的供应商或者对招标文件作实质响应的供应商不足三家的；

（二）出现影响采购公正的违法、违规行为的；

（三）投标人的报价均超过了采购预算，采购人不能支付的；

（四）因重大变故，采购任务取消的。

废标后，采购人应当将废标理由通知所有投标人。

**第三十七条**　废标后，除采购任务取消情形外，应当重新组织招标；需要采取其他方式采购的，应当在采购活动开始前获得设区的市、自治州以上人民政府采购监督管理部门或者政府有关部门批准。

**第三十八条**　采用竞争性谈判方式采购的，应当遵循下列程序：

（一）成立谈判小组。谈判小组由采购人的代表和有关专家共三人以上的单数组成，其中专家的人数不得少于成员总数的三分之二。

（二）制定谈判文件。谈判文件应当明确谈判程序、谈判内容、合同草案的条款以及评定成交的标准等事项。

（三）确定邀请参加谈判的供应商名单。谈判小组从符合相应资格条件的供应商名单中确定不少于三家的供应商参加谈判，并向其提供谈判文件。

（四）谈判。谈判小组所有成员集中与单一供应商分别进行谈判。在谈判中，谈判的任何一方不得透露与谈判有关的其他供应商的技术资料、价格和其他信息。谈判文件有实质性变动的，谈判小组应当以书面形式通知所有参加谈判的供应商。

（五）确定成交供应商。谈判结束后，谈判小组应当要求所有参加谈判的供应商在规定时间内进行最后报价，采购人从谈判小组提出的成交候选人中根据符合采购需求、质量和服务相等且报价最低的原则确定成交供应商，并将结果通知所有参加谈判的未成交的供应商。

**第三十九条** 采取单一来源方式采购的，采购人与供应商应当遵循本法规定的原则，在保证采购项目质量和双方商定合理价格的基础上进行采购。

**第四十条** 采取询价方式采购的，应当遵循下列程序：

（一）成立询价小组。询价小组由采购人的代表和有关专家共三人以上的单数组成，其中专家的人数不得少于成员总数的三分之二。询价小组应当对采购项目的价格构成和评定成交的标准等事项作出规定。

（二）确定被询价的供应商名单。询价小组根据采购需求，从符合相应资格条件的供应商名单中确定不少于三家的供应商，并向其发出询价通知书让其报价。

（三）询价。询价小组要求被询价的供应商一次报出不得更改的价格。

（四）确定成交供应商。采购人根据符合采购需求、质量和服务相等且报价最低的原则确定成交供应商，并将结果通知所有被询价的未成交的供应商。

**第四十一条** 采购人或者其委托的采购代理机构应当组织对供应商履约的验收。大型或者复杂的政府采购项目，应当邀请国家认可的质量检测机构参加验收工作。验收方成员应当在验收书上签字，并承担相应的法律责任。

**第四十二条**　采购人、采购代理机构对政府采购项目每项采购活动的采购文件应当妥善保存，不得伪造、变造、隐匿或者销毁。采购文件的保存期限为从采购结束之日起至少保存十五年。

采购文件包括采购活动记录、采购预算、招标文件、投标文件、评标标准、评估报告、定标文件、合同文本、验收证明、质疑答复、投诉处理决定及其他有关文件、资料。

采购活动记录至少应当包括下列内容：

（一）采购项目类别、名称；

（二）采购项目预算、资金构成和合同价格；

（三）采购方式，采用公开招标以外的采购方式的，应当载明原因；

（四）邀请和选择供应商的条件及原因；

（五）评标标准及确定中标人的原因；

（六）废标的原因；

（七）采用招标以外采购方式的相应记载。

## 第五章　政府采购合同

**第四十三条**　政府采购合同适用合同法。采购人和供应商之间的权利和义务，应当按照平等、自愿的原则以合同方式约定。

采购人可以委托采购代理机构代表其与供应商签订政府采购合同。由采购代理机构以采购人名义签订合同的，应当提交采购人的授权委托书，作为合同附件。

**第四十四条**　政府采购合同应当采用书面形式。

**第四十五条**　国务院政府采购监督管理部门应当会同国务院有关部门，规定政府采购合同必须具备的条款。

**第四十六条**　采购人与中标、成交供应商应当在中标、成交通知书发出之日起三十日内，按照采购文件确定的事项签订政府采购合同。

中标、成交通知书对采购人和中标、成交供应商均具有法律效力。中标、成交通知书发出后，采购人改变中标、成交结果的，或者中标、成交供应商放弃中标、成交项目的，应当依法承担法律责任。

**第四十七条** 政府采购项目的采购合同自签订之日起七个工作日内，采购人应当将合同副本报同级政府采购监督管理部门和有关部门备案。

**第四十八条** 经采购人同意，中标、成交供应商可以依法采取分包方式履行合同。

政府采购合同分包履行的，中标、成交供应商就采购项目和分包项目向采购人负责，分包供应商就分包项目承担责任。

**第四十九条** 政府采购合同履行中，采购人需追加与合同标的相同的货物、工程或者服务的，在不改变合同其他条款的前提下，可以与供应商协商签订补充合同，但所有补充合同的采购金额不得超过原合同采购金额的百分之十。

**第五十条** 政府采购合同的双方当事人不得擅自变更、中止或者终止合同。

政府采购合同继续履行将损害国家利益和社会公共利益的，双方当事人应当变更、中止或者终止合同。有过错的一方应当承担赔偿责任，双方都有过错的，各自承担相应的责任。

第六章 质疑与投诉

**第五十一条** 供应商对政府采购活动事项有疑问的，可以向采购人提出询问，采购人应当及时作出答复，但答复的内容不得涉及商业秘密。

**第五十二条** 供应商认为采购文件、采购过程和中标、成交结果使自己的权益受到损害的，可以在知道或者应知其权益受到损害之日起七个工作日内，以书面形式向采购人提出质疑。

**第五十三条** 采购人应当在收到供应商的书面质疑后七个工作日内作出答复，并以书面形式通知质疑供应商和其他有关供应商，但答复的内容不得涉及商业秘密。

**第五十四条** 采购人委托采购代理机构采购的，供应商可以向采购代理机构提出询问或者质疑，采购代理机构应当依照本法第五十一条、第五十三条的规定就采购人委托授权范围内的事项作出答复。

**第五十五条**　质疑供应商对采购人、采购代理机构的答复不满意或者采购人、采购代理机构未在规定的时间内作出答复的，可以在答复期满后十五个工作日内向同级政府采购监督管理部门投诉。

**第五十六条**　政府采购监督管理部门应当在收到投诉后三十个工作日内，对投诉事项作出处理决定，并以书面形式通知投诉人和与投诉事项有关的当事人。

**第五十七条**　政府采购监督管理部门在处理投诉事项期间，可以视具体情况书面通知采购人暂停采购活动，但暂停时间最长不得超过三十日。

**第五十八条**　投诉人对政府采购监督管理部门的投诉处理决定不服或者政府采购监督管理部门逾期未作处理的，可以依法申请行政复议或者向人民法院提起行政诉讼。

## 第七章　监督检查

**第五十九条**　政府采购监督管理部门应当加强对政府采购活动及集中采购机构的监督检查。

监督检查的主要内容是：

（一）有关政府采购的法律、行政法规和规章的执行情况；

（二）采购范围、采购方式和采购程序的执行情况；

（三）政府采购人员的职业素质和专业技能。

**第六十条**　政府采购监督管理部门不得设置集中采购机构，不得参与政府采购项目的采购活动。

采购代理机构与行政机关不得存在隶属关系或者其他利益关系。

**第六十一条**　集中采购机构应当建立健全内部监督管理制度。采购活动的决策和执行程序应当明确，并相互监督、相互制约。经办采购的人员与负责采购合同审核、验收人员的职责权限应当明确，并相互分离。

**第六十二条**　集中采购机构的采购人员应当具有相关职业素质和专业技能，符合政府采购监督管理部门规定的专业岗位任职要求。

集中采购机构对其工作人员应当加强教育和培训；对采购人员的专业水平、工作实绩和职业道德状况定期进行考核。采购人员经考核不合格的，不得继续任职。

**第六十三条** 政府采购项目的采购标准应当公开。

采用本法规定的采购方式的，采购人在采购活动完成后，应当将采购结果予以公布。

**第六十四条** 采购人必须按照本法规定的采购方式和采购程序进行采购。

任何单位和个人不得违反本法规定，要求采购人或者采购工作人员向其指定的供应商进行采购。

**第六十五条** 政府采购监督管理部门应当对政府采购项目的采购活动进行检查，政府采购当事人应当如实反映情况，提供有关材料。

**第六十六条** 政府采购监督管理部门应当对集中采购机构的采购价格、节约资金效果、服务质量、信誉状况、有无违法行为等事项进行考核，并定期如实公布考核结果。

**第六十七条** 依照法律、行政法规的规定对政府采购负有行政监督职责的政府有关部门，应当按照其职责分工，加强对政府采购活动的监督。

**第六十八条** 审计机关应当对政府采购进行审计监督。政府采购监督管理部门、政府采购各当事人有关政府采购活动，应当接受审计机关的审计监督。

**第六十九条** 监察机关应当加强对参与政府采购活动的国家机关、国家公务员和国家行政机关任命的其他人员实施监察。

**第七十条** 任何单位和个人对政府采购活动中的违法行为，有权控告和检举，有关部门、机关应当依照各自职责及时处理。

第八章　法律责任

**第七十一条** 采购人、采购代理机构有下列情形之一的，责令限期改正，给予警告，可以并处罚款，对直接负责的主管人员和其他直接责任人员，由其行政主管部门或者有关机关给予处分，并予通报：

（一）应当采用公开招标方式而擅自采用其他方式采购的；

（二）擅自提高采购标准的；

（三）委托不具备政府采购业务代理资格的机构办理采购事务的；

（四）以不合理的条件对供应商实行差别待遇或者歧视待遇的；

（五）在招标采购过程中与投标人进行协商谈判的；

（六）中标、成交通知书发出后不与中标、成交供应商签订采购合同的；

（七）拒绝有关部门依法实施监督检查的。

**第七十二条**　采购人、采购代理机构及其工作人员有下列情形之一，构成犯罪的，依法追究刑事责任；尚不构成犯罪的，处以罚款，有违法所得的，并处没收违法所得，属于国家机关工作人员的，依法给予行政处分：

（一）与供应商或者采购代理机构恶意串通的；

（二）在采购过程中接受贿赂或者获取其他不正当利益的；

（三）在有关部门依法实施的监督检查中提供虚假情况的；

（四）开标前泄露标底的。

**第七十三条**　有前两条违法行为之一影响中标、成交结果或者可能影响中标、成交结果的，按下列情况分别处理：

（一）未确定中标、成交供应商的，终止采购活动；

（二）中标、成交供应商已经确定但采购合同尚未履行的，撤销合同，从合格的中标、成交候选人中另行确定中标、成交供应商；

（三）采购合同已经履行的，给采购人、供应商造成损失的，由责任人承担赔偿责任。

**第七十四条**　采购人对应当实行集中采购的政府采购项目，不委托集中采购机构实行集中采购的，由政府采购监督管理部门责令改正；拒不改正的，停止按预算向其支付资金，由其上级行政主管部门或者有关机关依法给予其直接负责的主管人员和其他直接责任人员处分。

**第七十五条**　采购人未依法公布政府采购项目的采购标准和采购结果的，责令改正，对直接负责的主管人员依法给予处分。

**第七十六条**　采购人、采购代理机构违反本法规定隐匿、销毁应当保存的采购文件或者伪造、变造采购文件的，由政府采购监督管理部门处以二万元以上十万元以下的罚款，对其直接负责的主管人员和其他直接责任人员依法给予处分；构成犯罪的，依法追究刑事责任。

**第七十七条** 供应商有下列情形之一的，处以采购金额千分之五以上千分之十以下的罚款，列入不良行为记录名单，在一至三年内禁止参加政府采购活动，有违法所得的，并处没收违法所得，情节严重的，由工商行政管理机关吊销营业执照；构成犯罪的，依法追究刑事责任：

（一）提供虚假材料谋取中标、成交的；

（二）采取不正当手段诋毁、排挤其他供应商的；

（三）与采购人、其他供应商或者采购代理机构恶意串通的；

（四）向采购人、采购代理机构行贿或者提供其他不正当利益的；

（五）在招标采购过程中与采购人进行协商谈判的；

（六）拒绝有关部门监督检查或者提供虚假情况的。

供应商有前款第（一）至（五）项情形之一的，中标、成交无效。

**第七十八条** 采购代理机构在代理政府采购业务中有违法行为的，按照有关法律规定处以罚款，可以依法取消其进行相关业务的资格，构成犯罪的，依法追究刑事责任。

**第七十九条** 政府采购当事人有本法第七十一条、第七十二条、第七十七条违法行为之一，给他人造成损失的，并应依照有关民事法律规定承担民事责任。

**第八十条** 政府采购监督管理部门的工作人员在实施监督检查中违反本法规定滥用职权，玩忽职守，徇私舞弊的，依法给予行政处分；构成犯罪的，依法追究刑事责任。

**第八十一条** 政府采购监督管理部门对供应商的投诉逾期未作处理的，给予直接负责的主管人员和其他直接责任人员行政处分。

**第八十二条** 政府采购监督管理部门对集中采购机构业绩的考核，有虚假陈述，隐瞒真实情况的，或者不作定期考核和公布考核结果的，应当及时纠正，由其上级机关或者监察机关对其负责人进行通报，并对直接负责的人员依法给予行政处分。

集中采购机构在政府采购监督管理部门考核中，虚报业绩，隐瞒真实情况的，处以二万元以上二十万元以下的罚款，并予以通报；情节严重的，取消其代理采购的资格。

**第八十三条**　任何单位或者个人阻挠和限制供应商进入本地区或者本行业政府采购市场的，责令限期改正；拒不改正的，由该单位、个人的上级行政主管部门或者有关机关给予单位责任人或者个人处分。

## 第九章　附则

**第八十四条**　使用国际组织和外国政府贷款进行的政府采购，贷款方、资金提供方与中方达成的协议对采购的具体条件另有规定的，可以适用其规定，但不得损害国家利益和社会公共利益。

**第八十五条**　对因严重自然灾害和其他不可抗力事件所实施的紧急采购和涉及国家安全和秘密的采购，不适用本法。

**第八十六条**　军事采购法规由中央军事委员会另行制定。

**第八十七条**　本法实施的具体步骤和办法由国务院规定。

**第八十八条**　本法自 2003 年 1 月 1 日起施行。

# 附录C 国务院办公厅关于政府向社会力量购买服务的指导意见

党的十八大强调，要加强和创新社会管理，改进政府提供公共服务方式。新一届国务院对进一步转变政府职能、改善公共服务作出重大部署，明确要求在公共服务领域更多利用社会力量，加大政府购买服务力度。经国务院同意，现就政府向社会力量购买服务提出以下指导意见。

## 一 充分认识政府向社会力量购买服务的重要性

改革开放以来，我国公共服务体系和制度建设不断推进，公共服务提供主体和提供方式逐步多样化，初步形成了政府主导、社会参与、公办民办并举的公共服务供给模式。同时，与人民群众日益增长的公共服务需求相比，不少领域的公共服务存在质量效率不高、规模不足和发展不平衡等突出问题，迫切需要政府进一步强化公共服务职能，创新公共服务供给模式，有效动员社会力量，构建多层次、多方式的公共服务供给体系，提供更加方便、快捷、优质、高效的公共服务。政府向社会力量购买服务，就是通过发挥市场机制作用，把政府直接向社会公众提供的一部分公共服务事项，按照一定的方式和程序，交由具备条件的社会力量承担，并由政府根据服务数量和质量向其支付费用。近年来，一些地方立足实际，积极开展向社会力量购买服务的探索，取得了良好效果，在政策指导、经费保障、工作机制等方面积累了不少好的做法和经验。

实践证明，推行政府向社会力量购买服务是创新公共服务提供方式、加快服务业发展、引导有效需求的重要途径，对于深化社会领域改革，推动政府职能转变，整合利用社会资源，增强公众参与意识，激发经济社会活力，增加公共服务供给，提高公共服务水平和效率，都具有重要意义。地方各级人民政府要结合当地经济社会发展状况和人民群众的实际需求，因地制宜、积极稳妥地推进政府向社会力量购买服务工作，不断创新和完善公共服务供给模式，加快建设服务型政府。

## 二　正确把握政府向社会力量购买服务的总体方向

（一）指导思想

以邓小平理论、“三个代表”重要思想、科学发展观为指导，深入贯彻落实党的十八大精神，牢牢把握加快转变政府职能、推进政事分开和政社分开、在改善民生和创新管理中加强社会建设的要求，进一步放开公共服务市场准入，改革创新公共服务提供机制和方式，推动中国特色公共服务体系建设和发展，努力为广大人民群众提供优质高效的公共服务。

（二）基本原则

——积极稳妥，有序实施。立足社会主义初级阶段基本国情，从各地实际出发，准确把握社会公共服务需求，充分发挥政府主导作用，有序引导社会力量参与服务供给，形成改善公共服务的合力。

——科学安排，注重实效。坚持精打细算，明确权利义务，切实提高财政资金使用效率，把有限的资金用在刀刃上，用到人民群众最需要的地方，确保取得实实在在的成效。

——公开择优，以事定费。按照公开、公平、公正原则，坚持费随事转，通过竞争择优的方式选择承接政府购买服务的社会力量，确保具备条件的社会力量平等参与竞争。加强监督检查和科学评估，建立优胜劣汰的动态调整机制。

——改革创新，完善机制。坚持与事业单位改革相衔接，推进政事分开、政社分开，放开市场准入，释放改革红利，凡社会能办好的，尽可能交给社会力量承担，有效解决一些领域公共服务产品短缺、质量和效率不高等问题。及时总结改革实践经验，借鉴国外有益成果，积极推动政府向社会力量购买服务的健康发展，加快形成公共服务提供新机制。

（三）目标任务

“十二五”时期，政府向社会力量购买服务工作在各地逐步推开，统一有效的购买服务平台和机制初步形成，相关制度法规建设取得明显进展。到2020年，在全国基本建立比较完善的政府向社会力量购买服务制度，形成与经济社会发展相适应、高效合理的公共服务资源配置体系和供给体系，公共服务水平和质量显著提高。

## 三　规范有序开展政府向社会力量购买服务工作

### （一）购买主体

政府向社会力量购买服务的主体是各级行政机关和参照公务员法管理、具有行政管理职能的事业单位。纳入行政编制管理且经费由财政负担的群团组织，也可根据实际需要，通过购买服务方式提供公共服务。

### （二）承接主体

承接政府购买服务的主体包括依法在民政部门登记成立或经国务院批准免予登记的社会组织，以及依法在工商管理或行业主管部门登记成立的企业、机构等社会力量。承接政府购买服务的主体应具有独立承担民事责任的能力，具备提供服务所必需的设施、人员和专业技术的能力，具有健全的内部治理结构、财务会计和资产管理制度，具有良好的社会和商业信誉，具有依法缴纳税收和社会保险的良好记录，并符合登记管理部门依法认定的其他条件。承接主体的具体条件由购买主体会同财政部门根据购买服务项目的性质和质量要求确定。

### （三）购买内容

政府向社会力量购买服务的内容为适合采取市场化方式提供、社会力量能够承担的公共服务，突出公共性和公益性。教育、就业、社保、医疗卫生、住房保障、文化体育及残疾人服务等基本公共服务领域，要逐步加大政府向社会力量购买服务的力度。非基本公共服务领域，要更多更好地发挥社会力量的作用，凡适合社会力量承担的，都可以通过委托、承包、采购等方式交给社会力量承担。对应当由政府直接提供、不适合社会力量承担的公共服务，以及不属于政府职责范围的服务项目，政府不得向社会力量购买。各地区、各有关部门要按照有利于转变政府职能，有利于降低服务成本，有利于提升服务质量水平和资金效益的原则，在充分听取社会各界意见基础上，研究制定政府向社会力量购买服务的指导性目录，明确政府购买的服务种类、性质和内容，并在总结试点经验基础上，及时进行动态调整。

（四）购买机制

各地要按照公开、公平、公正原则，建立健全政府向社会力量购买服务机制，及时、充分向社会公布购买的服务项目、内容以及对承接主体的要求和绩效评价标准等信息，建立健全项目申报、预算编报、组织采购、项目监管、绩效评价的规范化流程。购买工作应按照政府采购法的有关规定，采用公开招标、邀请招标、竞争性谈判、单一来源、询价等方式确定承接主体，严禁转包行为。购买主体要按照合同管理要求，与承接主体签订合同，明确所购买服务的范围、标的、数量、质量要求，以及服务期限、资金支付方式、权利义务和违约责任等，按照合同要求支付资金，并加强对服务提供全过程的跟踪监管和对服务成果的检查验收。承接主体要严格履行合同义务，按时完成服务项目任务，保证服务数量、质量和效果。

（五）资金管理

政府向社会力量购买服务所需资金在既有财政预算安排中统筹考虑。随着政府提供公共服务的发展所需增加的资金，应按照预算管理要求列入财政预算。要严格资金管理，确保公开、透明、规范、有效。

（六）绩效管理

加强政府向社会力量购买服务的绩效管理，严格绩效评价机制。建立健全由购买主体、服务对象及第三方组成的综合性评审机制，对购买服务项目数量、质量和资金使用绩效等进行考核评价。评价结果向社会公布，并作为以后年度编制政府向社会力量购买服务预算和选择政府购买服务承接主体的重要参考依据。

## 四　扎实推进政府向社会力量购买服务工作

（一）加强组织领导

推进政府向社会力量购买服务，事关人民群众切身利益，是保障和改善民生的一项重要工作。地方各级人民政府要把这项工作列入重要议事日程，加强统筹协调，立足当地实际认真制定并逐步完善政府向社会力量购买服务的政策措施和实施办法，并抄送上一级政府财政部门。财政部要会同有关部门加强对各地开展政府向社会力量购买服务工作的指导和监督，总结推广成功经验，积极推动相关制度法规建设。

（二）健全工作机制

政府向社会力量购买服务，要按照政府主导、部门负责、社会参与、共同监督的要求，确保工作规范有序开展。地方各级人民政府可根据本地区实际情况，建立“政府统一领导，财政部门牵头，民政、工商管理以及行业主管部门协同，职能部门履职，监督部门保障”的工作机制，拟定购买服务目录，确定购买服务计划，指导监督购买服务工作。相关职能部门要加强协调沟通，做到各负其责、齐抓共管。

（三）严格监督管理

各地区、各部门要严格遵守相关财政财务管理规定，确保政府向社会力量购买服务资金规范管理和使用，不得截留、挪用和滞留资金。购买主体应建立健全内部监督管理制度，按规定公开购买服务相关信息，自觉接受社会监督。承接主体应当健全财务报告制度，并由具有合法资质的注册会计师对财务报告进行审计。财政部门要加强对政府向社会力量购买服务实施工作的组织指导，严格资金监管，监察、审计等部门要加强监督，民政、工商管理以及行业主管部门要按照职能分工将承接政府购买服务行为纳入年检、评估、执法等监管体系。

（四）做好宣传引导

地方各级人民政府和国务院有关部门要广泛宣传政府向社会力量购买服务工作的目的、意义、目标任务和相关要求，做好政策解读，加强舆论引导，主动回应群众关切，充分调动社会参与的积极性。

国务院办公厅

2013年9月26日

# 附录D　民政部　财政部关于政府购买社会工作服务的指导意见

为建立健全政府购买社会工作服务制度，加快推进社会工作专业人才队伍建设，加强以保障和改善民生为重点的社会建设，根据《国家中长期人才发展规划纲要（2010—2020年）》、《国家基本公共服务体系“十二五”规划》、《关于加强社会工作专业人才队伍建设的意见》和《中华人民共和国政府采购法》要求，现就政府购买社会工作服务提出如下意见：

## 一　充分认识政府购买社会工作服务的重要性与紧迫性

社会工作服务是社会工作专业人才运用专业方法为有需要的人群提供的包括困难救助、矛盾调处、人文关怀、心理疏导、行为矫治、关系调适、资源协调、社会功能修复和促进个人与环境适应等在内的专业服务，是现代社会服务体系的重要组成部分。政府购买社会工作服务，是政府利用财政资金，采取市场化、契约化方式，面向具有专业资质的社会组织和企事业单位购买社会工作服务的一项重要制度安排。建立健全政府购买社会工作服务制度，深入推进政府购买社会工作服务，是加强社会工作专业人才队伍建设、促进民办社会工作服务机构发展的内在要求；是创新公共财政投入方式、拓宽公共财政支持范围、提高公共财政投入效益的重要举措；是改进现代社会管理服务方式、丰富现代社会管理服务主体、完善现代社会管理服务体系的客观需要；对于加快政府职能转变、建设服务型政府、有效满足人民群众不断增长的个性化、多样化社会服务需求，具有十分重要的意义。

近年来，不少地方围绕政府购买社会工作服务政策制度、体制机制、方式方法等进行了一系列实践探索，在拓宽服务领域、深化服务内涵、提高服务质量、满足社会需求等方面取得了重要成果。但从整体上看，我国政府购买社会工作服务还存在着政策制度不健全、体制机制不完善、规模范围较小等问题，与中央加快构建现代社会服务体系、增强民生保障能力、加强和创新社会管理的目标要求和人民群众不断增长的社会服务需求相比尚有较大差距。各级民政和财政部门要切实增强责任感和紧迫感，充分总结借鉴国内外政府购买社会工作服务实践经验，以改革创新精神，采取更加有力措施，加快推进政府购买社会工作服务。

## 二　政府购买社会工作服务的指导思想、工作原则和主要目标

（一）指导思想。以中国特色社会主义理论体系为指导，大力推进公共财政改革，以满足人民群众服务需求、保障和改善基本民生为根本出发点，以建立健全政策制度、完善体制机制为着力点，以培养使用社会工作专业人才队伍、扶持发展民办社会工作服务机构为基础，深入推进政府购买社会工作服务，为进一步完善现代社会服务体系、深化公共财政体制改革、促进社会事业健康发展提供有力保障。

（二）工作原则。坚持立足需求、量力而为，从人民群众最基本、最紧迫的需求出发设计、实施社会工作服务项目，用人民群众社会服务需求是否得到有效满足作为检验政府购买社会工作服务的重要标准；通过以点带面、点上突破、面上推广方式，以城市流动人口、农村留守人员、困难群体、特殊人群和受灾群众为重点，有计划、有步骤地开展政府购买社会工作服务，逐步拓展政府购买的领域和范围。坚持政府主导、突出公益，加强对政府购买社会工作服务的组织领导、政策支持、财政投入和监督管理，充分尊重市场主体地位，发挥市场机制在配置社会服务资源中的基础性作用，通过公开透明、竞争择优方式选择服务提供机构；引导服务提供机构按照公益导向原则组织实施社会工作服务项目。坚持鼓励创新、强化实效，立足各地经济社会发展实际，充分借鉴国内外有益经验，创新政府购买社会工作服务的体制机制，改进政府购买社会工作服务的方式方法，建立健全具有中国特色的政府购买社会工作服务制度；切实加强绩效管理，降低服务成本，提高服务效率，增强政府购买社会工作服务的针对性和有效性。

（三）主要目标。建立健全政府购买社会工作服务政策制度，建

立完善的社会工作服务标准体系，形成协调有力的政府购买社会工作服务管理体制以及规范高效的工作机制；加大财政投入力度，逐步拓宽政府购买社会工作服务范围、扩大政府购买社会工作服务规模、提升政府购买社会工作服务质量；加快培养一支高素质的社会工作专业人才队伍，发展一批数量充足、治理科学、服务专业、作用明显的社会工作服务机构，提高其承接政府购买社会工作服务的能力，使社会工作服务的范围、数量、规模和质量适应经济社会发展要求，有效满足人民群众个性化、多样化、专业化服务需求。

## 三　政府购买社会工作服务的主体、对象、范围、程序与监督管理

（一）购买主体。各级政府是购买社会工作服务的主体。各级民政部门具体负责本级政府购买社会工作服务的统筹规划、组织实施和绩效评估；各级财政部门具体负责本级政府购买社会工作服务规划计划审核、经费安排与监督管理；各有关部门和群团组织负责本系统、本行业社会工作服务需求评估，向同级民政部门申报社会工作服务计划并具体实施。

（二）购买对象。政府购买社会工作服务的对象主要为具有独立法人资格，拥有一支能够熟练掌握和灵活运用社会工作知识、方法和技能的专业团队，具备完善的内部治理结构、健全的规章制度、良好的社会公信力以及较强的公益项目运营管理和社会工作专业服务能力的社会团体、民办非企业单位和基金会。具备相应能力和条件的企事业单位可承接政府购买社会工作服务。

（三）购买范围。按照“受益广泛、群众急需、服务专业”原则，重点围绕城市流动人口、农村留守人员、困难群体、特殊人群和受灾群众的个性化、多样化社会服务需求，组织开展政府购买社会工作服务。实施城市流动人口社会融入计划，为流动人口提供生活扶助、就业援助、生计发展、权益维护等服务，帮助其尽快融入城市生活，实现城市户籍居民与外来经商务工人员的和谐共处。实施农村留守人员社会保护计划，帮助农村留守儿童、妇女和老人缓解生活困难，构建

完善的社会保护与支持网络。实施老年人、残疾人社会照顾计划，为老年人和残疾人提供生活照料、精神慰藉、社会参与、代际沟通等服务，构建系统化、人性化、专业化的养老助残服务机制。实施特殊群体社会关爱计划，帮助药物滥用人员、有不良行为青少年、艾滋病患者、精神病患者、流浪乞讨人员、社区矫正人员、服刑人员、刑释解教人员等特殊人群纠正行为偏差、缓解生活困难、疏导心理情绪、改善家庭和社区关系、恢复和发展社会功能。实施受灾群众生活重建计划，围绕各类受灾群众的经济、社会、心理需要，开展生活救助、心理疏导、社区重建、资源链接、生计项目开发等社会工作专业服务，帮助受灾群众重树生活信心、修复社会关系、恢复生产生活。

（四）购买程序。一是编制预算。民政部门根据本地经济社会发展水平和财力状况，协调有关部门和群团组织切实做好人民群众尤其是困难群体、特殊人群社会服务需求的摸底调查与分析评估，核算服务成本，提出政府购买社会工作服务的数量、规模、质量与效果目标要求，科学编制年度社会工作服务项目预算并报同级财政部门审批。二是组织购买。购买社会工作服务，原则上应通过公开招标方式进行。对只能从有限范围服务机构购买，或因技术复杂、性质特殊而不能确定具体服务要求、不能事先计算出价格总额的社会工作服务项目，经同级财政部门批准，可以采用邀请招标、竞争性谈判方式购买。对只能从唯一服务提供机构购买的，向社会公示并经同级财政部门批准后，可以采取单一来源采购方式组织采购。政府购买社会工作服务的组织实施，必须符合《中华人民共和国政府采购法》以及相关法律法规和部门规章要求。三是签订合同。民政部门要按照合同管理要求，与服务提供机构订立购买服务合同，明确购买服务的范围、数量、质量要求以及服务期限、资金支付方式、违约责任等内容。四是指导实施。财政和民政部门要及时下拨购买经费，指导、督促服务承接机构严格履行合同义务，按时完成服务项目任务，保证服务数量、质量和效果。

（五）监督管理。建立健全政府购买社会工作服务监督管理制度，形成完善的社会工作服务项目购买文件档案，制定具体、详实、严格的专业服务、资金管理及效果评价等方面指导标准。切实加强过程监管，按照政府购买社会工作服务合同要求，对专业服务过程、任务完成和资金使用情况等进行督促检查。建立由购买方、服务对象及第三方组成的综合性评审机制，及时组织对已完成社会工作服务项目的结项验收。积极推进第三方评估，发挥专业评估机构、行业管理组织、专家等方面作用，对服务机构承担的项目管理、服务成效、经费使用等内容进行综合考评。坚持过程评估与结果评估、短期效果评估与长远效果评估、社会效益评估与经济效益评估相结合，确保评估工作的全面性、客观性和科学性。将考评结果与后续政府购买服务挂钩，对考评合格者，继续支持开展购买服务合作；对考评不合格者，提出整改意见，并取消一定时期内承接政府购买社会工作服务资格；情节严重者，依法依约追究有关责任。建立社会工作服务提供机构征信管理制度。

## 四　加强对政府购买社会工作服务的组织领导

（一）建立健全领导体制和工作机制。各有关部门要将政府购买社会工作服务提上重要议事日程，纳入基本公共服务发展规划。适应社会工作分布广泛、高度分散的特点，建立健全以民政和财政部门为主导、各有关部门密切配合、社会力量广泛参与的工作机制。各省级民政和财政部门要根据本指导意见，抓紧制定具体实施办法。加强社会工作行业组织建设，发挥其在推动政府购买社会工作服务中的积极作用。

（二）建立健全政府购买社会工作服务制度。适时制定政府购买社会工作服务管理办法。将政府购买社会工作服务要求纳入社会工作专业人才队伍建设、民办社会工作服务机构发展以及政府采购、公共财政投入等方面法规政策和部门规章制修订范围。围绕社会工作服务流程、专业方法、质量控制、监督管理、需求评估、成本核算、招投标管理、绩效考核、能力建设等环节，加快相关标准研制步伐，逐步建立科学合理、协调配套的社会工作管理服务标准体系，为政府购买社会工作服务提供有力技术保障。

（三）培育发展社会工作服务载体。在充分发挥现有相关社会组织和企事业单位作用基础上，通过完善管理体制、适当放宽准入条件和简化登记程序等措施，鼓励社会工作专业人才创办民办社会工作服务机构。采取财政资助、落实税收优惠政策、提供办公场所等方式支持处于起步阶段、具有发展潜力的民办社会工作服务机构发展。引导民办社会工作服务机构完善内部治理结构，健全规章制度，加强管理服务队伍建设，提升资源整合、项目管理和社会工作服务水平，增强承接政府购买社会工作服务的能力。建立健全民办社会工作服务机构信息公开制度，着力提高其社会公信力。培育发展一批社会工作专业能力建设与评估咨询机构，为更好开展政府购买社会工作服务提供专业支持。

（四）加大政府购买社会工作服务经费投入。各级财政要将政府购买社会工作服务经费列入财政预算，逐步加大财政投入力度，扩大政府购买社会工作服务范围和规模，带动建立多元化社会工作服务投入机制。探索建立社会工作服务项目库，实现项目库管理与预算编制的有机衔接。从民政部门留用的彩票公益金中安排资金，用于购买社会工作服务。鼓励社会资金支持购买社会工作服务。严格资金管理，确保资金使用安全规范、科学有效。中央财政安排专项资金，支持社会组织参与社会工作服务，引导社会工作专业人才为困难群体、特殊人群以及中西部地区和老少边穷地区提供专业服务。

（五）加强政府购买社会工作服务宣传交流。积极发挥各类新闻媒体作用，加强对政府购买社会工作服务的宣传。定期组织开展优秀社会工作服务项目和民办社会工作服务机构评选，调动社会力量参与社会工作服务的积极性，增强社会各界对政府购买社会工作服务的认同与支持。建立健全政府购买社会工作服务信息管理平台，依托信息网络技术，开展需求调查、计划发布、项目管理、政策宣传、信息公开等工作，提升政府购买社会工作服务管理水平。定期举办社会工作宣传周、项目推介会、展示会、公益创投等活动，为民办社会工作服务机构交流经验、推广项目、争取资源创造条件。

2012 年 11 月 14 日

# 附录E　上海市民政局关于福利彩票公益金资助项目实施公益招投标的意见

为进一步加强福利彩票公益金（以下简称公益金）资助慈善公益项目（以下简称资助项目）的评审和管理，根据国务院办公厅《关于保留部分非行政许可审批项目的通知》、财政部、民政部《社会福利基金使用管理暂行办法》和财政部《彩票公益金管理办法》的有关规定，现对公益金实施公益招投标，提出如下意见。

## 一　指导思想

本意见所称的公益招投标，是指市民政局将公益金资助项目的评审工作委托给第三方公益性组织（以下简称受托组织），由其面向社会公开招标、投标，并将评审结果报市民政局，由市民政局实施审批的活动总称。公益招投标是市民政局对公益金资助项目评审方法的改革探索。

实施公益招投标的基本原则：坚持以社会需要为导向，让人民群众更多地得益；坚持公开、公平、公正，创新项目评审的运作机制；坚持面向社会，面向基层，不断扩大公益金的资助面。

实施公益招投标的基本方针：资助项目更加注重投入基层社区；通过项目资助，更加注重培育、扶持慈善公益性的社会团体、民办非企业单位和专业性社会工作组织的发展；更加注重吸引社会资金的共同参与；更加注重宣传和引导社会关心、参加与福利彩票有关的各项活动。

## 二　资金筹措

市民政局每年制定公益招投标的方案，方案包括当年拟提取公益金的具体比率、拟委托的组织、拟资助的项目或资助的范围、具体的实施方法等内容，经市政府批准后实施。

公益金用于公益招投标的金额比率应当逐年增长。

### 三 资助项目范围

（一）资助老年人、残疾人、孤儿、革命伤残人员和特殊困难群体，开展生活照料、精神慰藉等服务，以及资助其他有关扶弱济困的慈善公益项目；

（二）资助社会福利机构的设施维修、改造等建设项目以及设备添置；

（三）资助事关民生、公众关注的有利于弘扬社会主义精神文明的社区服务公益项目；

（四）市政府规定资助的其他慈善公益项目。

### 四 公告

按照市政府批准的方案，市民政局和受托组织应当在开始接受申请前30日（指工作日，下同），向社会公布以下信息：

（一）当年资助的资金规模；

（二）可以申请实施的项目，以及按照资助方向可以申报项目的范围；

（三）申请人的资质，申请的具体条件，以及申请时需要提供的相关材料；

（四）受理的起始和停止时间，受理的地址或者网址；

（五）其他需要公布的信息。

### 五 申请

依法登记的社会团体、民办非企业和公益性非营利的事业单位可以提出申请。

申请人应当在规定的时间内按规定的方式将申请材料送达指定的受理地点。提交的申请材料应当真实。

受托组织应当加强对公益招投标活动的宣传，为申请人提供热情周到的服务，并对申请材料的内容予以保密。

申请人不得采用不正当手段妨碍或者排挤其他人的申请。

## 六 项目评估

受托组织应当组建专门的评估审议委员会。评估审议委员会应当由5位（单数）以上人员组成。除相关部门的工作人员外，评估审议委员会组成人员中应当有本市的相关专家，以及本市的市民代表。

评估审议委员会的成员名单以及评估审议的方法，应当在评估审议活动开始前5日向社会公开。

受托组织应当在停止接受申请后60天内完成已经受理项目的评估审议工作。对申请材料不够具体或者不够清晰的，受托组织可以要求申请人补充材料或者作必要的说明。

评估审议工作结束后，受托组织应当将评估审议结果向社会公示，公示日期不少于15日。对公示的评估审议结果有异议的，评估审议委员会或者受托组织应当重新评估审议。

公示结束后，受托组织应当将经公示的评审结果书面报市民政局。

## 七 审批

市民政局根据受托组织的评审结果，在20日内完成资助项目的审批。市民政局批准的资助项目，应当给予书面批复或者与接受资助的组织签订行政合同。

有下列情形之一的，市民政局可以将评审结果退回受托组织重新评估审议：

（一）资助项目不符合公益招投标宗旨的；

（二）资助项目不符合公益金资助范围的；

（三）评审程序不按照本意见规定的；

对社会有关方面有投诉或者其它异议的资助项目，市民政局可以组织听证，直接做出处理决定。

## 八 监督评估

接受资助的组织如果遇到不可抗因素，不能继续履行项目实施责任，应当向受托组织报告，由受托组织酌情处置。接受资助组织不得擅自向他人转让项目。

接受资助的组织应当按照市民政局批复或者行政合同的要求，在项目实施过程中和项目实施结束后开展自我评估，并将评估结果书面报受托组织。

受托组织可以在实施过程中对资助项目实施抽查评估。项目结束后，受托组织应当开展对资助项目的审计和绩效评估。受托组织应当汇总评估和审计结果，书面报市民政局。

## 九 其他要求

区县民政局的资助项目审批工作，可以参照本意见的规定执行。

区县民政局的资助项目，可以委托市民政局的受托组织开展评估审议，但资助项目仍由区县民政局局长负责审批。

资助项目由市民政局和区县民政局的两级公益金配套的，该资助项目可以由市民政局负责审批，也可以由市民政局指定区县民政局局长负责审批。

# 附录F　深圳市社区服务中心设置运营标准(试行)

为加快本市社区服务的开展，建立、完善“社区为本”的为民服务平台，根据《中共深圳市委深圳市人民政府关于加强社会建设的决定》与《深圳市社区服务“十二五”规划》的要求，结合全市社区服务发展的实际情况，制定本标准。

## 一　社区服务与社区服务中心

（一）社区服务是指依托各类服务设施，以特殊和困难人群为重点对象、以满足全体居民物质文化生活需求为目的，由政府主导、推动和扶持，各类社会主体共同参与提供的各种服务。社区服务主要包括社区公共服务、居民自助互助服务和便民利民的社区商业服务。

（二）社区服务中心是社区服务的提供平台，其命名原则是：识别名（所在街道、社区名）+社区服务中心。对于已经形成服务项目品牌的社会服务机构承接运营的社区服务中心，其命名可为：服务项目品牌名+识别名+社区服务中心。

（三）社区服务中心运营主体由具有独立法人资格的、在深圳市级或区级民政部门登记成立的社会组织，通过参加政府招投标而获得。非参照公务员管理的事业单位、居委会可通过成立民办非企业单位的方式参加政府招投标。

（四）社区服务中心运营主体主要从事政府资助或购买的公共服务项目的实施与管理，以及居民自助互助、文化娱乐、信息咨询等方面的服务，根据居民的需求情况，也可以开展必要的经营性服务项目。

（五）社区服务中心的运营经费主要来源于政府购买或资助的公共服务项目费用。经营性服务项目取得的收入作为运营经费的补充。社区服务中心运营主体必须进行独立的财务核算与审计。

（六）社区服务中心运营主体可争取和动员政府有关部门及企事业单位为社区服务提供场地、设施、资金、人力等支持资源，鼓励社会组织、居委会、物业管理公司和以追求社会价值为目标的企业参与社区服务，广泛开展社区志愿服务，形成多元化的服务供给模式。

## 二 场地及硬件配置

（一）社区服务中心的原则上应选择居民集中、交通便利的场所，并应具备配套的公共活动区域及室外活动场地。中心门前显著位置统一设置名称和标识，附有本中心平面图和服务项目简介，并在社区主要道路上设置引导标识。周围环境应整洁美观，道路平整，绿化良好；内部宽敞明亮，光线充足，干净整洁。

（二）社区服务中心应充分利用社区原有的场地与硬件设施，所在社区内公共服务设施（包括星光老年之家、社区党员活动室、社区图书室等）的场地统一交由中心使用，并进行统一规划。中心还可以使用社区内其他公共服务设施与资源，并可以根据实际工作的需要，增加相应设施与场地。

（三）社区服务中心室内总面积须在400平方米以上，至少设有服务接待室、个案工作室、小组及多功能活动室、行政办公室等场所，配备消防设施、逃生路线标识、无障碍通道等，内部做到布局合理，并符合公共场所的安全、卫生、消防等相关规定的要求。

## 三 人力资源配置

（一）社区服务中心应建立以专业社会工作者（已获助理社工师及以上职称，并已在深圳市社会工作者协会注册的社会工作者）为骨干的运营团队，原则上应配置全职工作人员6名以上（其中注册社工应占60%及以上），并可招募若干兼职人员和志愿服务人员（义工）。工作人员分为四个类别：中心平台的管理者、项目（部门）负责人、工作人员及辅助人员。其中，中心管理者或项目（部门）负责人，必须由专业社会工作者担任。此外，中心应配置督导资源，试点期间由市社工主管部门委托市社协，按照相关规范配备项目顾问（督导）。

（二）应确立社工师、社工员、康复师、护理师、心理咨询等社区服务人才的专业地位，通过提高待遇、规范准入、加强培训、严格监管等措施，建立一支专业水平高、职业道德高尚和规模结构合理的社区服务团队。

（三）应发展壮大社区志愿者（义工）队伍，逐步形成“社工引领义工、义工协助社工”的服务模式。

## 四　管理制度建设

社区服务中心应当建立以下制度。

（一）运营管理制度：根据所在社区的特点，制定中心的服务章程、管理架构、服务内容、各方权利义务规定等相关内容。

（二）财务管理制度：建立、健全包括中心年度预结算制度、专项经费收支制度、财务审核制度在内的各项财务管理制度。

（三）人力资源管理制度：制定工作守则和职责说明，以及人员招聘、培训、督导、考核、激励、解聘、申诉等方面的规章制度。

（四）社区公众参与的监督评议制度：中心的服务信息、财务状况需定期向社区公布，逐步建立起社区居民参与的服务监督评议机制。

（五）志愿者（义工）管理制度：建立志愿者管理制度，包括志愿者申请、登记、退出机制；志愿服务要求和准则；志愿者的权利与义务；志愿者的管理、激励机制等。

（六）服务管理制度：建立社区居民需求调查、服务评价及反馈机制；制定服务申请、提供和终结的规范程序，列明所涉及的主要政策和实施步骤，签订服务知情同意书，并征询服务对象是否同意接受第三方评估机构的服务成效调查；及时登记和妥善保存服务资料和数据，按照有关规定向主管部门报送有关数据及统计分析报告；形成常规化的服务绩效内部测评机制，建立自我检查制度，定期对服务过程和服务质素进行总结反思；建立服务转介机制，规定转介发生的条件、申请程序、服务档案的转移方式等内容，保证服务的连续性；建立服务督导制度，形成内部督导体系，提升从业人员服务能力、保证服务质量；形成、完善社区服务中心与深圳市“12349”公益服务平台的信息对接，共同打造社区服务资源统筹、合作配合的信息平台。

## 五 主要服务内容

（一）社区服务中心的服务内容，主要包括基础公共服务与经营性便民利民服务。其中基本公共服务是社区服务中心从事的主要服务内容。社区服务中心也可自主运作或联合其他机构运营少量经营性便民服务项目。原则上，社区服务中心可根据所在社区居民的实际需求，开发、拓展各类服务项目，但是必须体现出基本公共服务为主体的特征。

（二）基本公共服务项目原则上免收费。社区服务中心从事的经营性便民利民服务，收取费用不得高于同类营利服务的普遍水平。经营性服务所得利润，应作为中心运营及公共服务项目拓展所需经费的来源。社区服务中心开展运营收费服务项目，须提前向区级主管部门上报备案审查。

（三）附件中的表一至表七为社区服务中心服务内容的建议表。其中，表一至表四为针对基础人群的服务内容，包括社区助老、社区助残、妇女儿童及家庭服务、社区青少年服务等四大类；表五为向社区优抚人员提供的服务内容；表六为面向特定人群的服务内容，主要针对药物滥用者、社区矫正人员、失业及特困人员等三类人群；表七为居民自助互助服务内容，主要包括居民社区融合、社区慈善、邻里互助服务、社区志愿者队伍建设等内容。其中，服务性质中 A 类为基础公共服务，B 类为经营性便民利民服务。

（四）社区服务中心必须提供涉及基础人群的四大类服务内容，且每类服务内容服务大项应不少于三个（见表一至表四）。

（五）如果社区内优抚对象或某一特定人群数量超过 20 人，社区服务中心必须设置相应服务内容，且服务大项不少于两个（见表五、表六）。

（六）社区服务中心必须提供表七中关于居民自助互助的所有服务大项。

## 六 信息平台支持

（一）服务中心应宣传、指导社区居民通过安装、使用信息终端设备，建立与“12349”公益服务平台的信息化联结，从而实现该平台对各类社区服务资源的整合和调配功能，建立“居民需求、业务分流、实时反馈、服务跟踪、系统考评、公众监督”的运作机制。

（二）服务中心建设初期，社区服务中心应保证“12349”公益服务平台服务覆盖社区接受基础性公共服务的特定人群（如70岁以上老人、残疾人、优抚对象、低保家庭等），并为该群体免费安装设备及提供服务。

## 七　招投标及评估机制

（一）市、区级主管部门可根据社区需求状况及资源条件确定社区服务中心建设项目，并以政府采购方式公开招标。满足条件的申请者可根据投标文件要求报名投标。

（二）中标的运营主体应按照投标文件中的项目计划进行前期筹备和运行。延期运营的，需向区主管部门上报备案，并说明原因。

（三）市主管部门将委托第三方评估机构建立以“全程督导监理与评估”为主体的外部质量监控体系。强调过程性评估与总结性评估相结合，并依据评估结果，对社区服务中心的运营主体实行优胜劣汰，推动行业自律和监管，坚决查处各种违法违规行为。

（四）社区服务中心服务项目的首期合同期限为一年。临近项目期满时，由市级主管部门组织第三方评估机构进行评估。如评估结果为“合格”及以上，且双方同意继续该项目的，合同将自动延续两年。合同仍是一年一签，双方可根据实际情况对相关条款进行协商后调整。如年度评估结果为不合格，将自动终止合同。原项目运营者不能参加下一年度该项目的竞标。提前终止合同的，按照有关协议内容办理。

（表一至表七省略）

# 参考文献

（一）中文著作和论文

1. ［美］埃弗雷特·M. 罗杰斯：《创新的扩散》，辛欣译，中央编译出版社 2002 年版。

2. ［英］安东尼·吉登斯：《社会的构成：结构化理论大纲》，李康、李猛译，生活·读书·新知三联书店 1998 年版。

3. 蔡琦海：《公益创投：培育非营利组织的新模式——以“上海社区公益创投大赛”为例》，《中国非营利评论》2011 年第 1 期。

4. 蔡屹：《项目化运作中社会公益组织和政府之间互动关系研究——以上海市×区为例》，《华东理工大学学报》2011 年第 6 期。

5. 曹飞廉、陈健民：《当代中国的基督教社会服务组织与公民社会——以爱德基金会和上海基督教青年会为个案》，《开放时代》2010 年第 9 期。

6. 曹锦清：《再造“语词”》，《文化纵横》2012 年第 2 期。

7. 陈华：《吸纳与合作——非政府组织与中国社会管理》，社会科学文献出版社 2010 年版。

8. 陈家建：《项目制与基层政府动员——对社会管理项目化运作的社会学思考》，《中国社会科学》2013 年第 2 期。

9. 陈蓓丽：《上海社工机构发展之制度困境及发展路径研究》，《华东理工大学学报》（社会科学版）2011 年第 4 期。

10. 陈荞：《北京市购买公共服务项目增至 500 个》，《京华时报》2013 年 1 月 25 日。

11. 陈天详：《新公共管理——政府再造的理论与实践》，中国人民大学出版社 2007 年版。

12. 陈为雷:《问题与出路:转型社会中的社会福利工作研究》,载民政部办公厅、民政部政策研究中心编《民政政策理论研究优秀论文集(2004)》,中国社会出版社2005年版。
13. 陈为雷:《上海社工职业化模式问题与展望》,《华东理工大学学报》(社会科学版)2006年第2期。
14. 陈为雷:《社会工作行政》,中国社会出版社2010年版。
15. 陈为雷:《从关系研究到行动策略研究——近年来我国非营利组织研究述评》,《社会学研究》2013年第1期。
16. [美]道格拉斯·C. 诺斯:《经济史中的结构与变迁》,陈郁、罗华平译,上海三联书店、上海人民出版社1994年版。
17. [美]道格拉斯·C. 诺斯:《制度、制度变迁与经济绩效》,刘守英译,上海三联书店1994年版。
18. 邓国胜:《非营利组织评估》,社会科学文献出版社2001年版。
19. 邓国胜:《公益项目评估——以"幸福工程"为案例》,社会科学文献出版社2002年版。
20. 邓宁华:《"寄居蟹的艺术":体制内社会组织的环境适应策略——对天津市两个省级组织的个案研究》,《公共管理学报》2011年第3期。
21. 邓莉雅、王金红:《中国NGO生存与发展的制约因素——以广东番禺打工族文书处理服务部为例》,《社会学研究》2004年第2期。
22. [德]狄海德:《项目管理》,郑建萍等译,同济大学出版社2006年版。
23. 丁煌:《政策执行阻滞机制及其防治对策——一项基于行为和制度的分析》,人民出版社2002年版。
24. [美]E. S. 萨瓦斯:《民营化与公私部门的伙伴关系》,周志忍等译,中国人民大学出版社2001年版。
25. 范斌:《论当代中国民间慈善活动的三种实现方式——以上海市民间慈善组织、慈善项目和自发活动为例》,《华东理工大学学报》(社会科学版)2005年第4期。

26. 范明林：《非政府组织与政府的互动关系——基于法团主义和市民社会视角的比较个案研究》，《社会学研究》2010 年第 3 期。
27. 方敏生：《整笔拨款制度须改善三大难题》，《星岛日报》2007 年 12 月 29 日。
28. ［美］菲利普·库珀：《合同制治理——公共管理者面临的挑战与机遇》，竺乾威、卢毅、陈卓霞译，复旦大学出版社 2007 年版。
29. 冯冬梅：《我国非营利组织的项目管理问题探讨》，《中山大学学报论丛》2007 年第 4 期。
30. ［英］G. 邓肯·米切尔主编：《新社会学词典》，蔡振扬等译，上海译文出版社 1987 年版。
31. 高丙中：《社会团体的合法性问题》，《中国社会科学》2000 年第 2 期。
32. 顾东辉：《社会工作项目的结果评估》，《中国社会导刊》2008 年第 24 期。
33. 顾昕：《公民社会发展的法团主义之道——能促型国家与国家和社会的相互增权》，《浙江学刊》2004 年第 6 期。
34. 顾昕、王旭：《从国家主义到法团主义——中国市场转型过程中国家与专业团体关系的演变》，《社会学研究》2005 年第 2 期。
35. 关信平主编：《社会政策概论》（第二版），高等教育出版社 2009 年版。
36. 关信平：《社会工作介入农民工服务：需要、内容及主要领域》，《学习与实践》2010 年第 4 期。
37. 关信平、赵婷婷：《当前城市民办养老服务机构发展中的问题及相关政策分析》，《西北大学学报》2012 年第 5 期。
38. 郭伟和：《管理主义与专业主义在当代社会工作中的争论及其消解可能》，载王思斌主编《中国社会工作研究》（第二辑），社会科学文献出版社 2004 年版。
39. ［英］哈特利·迪安：《社会政策学十讲》，岳经纶、温卓毅、庄文嘉译，译格致出版社、上海人民出版社 2009 年版。
40. 汉娜·阿伦特：《公共领域与私人领域》，载汪晖、陈燕谷主编

《文化与公共性》，生活·读书·新知三联书店 1998 年版。
41. 和经纬、黄培茹、黄慧：《在资源与制度之间：农民工草根 NGO 的生存策略——以珠三角农民工维权 NGO 为例》，《社会》2009 年第 6 期。
42. 何艳玲、周晓锋、张鹏举：《边缘草根组织的行动策略及其解释》，《公共管理学报》2009 年第 1 期。
43. 何增科：《导论》，载何增科主编《公民社会与第三部门》，社会科学文献出版社 2000 年版。
44. 侯岩主编：《中国城市社区服务体系建设研究报告》，中国经济出版社 2009 年版。
45. 胡薇：《国家回归：社会福利责任结构的再平衡》，知识产权出版社 2012 年版。
46. 胡薇：《政府购买社会组织服务的理论逻辑与制度现实》，《经济社会体制比较》2012 年第 6 期。
47. ［英］霍华德·哥伦内斯特：《英国社会政策论文集》，苗正民译，商务印书馆 2003 年版。
48. ［英］J. H. 亚当编：《朗文英汉双解商业英语词典》，过启渊等译，上海译文出版社 1997 年版。
49. 季蕾：《有底限的模糊运作：公益项目的一种运作模式——C 基金会推行“GS 计划”的个案分析》，载王思斌主编《中国社会工作研究（第四辑）》，社会科学文献出版社 2006 年版。
50. 姬中宪：《园区模式：社会组织发展的一种新路径——以浦东公益服务园为例》，《江苏行政学院学报》2012 年第 1 期。
51. 贾西津、苏明等：《中国政府购买公共服务研究终期报告》，亚洲开发银行，2009 年。
52. ［英］简·莱恩：《新公共管理》，赵成根等译，中国青年出版社 2004 年版。
53. 江华、张建民、周莹：《利益契合：转型期中国国家与社会关系的一个分析框架——以行业组织政策参与为案例》，《社会学研究》2011 年第 3 期。

54. 江立华主编:《社区工作》, 华中科技大学出版社 2009 年版。
55. 蒋彦鑫、徐晗:《数据解读:中国城乡老年人口状况追踪调查》,《新京报》2012 年 7 月 11 日。
56. [美] 杰弗里·菲佛、杰勒尔德·萨兰基克:《组织的外部控制:对组织资源依赖的分析》, 阎蕊译, 东方出版社 2006 年版。
57. [美] 杰弗里·K. 宾图:《项目管理》, 鲁耀斌、董圆圆、赵玲等译, 机械工业出版社 2007 年版。
58. 金罗兰:《我国非营利组织与项目管理》,《北京工商大学学报》(社会科学版) 2005 年第 6 期。
59. 敬乂嘉:《社会服务中的公共非营利合作关系研究——一个基于地方改革实践的分析》,《公共行政评论》2011 年第 5 期。
60. 康晓光:《NGO 扶贫行为研究》, 中国经济出版社 2001 年版。
61. 康晓光、韩恒:《分类控制:当前中国大陆国家与社会关系研究》,《社会学研究》2005 年第 6 期。
62. 康晓光等:《依附式发展的第三部门》, 社会科学文献出版社 2011 年版。
63. 康晓光、郑宽、蒋金富等:《NGO 与政府合作策略》, 社会科学文献出版社 2010 年版。
64. 肯尼斯·纽顿:《社会资本与欧洲民主》, 载李惠斌、杨雪冬主编《社会资本与社会发展》, 社会科学文献出版社 2000 年版。
65. [德] 柯武刚、史漫飞:《制度经济学:社会秩序与公共政策》, 韩朝华译, 商务印书馆 2008 年版。
66. [美] 莱斯特·M. 萨拉蒙:《非营利部门的兴起》, 载何增科主编《公民社会与第三部门》, 社会科学文献出版社 2000 年版。
67. [美] 莱斯特·M. 萨拉蒙:《全球公民社会:非营利视界》, 贾西津、魏玉等译, 社会科学文献出版社 2007 年版。
68. [美] 莱斯特·M. 萨拉蒙:《公共服务中的伙伴——现代福利国家中政府与非营利组织的关系》, 田凯译, 商务印书馆 2008 年版。
69. [德] 赖因哈德·施托克曼:《非营利机构的评估与质量改进》,

唐以志译，中国社会科学出版社 2008 年版。
70. 李国武、李璐：《社会需求、资源供给、制度变迁与民间组织发展：基于中国省级经验的实证研究》，《社会》2011 年第 6 期。
71. 李莉：《我国非营利组织项目运作与实效的实证研究——以爱达迅——农家女农村妇女扫盲项目为例》，《中共青岛市委党校青岛行政学院学报》2011 年第 3 期。
72. 李友梅：《中国社会管理新格局下遭遇的问题——一种基于中观机制分析的视角》，《学术月刊》2012 年第 7 期。
73. 李友梅、肖瑛、黄晓春：《当代中国社会建设的公共性困境及其超越》，《中国社会科学》2012 年第 4 期。
74. ［美］R. 科斯、A. 阿尔钦、D. 诺斯等：《财产权利与制度变迁——产权学派与新制度学派译文集》，刘守英等译，上海三联书店、上海人民出版社 1994 年版。
75. 刘安：《市民社会？法团主义？——海外中国学关于改革后中国国家与社会关系研究述评》，《文史哲》2009 年第 5 期。
76. 刘继同：《欧美人类需要理论与社会福利制度运行机制研究》，《北京科技大学学报》（社会科学版）2004 年第 3 期。
77. 刘蔚玮、唐钧：《政府购买服务：打通福利服务资金瓶颈的突破口》，《中国党政干部论坛》2012 年第 1 期。
78. 刘小霞：《上海“乐群”：一个草根社工机构的观察样本》，《中国社会导刊》2007 年第 20 期。
79. 罗观翠、王军芳：《政府购买服务的香港经验和内地发展探讨》，《学习与实践》2008 年第 9 期。
80. 卢轶、岳才轩、耿佩：《广东公布政府购买服务目录 职能外包不影响编制》，《南方日报》2012 年 8 月 15 日。
81. 罗致光：《整笔拨款“好心做坏事”》，《香港商报》2007 年 9 月 17 日。
82. 罗伯特·D. 普特南：《繁荣的社群——社会资本与公共生活》，载李惠斌、杨雪冬主编《社会资本与社会发展》，社会科学文献出版社 2000 年版。

83. [美] 美国项目管理协会:《项目管理知识体系指南》(第3版),卢有杰、王勇译,电子工业出版社2005年版。
84. 马俊达、冯君懿:《政府购买服务问题研究(上)》,《中国政府采购》2011年第6期。
85. 潘屹:《国家福利功能的演变及启示》,《东岳论丛》2012年第10期。
86. 彭华民等:《西方社会福利理论前沿》,中国社会出版社2009年版。
87. 彭善民:《由外及里:社会工作行业协会的认同发展探微——以浦东新区为例》,《福建论坛》(人文社会科学版)2011年第12期。
88. 邱益中:《政府购买公共服务要有制度规范》,《文汇报》2012年1月18日。
89. 渠敬东:《项目制:一种新的国家治理体制》,《中国社会科学》2012年第5期。
90. 任颖慧:《非营利组织的社会行动与第三域的建构》,上海大学出版社2010年版。
91. 折晓叶、陈婴婴:《项目制的分级运作机制和治理逻辑——对"项目进村"案例的社会学分析》,《中国社会科学》2011年第4期。
92.《社会管理创新的上海实践:马伊里访谈录》,《中国非营利评论》2012年第1期。
93. 沈海梅:《国际NGO项目与云南妇女发展》,《思想战线》2007年第2期。
94. 沈原:《市场、阶级与社会:转型社会学的关键议题》,社会科学文献出版社2007年版。
95. [美] 斯蒂格利茨:《经济学(上册)》,梁小民等译,中国人民大学出版社1997年版。
96. 苏力、葛云松、张守文等:《规制与发展——第三部门的法律环境》,浙江人民出版社1999年版。
97. 孙炳耀:《中国社会团体官民二重性问题》,《中国社会科学季刊》

1994 年第 6 期。

98. 孙立平：《民间公益组织与治理："希望工程"个案》，载俞可平等《中国公民社会的兴起于治理的变迁》，社会科学文献出版社 2002 年版。

99. 孙立平、王汉生、王思斌等：《改革以来中国社会结构的变迁》，《中国社会科学》1994 年第 2 期。

100. 田凯：《非协调约束与组织运作一个研究中国慈善组织与政府关系的理论框架》，《中国行政管理》2004 年第 5 期。

101. 田凯：《非协调约束与组织运作——中国慈善组织与政府关系的个案研究》，商务印书馆 2004 年版。

102. 田蓉：《新管理主义时代香港社会福利领域 NGO 之发展》，《社会》2013 年第 1 期。

103. ［美］W. 理查德·斯格特：《组织理论》，黄洋等译，华夏出版社 2002 年版。

104. 温艳萍：《民间非营利组织的社会与经济效应研究》，上海人民出版社 2008 年版。

105. 王川兰：《委托与替代：第三部门履行公共职能的模式研究》，《上海行政学院学报》2003 年第 1 期。

106. 王家峰：《福利国家改革：福利多元主义及其反思》，《经济社会体制比较》2009 年第 5 期。

107. 王劲颖：《公益招投标和公益创投实践的差异分析及思考》，《社团管理研究》2012 年第 1 期。

108. 王劲颖：《上海公益招投标和公益创投工作成效及发展趋势》，《社团管理研究》2012 年第 12 期。

109. 王名：《总序》，载贾西津《第三次改革——中国非营利部门战略研究》，清华大学出版社 2005 年版。

110. 王名主编：《中国民间组织 30 年——走向公民社会》，社会科学文献出版社 2008 年版。

111. 王名、贾西津：《中国非营利组织：定义、发展与政策建议》，载范丽珠主编《全球化下的社会变迁与非政府组织（NGO）》，上海人民出版社 2003 年版。

112. 王浦劬、[美] 莱斯特·M. 萨拉蒙等:《政府向社会组织购买公共服务研究》, 北京大学出版社 2010 年版。

113. 王瑞鸿主编:《社会工作项目精选》, 华东理工大学出版社 2010 年版。

114. 王瑞鸿:《项目管理: 社会工作的治理创新与实务建构》,《中国社会工作》2012 年第 12 期 (上)。

115. 王思斌主编:《社会工作概论》, 高等教育出版社 1999 年版。

116. 王思斌主编:《社会行政》, 高等教育出版社 2006 年版。

117. 王思斌主编:《社会工作综合能力 (中级)》, 中国社会出版社 2007 年版。

118. 王思斌:《社会工作——持守平等理念"助人自助"》,《人民日报》2008 年 2 月 26 日。

119. 王思斌:《政府购买服务与加强社会服务评估》,《中国社会工作》2012 年第 8 期 (上)。

120. 王思斌:《购买服务还是委托服务》,《中国社会工作》2012 年第 11 期 (上)。

121. 王颖、折晓叶、孙炳耀:《社会中间层——改革与中国社团组织》, 中国发展出版社 1993 年版。

122. [德] 韦伯:《支配社会学》, 康乐、简惠美译, 广西师范大学出版社 2004 年版。

123. 吴建平:《理解法团主义——兼论其在中国国家与社会关系研究中的适用性》,《社会学研究》2012 年第 1 期。

124. 向木杨:《深圳公益创投的实践与反思》,《中国社会工作》2012 年第 2 期 (上)。

125. 谢海定:《中国民间组织的合法性困境》,《法学研究》2004 年第 2 期。

126. 徐阳华:《企业核心竞争力研究综述与前瞻》,《华东经济管理》2005 年第 11 期。

127. 徐家良:《组织战略与资源依赖的双重演进——以北京密云小母

牛项目为例》，载徐家良主编《中国第三部门研究》（第1卷），上海交通大学出版社2008年版。

128. 许芸：《从政府包办到政府购买——中国社会福利服务供给的新路径》，《南京社会科学》2009年第7期。

129. 徐永祥：《社会的再组织化：现阶段社会管理与社会服务的重要课题》，《教学与研究》2008年第1期。

130. 徐宇珊：《非对称性依赖：中国基金会与政府关系研究》，《公共管理学报》2008年第1期。

131. 徐宇珊：《论基金会：中国基金会转型研究》，中国社会出版社2010年版。

132. 俞可平：《中国公民社会：概念、分类与制度环境》，《中国社会科学》2006年第1期。

133. 俞可平：《中国公民社会的兴起及其治理的意义》，载俞可平等《中国公民社会的兴起与治理的变迁》，社会科学文献出版社2002年版。

134. 郁建兴、吴宇：《中国民间组织的兴起与国家—社会关系理论的转型》，《人文杂志》2003年第4期。

135. 郁建兴、周俊：《中国公民社会研究的新进展》，《马克思主义与现实》2006年第3期。

136. 于晓虹、李姿姿：《当代中国社团官民二重性的制度分析——以北京市海淀区个私协会为个案》，《开放时代》2001年第9期。

137. 杨伟民：《美国的社会福利体系对中国的启示》，载［美］戴安娜·M. 迪尼托《社会福利：政治与公共政策》（第5版），何敬、葛其伟译，中国人民大学出版社2007年版，译者序第10—11页。

138. 杨雪冬、陈雪莲主编：《政府创新与政治发展》，社会科学文献出版社2011年版。

139. 姚华：《NGO与政府合作中的自主性何以可能?》，《社会学研究》2013年第1期。

140. 岳经纶、温卓毅：《新公共管理与社会服务：香港的案例》，《公共行政评论》2012 年第 3 期。

141. 虞维华：《政府购买公共服务对非营利组织的冲击分析》，《中共南京市委党校南京市行政学院学报》2006 年第 4 期。

142. ［美］詹姆斯·科尔曼：《社会理论的基础》，邓方译，社会科学文献出版社 1999 年版。

143. 张紧跟、庄文嘉：《非正式政治：一个草根 NGO 的行动策略——以广州业主委员会联谊会筹备委员会为例》，《社会学研究》2008 年第 2 期。

144. 张曙：《需要、供给与我国社会工作制度建构》，《学海》2011 年第 6 期。

145. 张钟汝、范明林、王拓涵：《国家法团主义视域下政府与非政府组织的互动关系研究》，《社会》2009 年第 4 期。

146. 张钟汝、范明林：《政府与非政府组织合作机制——对两个非政府组织的个案研究》，上海大学出版社 2010 年版。

147. 赵黎青：《非政府组织与可持续发展》，经济科学出版社 1998 年版。

148. 赵全军：《公共服务外包中的政府角色定位研究》，《学习与探索》2011 年第 4 期。

149. 赵秀梅：《中国 NGO 对政府的策略：一个初步考察》，《开放时代》2004 年第 6 期。

150. 郑杭生主编：《社会学概论新修》（第 3 版），中国人民大学出版社 2003 年版。

151. 整笔拨款独立检讨委员会：《整笔拨款津助制度检讨报告》，2008 年 12 月。

152. 郑国安、赵路、吴波尔等主编：《国外非营利组织的经营战略及相关财务管理》，机械工业出版社 2001 年版。

153. 周雪光：《组织社会学十讲》，社会科学文献出版社 2003 年版。

154. 张静：《政府财政与公共利益》，载周雪光、刘世定、折晓叶主编《国家建设与政府行为》，中国社会科学出版社 2012 年版。

155. 朱健刚：《草根 NGO 与中国公民社会的成长》，《开放时代》

2004 年第 6 期。

156. 朱健刚、陈安娜：《嵌入中的专业社会工作与街区权力关系——对一个政府购买服务项目的个案分析》，《社会学研究》2013 年第 1 期。

157. 竺亚、章勇：《上海社区公益招投标工作情况调查报告》，载卢汉龙、周海旺主编《上海社会发展报告（2011）：公共政策与社会融合》，社会科学文献出版社 2011 年版。

（二）英文著作和论文

1. Benjamin Gidron, Ralph Kramer, L. M. Salamon, *Government and the Third Sector*, San Francisco: Jossey - Bass Publishers, 1992.

2. Chris Miller, *Producing Welfare: A Modern Agenda*, Palgrave Macmillan, 2004.

3. Christiaan Grootaert, *Social Capital: The Missing Link*? Paul Dekker, Eric M. Uslaner, *Social Capital and Participation in Everyday Life*, Routledge, 2006.

4. Christine W. Letts, William Ryan, Allen Grossman, "Virtuous Capital: What Foundations Can Learn From Venture Capitalists", *Harvard Business*, March - April, 1997.

5. Giuliana Gemelli, Venture Philanthropy, International Encyclopedia of Civil Society, 2010.

6. Gordon White, "Prospects for Civil Society in China: A Case Study of Xiao Shan City", *The Australian Journal of Chinese Affairs*, No. 29, January, 1993.

7. John Burton, *Conflict: Human Needs Theory*, London: Macmillan, 1993.

8. Johnson N, *Mixed Economies of Welfare: A Comparative Perspective*, London: New York: Prentice Hall Europe, 1999.

9. Michael Moody, "Building a Culture: The Construction and Evolution of Venture Philanthropy as a New Organizational Field", *Nonprofit and Voluntary Sector Quarterly*, Vol. (37), No. 2, June, 2008.

10. Norman Johnson, *The Welfare State in Transition: The Theory and*

*Practice of Welfare Pluralism*, University of Massachusetts Press, 1987.

11. Peter Frumkin, "Inside Venture Philanthropy", *Society*, May/June, 2003.
12. Philip James, "Voluntary sector outsourcing: A reflection on employment - related rationales, developments and outcomes", *International Journal of Public Sector Management*, Vol. 24, No. 7, 2011.
13. Prahalad C. K., Hamel Gary, "The Core Competence of the Corporation", *Harvard Business Review*, 1990, 68 (3).
14. Ralph Kramer, *Voluntary Agencies in the Welfare State*, Berkeley: University of California Press, 1980.
15. Robert Wuthnow, *Between States and Markets: The Voluntary Sector in Comparative Perspective*, Princeton, N. J.: Princeton University Press, 1991.
16. W. R. Scott, *Organizations: Rational, Natural and Open System*, New Jersey: Prentice - Hall, Inc., 1992.

（三）学位论文

1. 陈健:《国际非营利组织项目运作的资源分析——以 SC 为个案的研究》，硕士学位论文，中央民族大学，2007 年。
2. 陈美冰:《中国非营利组织的保障型公益项目运作与管理机制研究——以国际小母牛组织中国项口为例》，硕士学位论文，武汉科技大学，2011 年。
3. 贺静:《政府购买社会工作服务运营模式的研究——以深圳市为例》，硕士学位论文，中国青年政治学院，2012 年。
4. 罗峰:《社会工作项目化管理过程研究——以上海市 Z 机构“心桥工程”为例》，硕士学位论文，华东师范大学，2011 年。
5. 单联成:《城市社会公共性构筑研究——以中日社区居民自治为视角》，博士学位论文，吉林大学，2011 年。
6. 王令玉:《项目管理模式下社会组织发展探析——以上海 Z 协会为例》，硕士学位论文，华东理工大学，2010 年。
7. 王亚娟:《非营利组织参与式扶贫项目效果及影响因素分析》，硕士学位论文，西北大学，2008 年。

8. 杨峻：《政府主导推动的民办非企业内部激励失灵研究——以阳光中心和中致社为例》，硕士学位论文，复旦大学，2009 年。

（四）政府和机构文件及资料

1.《上海中致社区服务社 2012 年工作要点》，《中致季刊》2012 年 1 月（总第 12 期）。

2. 上海中致社区服务社：《上海中致社区服务社 2012 年工作要点》，《中致季刊》2012 年 5 月（总第 13 期）。

3. 上海乐群社工服务社：《上海乐群社工服务社 2011 年年度报告》，2012 年。

4. 上海市民政局：《上海社区公益服务项目招投标实用资料汇编》，2012 年 7 月。

5. 深圳市社会工作领导小组办公室编：《社会工作简报》，2008 年第 7 期（总第 14 期），2008 年 7 月 25 日。

6. 深圳市社会工作领导小组办公室编：《社会工作简报》，2009 年第 3 期（总第 19 期）。

7. 深圳市社会工作者协会编：《深圳市社会工作简报》，2012 年第 12 期（总第 54 期）。

8. 深圳市 BA 区民政局：《BA 区社会工作情况调研报告》，2012 年 12 月 15 日。

9. 深圳市社会工作者协会编：《深圳社会工作发展报告（2012）绿皮书》，2012 年。

10. 赵雅萍：《“耆乐安居”归侨侨眷社区支持行动项目介绍》，《乐享共融》2012 年 8 月。

11.《中国各地慧灵智障人士社区服务机构 2011 联合年报》，2012 年。

（五）电子文献

1.《国务院关于加强和改进社区服务工作的意见》，中央人民政府网（http：//www. gov. cn/gongbao/content/2006/content _ 303523. htm）。

2.《国务院关于印发国家基本公共服务体系“十二五”规划的通知》，中央人民政府网站（http：//www. gov. cn/zwgk/2012 - 07/20/content_ 2187242. htm）。

3.《国务院关于加快发展养老服务业的若干意见》，中央人民政府网站（http：//www. gov. cn/zwgk/2013 - 09/13/content_ 2487704. htm）。

4. 刘铮：《2011 年全国农民工总量达到 25278 万人同比增长 4. 4%》，2012 年 4 月 27 日，中央人民政府网站（http：//www. gov. cn/jrzg/2012 - 04/27/content_ 2124980. htm）。

5. 罗争光：《上海投 1 亿元福彩公益金用于社区公益项目招投标》，2012 年 2 月 1 日，中央人民政府网站（http：//www. gov. cn/jrzg/2012 - 02/01/content_ 2056193. htm）。

6. 马宏：《政府向社会组织购买服务问题及对策研究》，2010 年 11 月 19 日，2010 年民政论坛（http：//mzzt. mca. gov. cn/article/ylnmzlt/ltbg/201011/20101100115114. shtml）。

7. 民政部：《民政部关于促进民办社会工作机构发展的通知》，2009 年 10 月 19 日，民政部网站（http：//www. mca. gov. cn/article/zwgk/fvfg/shgz/200910/20091000039649. shtml）。

8. 民政部：《2011 年社会服务发展统计公报》，2012 年 6 月 21 日，民政部网站（http：www. mca. gov. cn/article/zwgk/mzyw/201206/20120600324725. shtml）。

9.《社会养老服务体系建设规划（2011—2015）问答解读》，2011 年 12 月 27 日，民政部门户网站（http：//www. mca. gov. cn/article/zwgk/jd/201112/20111200247872. shtml）。

10. 民政部：《中央财政支持社会组织参与社会服务项目实施方案》，2012 年 3 月 13 日，民政部网站（http：//www. mca. gov. cn/article/zwgk/tzl/201203/20120300282768. shtml）

11.《社会工作专业人才队伍建设中长期规划（2011—2020 年）》，2012 年 4 月 26 日，民政部网站（http：//www. mca. gov. cn/article/zwgk/fvfg/shgz/201204/20120400302330. shtml）。

12. 民政部、财政部：《关于政府购买社会工作服务的指导意见》，2012 年 11 月 28 日，中央人民政府网站（http：//www. gov. cn/zwgk/2012 - 11/28/content_ 2276803. htm）。

13. 浦东新区人民政府办公室：《浦东新区关于政府购买公共服务的实施意见》，上海浦东政务网（http：//gov. pudong. gov. cn/pudong_ code_ 18868—/Info/Detail_ 191136. htm）。

14. 《上海社区公益服务项目招投标工作介绍》，2009 年 5 月 26 日，上海社区公益招投标网（http：//www. gysq. org/sqgy/zj/zixun_detail. dhtml？ id = 53&Exp_ Type_ Id = 1909）。

15. 《上海市民政局关于福利彩票公益金资助项目实施公益招投标的意见》，2009 年 5 月 28 日，上海民政（http：//hp. shmzj. gov. cn/gb/mzhpq/xxgk/zcwj/userobject1 ai227. html）。

16. 《上海市民政局关于进一步规范上海社区公益服务项目招投标工作的通知》，2010 年 11 月 25 日，上海民政（http：//www. shmzj. gov. cn/gb/shmzj/node8/node15/node55/node244/node292/userobject1 ai27144. html）。

17. 《上海市民政局关于实施 2011 年度社区公益服务项目招投标方案的通知》，上海民政（http：//www. shmzj. gov. cn/gb/shmzj/node8/node883/node884/userobject1 ai27941. html）。

18. 上海市浦东新区综治委办公室：《预防和减少犯罪机制创新》，中国政府创新网（http：//www. chinainnovations. org/Item. aspx？ id = 26569）。

19. 《上海浦东塘桥先锋社：承接党建项目的社会组织》，浦东党建网（http：//dangjian. pudong. gov. cn/pd _ djw _ djcz _ sqdj/2011 - 12 - 23/Detail_ 407734. htm）。

20. 上海市浦东新区综治委办公室：《预防和减少犯罪机制创新》，中国政府创新网（http：//www. chinainnovations. org/Item. aspx？ id = 26569）。

21. 上海乐群网站（http：//www. lequn. org/services. asp？ pageID = 31）（http：//www. lequn. org/about. asp？ pageID = 29）。

22. 上海中致社区服务社：《以职业规划保障队伍稳定 以项目运作促进专业发展》，上海综治（http：//shwomen. eastday. com/node2/node533/node534/u1a30000. html）。

23. 《2012 年度社区公益服务项目招标指南》，上海社区公益招投标网（http：//www. gysq. org/sqgy/zj/zixun _ detail. dhtml? id = 141&Exp_ Type_ Id = 19012012 - 9 - 11）。

24. 《2011 年服务来沪青少年项目投标指南》，上海社区青少年事务办公室网站（http：//www. shyouth. net/html/shequqingshaonian/sqqsn_ gyztb_ zn/2011 - 06 - 03/Detail_ 114284. htm）。

25. 《潍坊社区扶持社会组织发展的若干意见（试行）》，浦东公益网（http：//www. pudongnpo. org. cn/npostoreshow. php? pid = 171）。

26. 《关于印发深圳市社区服务"十二五"规划的通知》，深圳民政（http：//www. sz. gov. cn/szmz/xxgk/zhxx/tzgg/201204/t20120418_ 1843662. htm）。

27. 《深圳市社区服务中心设置运营标准（试行）》，深圳市民政（http：//www. szmz. sz. gov. cn/xxgk/ywxx/shxx/zcfg/201110/t20111018 _ 1744115. htm）。

28. 《2010 年末全国残疾人总数及各类、不同残疾等级人数》，2012 年 6 月 26 日，中国残疾人联合会网站（http：//www. cdpf. org. cn/sytj/content/2012 - 06/26/content_ 30399867. htm）。

29. 《深圳市政府采购中心全面实施行贿犯罪档案查询》，深圳政府在线（http：//www. sz. gov. cn/cn/xxgk/bmdt/201206/t20120627 _ 1929394. htm）。

# 后　记

这是我的第一本专著，它就要出版了，这是令人高兴的事。在本书出版之际，我怀着感恩的心情表达对给予我教诲和帮助的师友、对一贯支持我的父母和家人的感谢。

回首以往求学之路，我觉得可以用“幸运”二字来概括。对一个农村出身的人来说，读书可能是通向成功的捷径，它承载着很多的期望和梦想。我经常想，不上学我能干什么呢？资质平庸的人求学之路是坎坷的，但我终于在这条道路上坚持了下来，及至考上南开大学攻读博士学位，我是幸运的。在这里我首先要感谢恩师关信平教授，能考入关老师的门下真是非常荣幸。关老师是国内最早从事社会政策研究的学者，他学识渊博，高屋建瓴。在论文选题、开题及写作过程中，关老师不厌其烦，一遍又一遍地修改指导，付出了很多心血。关老师品德高尚，待人处事非常谦和。关老师无论是为人处世还是做学问都是我学习的榜样。

有幸聆听王处辉教授、阎广芬教授、赵万里教授、袁同凯教授、汪新建教授、乐国安教授、侯欣一教授、白红光教授等诸位老师的课，我开阔了思路和眼界，这里对各位老师表示衷心的感谢。感谢唐钧教授、唐忠新教授、宣朝庆教授、陈卫民教授对开题报告提出的中肯意见。感谢论文答辩委员会的王思斌教授、赵万里教授、唐钧教授、吕学静教授对论文提出的中肯的批评和意见，感谢黄晓燕副教授在论文答辩中细致周到的工作。

感谢赵婷婷博士、许冰博士、万国威博士、修宏方博士在课题研究、论文写作、答辩及其他事务中的支持和帮助。感谢赵文聘博士、张凯博士、李晓芳博士在论文答辩中的辛劳和付出。感谢李红波博士、王成程博士在学习中的讨论和分享。感谢北京慧灵发展部的刘淑楠部长、我的同学姬中宪和深圳大学的徐道稳教授，在他们的帮助下我顺利地在北京、上海和深圳的社工机构进行调研，在这里也感谢这些机构的负责人接受我的访谈。感谢南开大学研工部“知行南开”研究生社会调研项目支持，在该项目的资助下我得以到上海社工机构进行调研。

感谢父母对我的一贯支持。父母没有文化，没有手艺，但他们能吃苦，不吝惜力气，一直在家种地打工，希望我在外能有所出息。而我却帮不上家里什么忙，即使一年回家两次，也都行色匆匆，待不上几天。父母之恩情和亲情似海深。

感谢我的妻子徐西娟，结婚十来年我有近一半的时间在外读书，她上班、做家务、看孩子、检查儿子的作业等，一直在默默地付出。儿子善解人意，祝他好好学习，天天向上。

感谢鲁东大学引进人才基金项目出版资助。感谢责任编辑宫京蕾和有关人员为本书出版付出的辛勤劳动。

孙中山说，“乐天，奋斗，后来居上”，我把它作为我的座右铭，时刻鞭策和激励自己在学术的道路上不断前行。

2014 年 2 月